DR. MED. PETER KONOPKA

Sporternährung

SPORTWISSEN

Sporternährung

Grundlagen | Ernährungsstrategien | Leistungsförderung

DR. MED. **PETER KONOPKA**

4 | Impressum

Bibliografische Information der Deutschen Nationalbibliothek

Die Deutsche Nationalbibliothek verzeichnet diese Publikation in der Deutschen Nationalbibliografie; detaillierte bibliografische Daten sind im Internet über http://dnb.d-nb.de abrufbar.

Hinweis
Das vorliegende Buch wurde sorgfältig erarbeitet. Dennoch erfolgen alle Angaben ohne Gewähr. Weder Autor noch Verlag können für eventuelle Nachteile oder Schäden, die aus den im Buch vorgestellten Informationen resultieren, eine Haftung übernehmen.

14. Auflage

Bildnachweis:
Dpd (Volker Baumgärtner): S. 147
bildmaschine: S. 2
Foto Roth: S. 152
Konopka, Peter: S. 23, 156
Panthermedia: S. 137
Picture Alliance: S. 150
Seer, Ulli: S. 167
Witek, Peter: S. 143

Grafiken: Jörg Mair nach Vorlagen Kartografie Huber

BLV Buchverlag GmbH & Co. KG
80797 München

© 2013 BLV Buchverlag GmbH & Co. KG, München

Das Werk einschließlich aller seiner Teile ist urheberrechtlich geschützt. Jede Verwertung außerhalb der engen Grenzen des Urheberrechtsgesetzes ist ohne Zustimmung des Verlages unzulässig und strafbar. Das gilt insbesondere für Vervielfältigungen, Übersetzungen, Mikroverfilmungen und die Einspeicherung und Verarbeitung in elektronischen Systemen.

Umschlagkonzeption: Kochan & Partner, München
Umschlagfoto: Stockfood/Foodcollection GesmbH
Lektorat: Maritta Kremmler
Herstellung: Ruth Bost
Satz: Uhl + Massopust, Aalen

Gedruckt auf chlorfrei gebleichtem Papier

Printed in Germany
ISBN 978-3-8354-1058-9

Vorwort 8

1 Die Bedeutung der Ernährung 9

Einfluss der Ernährung auf Gesundheit und Leistungsfähigkeit 9
    Ernährung und Aberglaube 9
    Der Mensch als Produkt einer langen Entwicklungsreihe 10
    Aufgaben von Ernährung, Verdauung und Stoffwechsel 12
    Ist-Zustand: die Zivilisationskost 15
    Soll-Zustand: die sieben Grundsätze der gesunden Ernährung 17
    Idealzustand: die Leistungs- und Hochleistungskost 20
Ernährung und Regeneration 23
    Ermüdung und Wiederherstellung im Sport 23
    Bedeutung der Ernährung im Regenerationsprozess 25

2 Die Grundlagen der Ernährung im Sport 26

Zelle, Zellstoffwechsel, Energiefreisetzung 26
    Die Zelle 26
    Die Muskelzelle und die Muskelkontraktion 29
    Der Bau- und Betriebsstoffwechsel 31
    Der Energiestoffwechsel 32
    Wege der Energiefreisetzung unter körperlicher Belastung 36

3 Die vollwertige, bilanzierte Ernährung 41

Die Energiebilanz 42
    Die Maßeinheit der Nahrungsenergie 42
    Der Energiebedarf 43
    Die Energiereserven 50
    Die ausgeglichene Energiebilanz 51
Die Bilanz der Energie liefernden Grundnährstoffe 52
    Die Kohlenhydrate – Aufbau und allgemeine Bedeutung 53
    Bedeutung im Belastungsstoffwechsel 55
    Bedeutung des Muskel-und Leberglykogens 56
    Auffüllung und Vergrößerung der Muskelglykogenspeicher 58
    Die Fette – Aufbau und allgemeine Bedeutung 60
    Bedeutung im Belastungsstoffwechsel 65
    Die fettreiche Nahrung der Eskimos 66
    Die fettarme Nahrung des Sportlers 67
    Die Eiweiße (Proteine) – Aufbau und allgemeine Bedeutung 67
    Bedeutung im Belastungsstoffwechsel 73
    Der Eiweißbedarf 73
    Das optimale Verhältnis der Energie liefernden Nährstoffe 77

6 | Inhalt

Die Bilanz der Vitamine 77
  Einteilung und allgemeine Bedeutung 77
  Bedeutung im Belastungsstoffwechsel 81
  Schwachpunkte in der Vitaminversorgung des Sportlers 88
Die Bilanz der Mineralstoffe und Spurenelemente 91
  Vorkommen und allgemeine Bedeutung 91
  Bedeutung im Belastungsstoffwechsel 94
  Schwachpunkte in der Versorgung des Sportlers mit Mineralstoffen
  und Spurenelementen 95
Die Flüssigkeitsbilanz 98
  Allgemeine Bedeutung 98
  Bedeutung im Belastungsstoffwechsel 99
Die sekundären Pflanzenstoffe 104
  Allgemeine Bedeutung 104
  Fünfmal am Tag Obst und Gemüse 105
  Bedeutung für den Sportler 105
Die sog. Ballaststoffe 105
  Allgemeine Bedeutung 105
  Bedeutung für den Sportler 106

4 Verdauung und Leistung 107

Die Funktion des Verdauungssystems 107
Die Magenverweildauer der Speisen 107
Verdauung und Leistungsfähigkeit 110

5 Ernährungsstrategie in der Praxis 112

Die Bedeutung der an den tatsächlichen Bedarf angepassten Ernährung 112
  Grundlagen der Leistungskost 113
  Sportartengruppen mit qualitativ ähnlichen Ernährungsanforderungen 113
  Ernährungsphasen innerhalb der verschiedenen Sportartengruppen 114
Die vollwertige Leistungskost in der Trainings-Aufbauphase (Basisernährung) 116
  Vermeidung der falschen Nahrungsmittel 116
  Auswahl der richtigen Nahrungsmittel 117
  Auswahl der richtigen Getränke 126
  Richtige Verteilung der Mahlzeiten 127
Richtige Ernährung in der Vorwettkampfphase 129
  Bedeutung für die verschiedenen Sportartengruppen 129
  Die optimale Anfüllung der Glykogenspeicher 130

Inhalt | 7

Die Ernährung am Wettkampftag 131
   Die Ernährung vor dem Start 132
   Die Ernährung während des Wettkampfes 133
Die aufbauende Mahlzeit nach dem Wettkampf 134
Die Regeneration nach dem Wettkampf 135

6 Ernährungsrichtlinien in den einzelnen Sportartengruppen 136

Ausdauersportarten 136
Ausdauersportarten mit hohem Krafteinsatz 143
Kampfsportarten 147
Spielsportarten 149
Schnellkraftsportarten 151
Kraftsportarten 156
Nicht klassifizierbare Sportarten 158

7 Spezielle Fragen und Probleme 159

Freie Radikale, Antioxidantien und Sport 159
   Freie Radikale: Definition, Wirkungen, Entstehung 159
   Physiologische Abwehrmechanismen gegen freie Radikale 160
   Freies Eisen, Fleisch und Rotwein 161
   Sport – frei von freien Radikalen 163
   Zusammenfassung und wichtigste Punkte 163
Gezielte Maßnahmen zur Gewichtsabnahme 165
Sinnvoller Einsatz von Nährstoffkonzentraten 171
   Eiweißkonzentrate (Proteinkonzentrate) 172
   Kohlenhydratkonzentrate 173
   Kohlenhydrat-Mineralstoffgetränke 174
   Regenerations- und Aufbaukonzentrate 174
   Fazit 174
Die sog. »Außenseiter-Diätformen« im Sport 176
»Geheimrezepte« zur Leistungssteigerung 179
Der Sportler im Ausland 183
Die somatische Intelligenz des Sportlers 184

Literaturverzeichnis 185

Sachwortverzeichnis 189

Vorwort

In den letzten Jahrzehnten haben Sportmediziner, Biomechaniker, Trainingswissenschaftler, Techniker u.a. mit ihren Grundlagen- und angewandten Forschungen dazu beigetragen, die Gesetzmäßigkeiten der sportlichen Leistungssteigerung zu erkennen, sodass Trainer und Athleten die Trainingsmethoden verfeinern, Trainingsintensitäten und -umfänge erhöhen und die Motivationen immer stärker auf noch höhere individuelle und absolute Leistungen lenken konnten. Es ist somit gelungen, die sog. Komponenten, aus denen eine sportliche Leistung besteht, recht gut in den Griff zu bekommen und aus ihrer Summe trainingsmäßig überzeugende Leistungen zu erzielen. Zu diesen Leistungskomponenten zählen wir heute: konditionelle und koordinative Fähigkeiten, sportartspezifische Techniken, psychische und kognitiv-taktische Fähigkeiten.

Nun wissen erfahrene Trainer, dass zur Steigerung dieser Leistungskomponenten ergänzend bestimmte Voraussetzungen und Bedingungen dazugehören wie z.B. Entwicklungsstand, Alter, Konstitution und Talent des Athleten, der momentane Trainingszustand, verschiedene Umweltbedingungen (Beruf, Schule, Trainingsstätten, Trainer etc.), Regenerationsmaßnahmen und insbesondere eine **richtige Ernährung**. Vielen Athleten und Trainern ist jedoch die Bedeutung dieser Bedingungen für die Gesamt-Leistungsentwicklung und somit letztlich für *die* Top-Leistung nicht voll bewusst.

Von der richtigen Ernährung als einem für die Leistungssteigerung so überaus wichtigen Anteil handelt dieses Buch. Es führt dem Leser vom ersten bis zum letzten Kapitel – in denen sich jeweils wissenschaftliche Grundlagen und für die tägliche Praxis überaus hilfreiche Anwendungsbeispiele in einer leicht verständlichen Sprache finden – die immense Bedeutung der Ernährung für Leistung und Gesundheit vor. Wer dieses Buch liest, dem wird insbesondere bewusst, dass die richtige Ernährung

• erstens eine Voraussetzung für das Sich-Belasten-Können und somit für die Leistungsentwicklung und

• zweitens ein wesentliches Element zur optimalen Regeneration nach Belastungssituationen ist.

Meines Erachtens ist es dem in der Wissenschaft und Sportpraxis äußerst versierten Autor gelungen, mit dieser Darstellung allen an der sportlichen Leistung und an einer Top-Gesundheit Interessierten ein hervorragendes Wissen, gepaart mit optimalen praktischen Anwendungen zu vermitteln und somit eine Lücke in der Sportliteratur zu schließen.

Prof. Dr. Manfred Grosser

1 Die Bedeutung der Ernährung

Einfluss der Ernährung auf Gesundheit und Leistungsfähigkeit

Ohne Nahrung gibt es kein Leben. Ohne gesunde Nahrung gibt es kein gesundes Leben. Wenn man sich richtig ernährt, kann man Gesundheit und Leistungsfähigkeit steigern, während man durch eine falsche Ernährung das Gegenteil erreicht. Die sog. Zivilisationskost ist das typische Beispiel einer schlechten Ernährungsweise, die Gesundheit und Leistungsfähigkeit auf die Dauer schwächt und sogar zu einer Vielzahl von Krankheiten führt. Sie kann nicht die Grundlage für Spitzenleistungen sein, welche ein Höchstmaß an Gesundheit und Leistungsfähigkeit erfordern. Daher muss jeder, der gesund bleiben und leistungsfähig werden will, sich seine individuelle Leistungskost selbst zusammenstellen. Er muss die leistungsfördernden Nahrungsmittel kennen und sie im richtigen Verhältnis zueinander aufnehmen.

Nahrung ist Leben

Gerade in den letzten Jahrzehnten hat man die Bedeutung einer Hochleistungskost für den Sport treibenden Menschen erkannt. Aber leider gibt es bisher noch nicht genügend Fachleute mit Selbsterfahrung, die wissenschaftliche Erkenntnisse in Ernährung *und* Trainingslehre in der Praxis derart miteinander verbinden können, dass der Sportler einen effektiven Nutzen davon hat. So betätigen sich in der Sporternährung sehr unterschiedliche Personenkreise, um am Ruhm und Erfolg des Athleten teilzuhaben. Für den Sportler ist es daher wichtig, die einfachen Prinzipien einer Leistungskost selbst zu kennen, um eine gewisse Unabhängigkeit und Selbstständigkeit in der Gestaltung seiner Ernährung zu erreichen.

Die Grundprinzipien kennen

Ernährung und Aberglaube

Trotz aller wissenschaftlichen Erkenntnisse haftet der Ernährung hier und da immer noch etwas Mystisches an. Man ist nach wie vor empfänglich gegenüber »Geheimrezepten«, von denen man sich Wunderkräfte erhofft und die einen über seine Mitmenschen hinausheben. Ganz so abwegig ist der Gedanke jedoch nicht, dass die Ernährung das Verhalten des Menschen auf irgendeine Weise zu beeinflussen vermag. Vor gar nicht so langer Zeit war in einer Resolution der Internationalen Ernährungskonferenz in Hot Springs (USA) zu hören, dass Gesundheit, Kraft, Ausdauer und Geisteshaltung durch die Ernährung fundamental zu beeinflussen seien. Insbesondere wiesen Experten darauf hin, dass die Art der Ernährung auch auf die seelische Verfassung des Menschen einwirke. Solche Einflüsse sind durchaus möglich und auch in der Praxis nachvollziehbar: »Ihn sticht der Hafer« heißt es nicht umsonst, entfaltet der Hafer bei Pferden und Menschen doch eine stimulierende Wirkung. Eine vegetarische Ernährung scheint eine sanftere Geisteshaltung zu fördern, während ein hoher Fleischgenuss eher eine aggres-

Der Ernährungsmythos

10 | Die Bedeutung der Ernährung

Ernährung und Geisteshaltung

sive, unstete Denkweise begünstigt. Diese Zusammenhänge gehen auf alte Erfahrungen der Menschheit zurück. Vielleicht liegt in diesen Beobachtungen der Grund dafür, dass man schon im Altertum durch den Einsatz besonderer Nahrungsmittel auch besondere Wirkungen erzielen wollte. So aßen Athleten in Weit- und Hochsprung damals bevorzugt das Fleisch sprungkräftiger Ziegen, Schwerathleten fettes Schweinefleisch, Boxer und Werfer dagegen vorwiegend Stierfleisch, damit die Kraft des Stieres auf sie übergehe. Leichtathleten wiederum aßen das Fleisch schneller Antilopen und fettarmer Fische, damit sie die Schnelligkeit dieser Tiere erlangten.

»Geheimrezepte« und Aberglaube

Auch in der heutigen Zeit tauchen solche Vorstellungen immer wieder auf. So verlangten früher Straßenradsportler Hechtsuppe, da sie der festen Überzeugung waren, dass sie auf diese Weise einiges von der Schnelligkeit und Kraft des Hechtes erwerben könnten. Sie sollen sich auch Hirschschnitzel auf den Sattel gelegt und sie während des Rennens mürbe geritten haben, um sie am Abend zu verzehren, damit sie am nächsten Tag so schnell wie ein Hirsch sein könnten. Ringer, Gewichtheber oder Boxer, zumal wenn sie gleichzeitig Metzgergesellen waren, tranken den Fleischsaft oder das Blut von Stieren, um deren Kraft erwerben zu können. Schachspieler essen gerne Walnüsse, da deren windungsreiche Strukturen den Windungen des Gehirnes ähnlich sind.

Manchmal findet die Wirkung solcher »Geheimrezepte« ihre Erklärung in gesunden Ernährungsgrundsätzen, wie z. B. in einer fettarmen Sportlerernährung, die reich an biologisch hochwertigem Eiweiß ist.

Der Placebo-Effekt

Nicht unterschätzen sollte man aber die Kraft des Unterbewusstseins, die die Leistungsfähigkeit des Menschen deutlich steigern kann. In der Medizin kennt man diese Kraft als den sog. »Placebo-Effekt«: Wenn man Patienten Pillen ohne Wirkstoff verabreicht, wobei man ihnen gleichzeitig die Information über eine bestimmte Wirkung dieses Mittels gibt, dann kann man diese Wirkung tatsächlich erzielen.

Dieser Placebo-Effekt kann bei Sportlern zu einer Leistungssteigerung bis zu 30 % oder mehr führen. Je weiter fortgeschritten jedoch ein Athlet in seinem Trainingsprozess ist, desto selbstständiger wird er auch in der Auswahl seiner Nahrungsmittel. Das innere Gespür wird der beste Lehrmeister. Bis dieser Punkt in der Entwicklung erreicht ist, sollte man sich jedoch an die soliden, gesunden Ernährungsgrundsätze halten, um Zeit zu sparen und Fehler zu vermeiden.

Der Mensch als Produkt einer langen Entwicklungsreihe

Die Evolution

Das Alter der Erde wird auf etwa 4,5 Milliarden Jahre – das sind 4 500 000 000 Jahre – geschätzt. Vor zwei bis drei Milliarden Jahren haben sich Landmassen und Meere gebildet. Etwa um diese Zeit entstanden die ersten Lebewesen; diese mussten sich in einem Gleichgewicht mit ihrer Umgebung, dem Element Wasser, befinden. Seitdem hat sich an der Zusammensetzung der Atmosphäre und des Meerwassers fast nichts geändert. Das Landtier und der Mensch haben sich nach heutigen wissenschaftlichen Erkenntnissen aus den Meerestieren entwickelt.

Daher ähnelt die Zusammensetzung der Körperflüssigkeiten in Bezug auf Mineralstoffe und Spurenelemente heute noch jener des Meerwassers.

Einfluss der Ernährung auf Gesundheit und Leistungsfähigkeit | 11

Das Gleichgewicht zwischen Organismus und Umwelt äußert sich auch im Aufbau unserer inneren Organe, insbesondere in der Struktur des Verdauungssystems, das sich in einem Zeitraum von über 30 Millionen Jahren entwickelt hat. Überleben konnte der Mensch nur, weil sich sein Organismus der Umwelt angepasst hat. Nicht das Verdauungssystem hat die Nahrung geformt, sondern umgekehrt: Die zur Verfugung stehende Nahrung hat im Laufe der Zeit unser Verdauungssystem aufgebaut.

Die Geburtsstunde des Menschen

Für das selbstständige Bestehen eines einheitlichen Menschenzweiges kann etwa ein Alter von 20 Millionen Jahren angesetzt werden. Der aufrechte Gang des Menschen war spätestens im oberen Pliozän (vor 10 Millionen Jahren) entwickelt. In dieser Zeit erfand er auch Werkzeuge. Während unsere Vorfahren sich von Wurzeln, Beeren, Nüssen, Früchten, Körnern und Blättern ernährten, konnte der Mensch mit Hilfe dieser Werkzeuge Jagd machen auf Kleinwild, Vögel und Reptilien. Die Nahrung verzehrten die Menschen weiterhin roh, bis sie das Feuer kennen lernten.

Getreide als Grundnahrungsmittel

Ein wesentlicher Fortschritt war die Entwicklung des Ackerbaues mit besseren Arbeits- und Lebensbedingungen, sodass schließlich ein gewisser Nahrungsüberschuss vorhanden war. Getreide und Getreideprodukte wurden immer mehr zum Hauptnahrungsmittel der Menschheit. Die Nahrung der römischen Legionäre bestand z. B. im Wesentlichen aus einer täglichen Ration von 800 g Weizenkörnern, die in einer Getreidemühle zu Schrot gemahlen wurde. Daraus stellte man einen Brei her, der sofort verzehrt wurde. Teilweise wurde dieses Schrot auch zu Brot verarbeitet. Fleisch war nur selten auf dem Speiseplan. Vor langen Märschen weigerten sich die Soldaten Cäsars sogar, Fleisch zu essen, da sie spürten, dass ihre Ausdauerleistungsfähigkeit dadurch litt.

Auch die Kost derer, die im Altertum am meisten körperlich arbeiteten und gleichzeitig am gesündesten und leistungsfähigsten waren, nämlich die Sklaven, bestand vorwiegend aus Getreide und Getreideprodukten in Form von Grütze, Brei, Fladen und grobem Brot. Denn diese Nahrung war billiger als die teuren tierischen Produkte, die den reichen Schichten vorbehalten blieben. Die Reichen neigten infolge ihrer falschen Ernährung und Lebensweise schon damals zu Fettsucht, Gicht (»Zipperlein«), Gallen- und Nierensteinen sowie zu vorzeitiger Arterienverkalkung mit Herzschwäche und Schlaganfall.

Daniels »Experiment«

Aber selbst aus noch früheren Zeiten gibt es Kunde davon, dass eine falsche Ernährung Gesundheit und Leistungsfähigkeit beeinträchtigen kann, wie die Worte des Propheten Daniel in der Bibel beweisen, die auch heute noch als »Daniels Experiment« durchaus lehrreich sein können: »... als tägliche Kost wies ihnen der König Speisen und Wein von der königlichen Tafel zu ... Da sagte Daniel zu dem Mann, den der Oberkämmerer als Aufseher ... eingesetzt hatte ...: Laß' uns nur pflanzliche Nahrung essen und Wasser trinken! ... Am Ende der zehn Tage sahen sie besser und wohlgenährter aus als all die jungen Leute, die von den Speisen des Königs aßen. Da ließ der Aufseher ihre Speisen und auch den Wein, den sie trinken sollten, beiseite und gab ihnen Pflanzenkost.« (Buch Daniel 1,3–16).

Pflanzenkost heute: »Five-a-day« – fünfmal am Tag Obst und Gemüse

Heute wird als modernste Erkenntnis für eine gesunde Ernährung ebenfalls »Pflanzenkost« empfohlen – und zwar unter dem Slogan »Five-a-day«: fünfmal am Tag Gemüse und Obst, nicht nur wegen der darin enthaltenen Vitamine, Mineralstoffe und Spurenelemente, sondern vor allem auch wegen ihres Gehaltes an sekundären

Die Bedeutung der Ernährung

Pflanzenstoffen, deren Bedeutung man heute erst erkannt hat. In der Ernährung wird man häufig feststellen, dass sich frühere intuitive Erkenntnisse erst heute wissenschaftlich erklären lassen.

Im Einklang mit den Naturgesetzen leben

Der Mensch von heute sollte endlich die Fehlvorstellung fallen lassen, die ihn glauben lässt, dass er als eigenständiges Wesen von der Geburt bis zum Tode vor sich hin lebt und ungestraft gegen die Naturgesetze verstoßen kann. Man sollte nicht vergessen, dass man aufgrund der genetischen Informationen, die man von seinen Vorfahren übertragen bekommen hat, das vorläufige Endprodukt einer langen Entwicklungsreihe ist. Unser Organismus und damit auch unser Verdauungssystem wurden von der Natur aufgebaut, und ihr haben wir uns zu beugen. 20 Millionen Jahre Entwicklungsgeschichte bedeuten bei einer durchschnittlichen Lebensdauer von 60 Jahren das Aufeinanderfolgen von über 300 000 Generationen. Aber noch nie in der ganzen Menschheitsgeschichte hat sich die Wandlung in der Ernährung so schnell vollzogen wie in den letzten beiden Generationen. Durch diesen schnellen Wandel ist der menschliche Organismus jedoch überfordert, da er Zeit braucht, sich anzupassen – wenn das bei der heutigen sog. Zivilisationskost überhaupt möglich ist.

Aufgaben von Ernährung, Verdauung und Stoffwechsel

Die Ernährung – ein Fließgleichgewicht

Durch die Nahrung befindet sich unser Organismus in einem Fließgleichgewicht mit unserer Umwelt (Abb. 1): Produkte aus der Umwelt werden in den Organismus hineingeschleust (Input), andere verlassen ihn wieder und gehen in die Umwelt

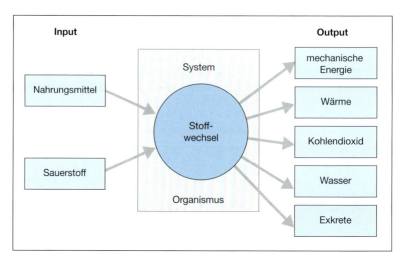

Abb. 1 Die Ernährung im Fließgleichgewicht des Organismus: Nahrungsmittel und Sauerstoff werden aufgenommen *(input)*, Stoffwechselendprodukte und Abbauprodukte sowie mechanische Energie und Wärme werden abgegeben *(output)*. Im System (Organismus) läuft der Stoffwechsel ab.

Einfluss der Ernährung auf Gesundheit und Leistungsfähigkeit | 13

zurück (Output). Über das Verdauungssystem werden die Nahrungsmittel aufgenommen und gleichzeitig über das Herz-Lungen-Gefäßsystem der zu ihrer Verarbeitung notwendige Sauerstoff. Im Stoffwechsel werden mechanische Energie und Wärme erzeugt, wobei als Endprodukte Kohlendioxid, Wasser und die nicht verwendbaren Stoffe wieder an die Umwelt abgegeben werden.

Die kosmische Komponente der Nahrung

Aus einer nüchternen Distanz betrachtet sind wir durch die Nahrung sogar mit dem Weltall, nämlich der Sonne, verbunden: Alles menschliche Leben hängt direkt oder indirekt von den Pflanzen ab. Denn diese allein können mit Hilfe ihres grünen Blattfarbstoffes (Chlorophyll) aus dem Kohlendioxid der Luft und aus Wasser Traubenzuckermoleküle aufbauen, die der Grundstoff aller pflanzlichen Kohlenhydrate sind sowie auch für pflanzliches Fett und für pflanzliches Eiweiß, wozu die Pflanze nur noch den Stickstoff des Bodens braucht. Der menschliche Organismus dagegen benötigt bereits vorgefertigte pflanzliche oder tierische Nährstoffe, Letztere durch Tiere aus pflanzlicher Nahrung hergestellt.

Wenn wir davon ausgehen, dass jede Form der Nahrung, die wir zu uns nehmen, in irgendeiner Weise lebendig ist oder war, so bedeutet dies, dass wir durch die Nahrung eigentlich verschiedene Lebensformen und biologisch gebundene Sonnenenergie übernehmen. Ohne Sonne und ohne Blattgrün könnten wir demnach nicht existieren.

Nahrungsmittel und Lebensmittel

Da wir die Nahrung zum Leben brauchen, bezeichnen wir die Nahrungsmittel auch als Lebensmittel. Um sie von den Arznei- und Genussmitteln abzugrenzen, versteht man unter Lebensmitteln im engeren Sinne Stoffe, die dazu bestimmt sind, in unverändertem, zubereitetem oder verarbeitetem Zustand vom Menschen verzehrt zu werden; ausgenommen sind Stoffe, die überwiegend dazu bestimmt sind, zu anderen Zwecken als zur Ernährung oder zum Genuss verzehrt zu werden. Alle Inhaltsstoffe der Nahrung, die der Organismus verwerten kann, werden als Nährstoffe im weiteren Sinne bezeichnet. Als eigentliche Nährstoffe oder Grundnährstoffe bezeichnet man meistens die Energie liefernden Stoffe, nämlich Kohlenhydrate, Fette und Eiweiße (Proteine). Die für den Organismus notwendigen, nicht im eigenen Stoffwechsel herstellbaren Substanzen pflegt man als *essenzielle Nah-*

Tabelle 1 Essenzielle, nichtessenzielle (ersetzbare) und funktionsfördernde Nährstoffe

1. Essenzielle Nährstoffe	**2. Nichtessenzielle Nährstoffe**
• Essenzielle Aminosäuren	• Nichtessenzielle Aminosäuren
• essenzielle Fettsäuren	• nichtessenzielle Fettsäuren
• Vitamine	• Kohlenhydrate (mit Einschränkung)
• Mineralstoffe	
• Spurenelemente	
• Wasser	

3. Funktionsfördernde Nährstoffe
- Ballaststoffe
- Aromastoffe (Geruchs- und Geschmacksstoffe)
- Farbstoffe, sekundäre Pflanzenstoffe
- Inhaltsstoffe von Genussmitteln (z. B. Coffein)

14 | Die Bedeutung der Ernährung

rungsfaktoren zu bezeichnen. Bestimmte Nährstoffe können sich in ihrer Bedeutung und Wirkung gegenseitig ersetzen oder können vom Organismus selbst hergestellt werden, sodass man sie als *nichtessenzielle Nährstoffe* bezeichnet. Außerdem gibt es noch die Gruppe der *funktionsfördernden Nährstoffe*, zu denen die Ballaststoffe, sekundäre Pflanzenstoffe, Geruchs- und Geschmacksstoffe sowie die Genussmittel gehören (Tab. 1).

Verdauung
Resorption
Stoffwechsel

Die Nahrung wird im Mund durch die Zähne zerkleinert, mit Speichel vermischt und in einen Brei verwandelt, der durch den Schluckakt über die Speiseröhre und den Magen in den Dünndarm gelangt (Tab. 2). Die Veränderungen, denen die Nahrung vom Mund bis zum Darmausgang unterliegt, werden als Verdauung (Digestion) bezeichnet. Ziel der Verdauung ist es, die hochmolekularen, kompliziert gebauten und im Grunde körperfremden Nahrungsbestandteile in kleinste Bausteine zu zerlegen, welche die Darmwand durchwandern und im Organismus verarbeitet werden können. Der Vorgang der Aufnahme aus dem Darm in das Körperinnere durch die Darmwand wird als Resorption bezeichnet. Nahrungsbestandteile, die im Darm zurückbleiben, wandern in den Dickdarm weiter. Dort wird dem dünnflüssigen Verdauungsbrei Wasser entzogen. Durch bakterielle Gärung und Fäulnis wird der Darminhalt weiter verändert und schließlich ausgeschieden.

Tabelle 2 Der Weg der Nahrungsbestandteile/Nährstoffe

1. Eiweiß, Fett, Kohlenhydrate
- Aufspaltung in kleinste Bausteine im Magen-Darm-Trakt (Verdauung = Digestion).
- Aufnahme der kleinsten Bausteine durch die Darmwand ins Blut (Resorption).
- Verwertung am Ort des Bedarfs (Stoffwechsel)
  - als Baustoff
  - als Energielieferanten
  - als Reserve (Speicherung)

2. Vitamine, Mineralstoffe, Spurenelemente, Wasser
- Aufnahme durch die Darmwand (Resorption)
- Beteiligung an allen Stoffwechselvorgängen (Regulation, Steuerung, Beschleunigung)

Die in den Organismus aufgenommenen (resorbierten) Nährstoffe werden vielfältig verändert, teilweise gespeichert, in verschiedener Form transportiert und schließlich am Ort des Bedarfes verwertet. Dabei fallen Stoffwechselprodukte an, die z. B. als harnpflichtige Substanzen über die Nieren ausgeschieden oder als Kohlendioxid und Wasserdampf über die Lungen ausgeatmet werden. Die Veränderungen, die sich im Körperinneren abspielen, werden als Intermediärstoffwechsel bezeichnet. Die Bestandteile der Nahrung haben im Wesentlichen folgende Funktionen:

1. Kohlenhydrate und Fette sind vorwiegend Energielieferanten.
2. Eiweiß wird vorwiegend als Baustoff verwendet.
3. Vitamine, Mineralstoffe und Spurenelemente greifen regulatorisch, steuernd und beschleunigend in den Stoffwechsel ein.
4. Wasser transportiert alle Substanzen innerhalb des Körpers und ist außerdem für die Temperaturregulation wichtig.

Ist-Zustand: die Zivilisationskost

Unter »Zivilisation« versteht man im Allgemeinen eine Lebensweise, die das **Zivilisation und** Leben »menschenwürdiger« macht und durch den Fortschritt von Wissenschaft **Zivilisationskost** und Technik bessere Lebensbedingungen schafft. Damit scheinen jedoch nicht nur Vor-, sondern auch Nachteile verbunden zu sein, und manchmal ist diese Zivilisation sogar recht gefährlich.

Menschen in den Industrieländern sind im Allgemeinen nicht gesünder, sondern kränker als Naturvölker. Das Bundesernährungsministerium hat wiederholt festgestellt, dass die Deutschen zu fett, zu süß und zu viel essen. Menschen aus Naturvölkern, z. B. Indianer oder Beduinen, die mit unserer Lebensweise in Berührung kommen, leiden nach kurzer Zeit unter eben diesen Zivilisationskrankheiten, die sie vorher nicht kannten. Neben der ungesunden Lebensweise mit Bewegungsarmut, Stress und sonstigen negativen Umwelteinflüssen trägt die »zivilisierte« Ernährung einen großen Teil dazu bei.

Gegenüber der natürlichen Ernährung mit vollwertigen, unverarbeiteten Nahrungsmitteln hat die Zivilisationskost im Wesentlichen sieben Nachteile (Tab. 3):

Tabelle 3 Schwachpunkte der Zivilisationskost

1. Zu hoher Verbrauch von Nahrungsmitteln mit überwiegend »leeren Kalorien« (Zucker, stark ausgemahlene Mehle, Fett, Alkohol).
2. Mangel an ballaststoffreichen Nahrungsmitteln (Vollkornprodukte, Gemüse, Obst).
3. Mangel an Vitaminen, Mineralstoffen und Spurenelementen.
4. Mangel an sekundären Pflanzenstoffen (Gemüse, Obst).
5. Mangel an »lebendiger Nahrung«.
6. Überernährung bei gleichzeitiger Fehlernährung.
7. Schadstoffe in der Nahrung.

Zunächst enthält die Zivilisationskost einen zunehmenden Anteil von künstlich **Leere** verarbeiteten und verfeinerten Nahrungsmitteln, die überwiegend oder ausschließ- **Kalorienträger** lich Energie *ohne* die im Stoffwechsel zu ihrer Verarbeitung notwendigen Begleitstoffe liefern. Man hat diese Nahrungsmittel als »Nahrungsmittel mit leeren Kalorien« bezeichnet. Dazu gehören der Zucker und alle zuckerhaltigen Nahrungsmittel (Süßwaren, Limonaden, Coca-Cola, Ketchup u. a.), alle Produkte aus stark ausgemahlenen Mehlen (Weißbrot, Kuchen, Toast u. a.), Fett sowie Alkohol, der bei Erwachsenen durchschnittlich 8–10 % der täglichen Kalorien liefert. Der hohe Fettanteil in der Nahrung hängt mit dem zu reichlichen Verzehr von tierischem Eiweiß zusammen, da Lebensmittel mit tierischem Eiweiß meist einen hohen Anteil an Fetten aufweisen. Tierische Fette sind besonders nachteilig, weil sie vorwiegend gesättigte Fettsäuren sowie Cholesterin enthalten und somit Arteriosklerose fördern. Außerdem liefern Fleisch und in geringerem Maße auch Fisch Purine, aus denen der Organismus Harnsäure herstellt, die sich in den Gelenken ablagern und zu Gicht führen kann.

Gleichzeitig ist der Verzehr pflanzlicher Nahrungsmittel zurückgegangen. Mangel an pflanzlicher Nahrung fördert den Mangel an Vitaminen, Mineralstoffen und Spurenelementen sowie auch von Ballaststoffen, die der Darm für eine gesunde

Die Bedeutung der Ernährung

Zu wenig Ballaststoffe und pflanzliche Nahrungsmittel

Darmtätigkeit benötigt. Ballaststoffmangel führt oft zu Verstopfung und scheint Dickdarmkrebs zu fördern.

Wichtig ist auch die Versorgung mit sekundären Pflanzenstoffen als Radikalfänger und Schutz gegen oxidativen Stress. Das ist besonders auch für Sportler von großer Bedeutung, weil sie infolge ihrer erhöhten Sauerstoffaufnahme auch vermehrt anfallende Sauerstoffradikale neutralisieren müssen.

Mangel an Mikronährstoffen

Man hat festgestellt, dass auch bei nicht Sport treibenden Menschen heutzutage die Versorgung mit lebenswichtigen Nährstoffen gefährdet ist. Das trifft z. B. für die Versorgung mit Calcium zu, für die Versorgung von Frauen im gebärfähigen Alter mit Eisen sowie auch für die Versorgung der Allgemeinbevölkerung mit Vitaminen des B-Komplexes und Folsäure. Auch die Versorgung mit Magnesium, Zink, Selen und anderen Spurenelementen ist durch die Zivilisationskost nicht immer gesichert.

Mangel an lebendiger Nahrung

Ein weiteres Kennzeichen der Zivilisationskost ist der zu große Einsatz von zu stark verarbeiteten, konservierten oder gekochten Nahrungsmitteln, in denen jedes »Leben« fehlt. Das Leben kann chemisch nicht gemessen werden, daher ist auch das Fehlen lebendiger Nahrung wissenschaftlich nicht messbar. Damit der Begriff »lebendige Nahrung« an dieser Stelle nicht einfach im Räume steht, hier ein kurzes Beispiel: Es ist bekannt, dass Pferde, die mit Haferkörnern gefüttert werden, ein glänzendes Fell bekommen und recht »lebendig« werden. Das bedeutet, dass sie täglich ausgeritten werden müssen, damit sie im Stall nicht zu lebhaft werden und vor lauter Kraft um sich schlagen. Diese Aktivität hat sich in dem Sprichwort: »Ihn sticht der Hafer« niedergeschlagen. Pferdehalter, die ihre Pferde nicht täglich ausreiten können, mahlen die Haferkörner, lassen sie so einige Tage stehen und verfüttern erst dann diesen geschroteten Hafer an die Pferde. Die Tiere werden dadurch ruhiger, sind nicht mehr so aktiv und »lebendig« wie vorher, sodass man sich das Ausreiten sparen kann. An den chemischen Inhaltsstoffen des Hafers hat sich durch die Prozedur des Mahlens und Stehenlassens nichts Messbares geändert – und doch sind die Tiere, die diese mechanisch veränderte Nahrung aufnehmen, weniger »lebendig« und verändert, obwohl sie nicht weniger Energie und Nährstoffe im chemischen Sinne durch die Nahrung erhalten haben. Es scheint also doch ein Unterschied zu sein, ob man tote oder lebendige Nahrung zu sich nimmt.

Fehlernährung bei gleichzeitiger Überernährung

Die hohe Zufuhr »leerer Kalorien« in der Zivilisationskost führt zu dem Phänomen, dass die Menschen überernährt und gleichzeitig fehlernährt sind. Denn obwohl sie körperlich geringer aktiv ist, hat die Bevölkerung in den letzten Jahrzehnten die Gesamtenergiezufuhr nicht vermindert. Vielleicht liegt die Ursache der Überernährung, die zu Fettansatz und Übergewicht führt, sogar in der Fehlernährung begründet, da der Organismus infolge der Unterversorgung mit lebenswichtigen Stoffen nach weiterer Nahrung verlangt, um sein Defizit an Mikronährstoffen zu decken.

Außerdem »schießen« industriell verarbeitete, kurzkettige Kohlenhydrate und Zucker geradezu ins Blut hinein, führen zu einem Anstieg des Blutzuckers und des Blutzucker regulierenden Hormons Insulin. Insulin ist jedoch ein »Masthormon«, das u. a. auch zum Aufbau von Fetten in den Fettzellen führt.

Schadstoffe in der Nahrung sind zwar gelegentlich in geringen Mengen vorhanden, jedoch wird ihre Bedeutung sehr oft übertrieben. Der Gehalt an Schadstoffen wird

Einfluss der Ernährung auf Gesundheit und Leistungsfähigkeit | 17

laufend kontrolliert und ist durch gesetzliche Bestimmungen geregelt. Hier droht viel weniger Gefahr als durch die Über- und Fehlernährung der Bevölkerung, denn eine große Anzahl der Zivilisationskrankheiten deckt sich mit den ernährungsbedingten Krankheiten. So vermutet man z.B., dass zwei Drittel aller Krebserkrankungen im Wesentlichen durch nur zwei Faktoren ausgelöst oder gefördert werden: 20–30% aller Krebsfälle sollen auf Tabakgenuss zurückgehen und etwa weitere 35% durch Ernährungsfehler bedingt sein, insbesondere durch einen zu hohen Fettkonsum (tierische Fette) und einen Mangel an ballaststoffreicher Nahrung und antioxidativen Mikronährstoffen.

Auch das Verhältnis der Grundnährstoffe Kohlenhydrate, Eiweiß und Fett ist in der Ernährung der Industrieländer völlig verschoben. So werden 40–45% der Energie aus Fetten gewonnen. Dieser Anteil ist viel zu hoch, da Fett das Entstehen freier Radikale und kanzerogener Stoffe begünstigt, Krankheiten wie Arteriosklerose, Herzinfarkt, Schlaganfälle, Gallensteine usw. fördert und die Leistungsfähigkeit insgesamt vermindert. Der Fettanteil sollte in einer gesunden Ernährung auf 30–35% und in einer idealen Sporternährung auf 20–30% der zugeführten Kalorien vermindert werden. **Verschiebung der Nährstoffrelation**

Weniger Fett

Der Eiweißanteil liegt in der Zivilisationskost bei über 12% der zugeführten Kalorien. Er reicht aus und ist fast etwas zu hoch. In einer gesunden Ernährung reichen 10%, in der Sporternährung bis zu 15% der zugeführten Energie an Eiweiß. Dabei sollten weniger tierische und mehr pflanzliche Eiweiße verwendet werden wegen der unerwünschten Begleitstoffe (Cholesterin, Purine, gesättigte Fette). **Weniger tierisches Eiweiß**

Ein sehr wichtiger Faktor in der gesunden Ernährung ist ein hoher Anteil von mehrkettigen Kohlenhydraten (Stärke, Polysaccharide) bei einem geringen Anteil von Zuckern (Mono- und Disaccharide). Die Zivilisationskost lässt infolge des hohen Alkoholverbrauches in Höhe von ca. 8–10% der zugeführten Energie nur noch Raum für ca. 35% der Energie aus Kohlenhydraten, die zudem noch einen hohen Zuckeranteil enthalten. Bei einer gesunden Ernährung muss der Anteil an stärkehaltigen Kohlenhydraten auf mindestens 55%, in der Sporternährung auf über 55% der zugeführten Kalorien erhöht werden (Tab. 4). **Mehr komplexe Kohlenhydrate**

Tabelle 4 Der prozentuale Anteil der Grundnährstoffe (und des Alkohols) an der Gesamtenergiemenge (kcal/kJ) in unserer Ernährung

	Ist-Zustand Zivilisationskost	Soll-Zustand Gesunde Ernährung	Ideal-Zustand Sporternährung
Kohlenhydrate	34–36 kcal%	50–55 kcal%	55–60 kcal%
Fette	40–45 kcal%	28–32 kcal%	25–30 kcal%
Eiweiß	12–14 kcal%	12–16 kcal%	12–18 kcal%
Alkohol	8–10 kcal%	–	–

Soll-Zustand: die sieben Grundsätze der gesunden Ernährung

Nahrungsmenge auf kleine Mahlzeiten verteilen

1. Abwechslungsreiche gesunde Mischkost

Da es kein Nahrungsmittel gibt, das alle wichtigen Nährstoffe im richtigen Verhältnis enthält, sollte man sich von einer möglichst großen Vielzahl sich ergänzen-

18 | Die Bedeutung der Ernährung

der Nahrungsmittel ernähren, um die Ernährungsbilanz insgesamt ausgeglichen zu gestalten. Jede einseitige Ernährung bringt Nachteile. Dabei sollte die tägliche Nahrungsmenge auf fünf oder mehr Mahlzeiten verteilt werden.

2. Übergewicht abbauen

Überernährung und Übergewicht verkürzen das Leben

Übergewicht begünstigt eine Vielzahl von Krankheiten (hoher Blutdruck, erhöhte Blutfettwerte, Zuckerkrankheit, Gicht, Gallensteinleiden, Krampfadern, Herzmuskelschwäche u.a.). Wer gesund und leistungsfähig werden und lange leben will, sollte das Übergewicht abbauen. Dabei muss man nicht unbedingt das Idealgewicht erreichen. Aber man sollte doch in die Nähe des Normalgewichtes (Körpergröße in Zentimetern minus Hundert = Normalgewicht in Kilogramm) kommen, indem man Überernährung vermeidet und genügend Energie durch körperliche Tätigkeit ausgibt.

3. Zu viel Fett und Cholesterin vermeiden, ungesättigte Fette bevorzugen

Fett: Quantität vermindern, Qualität verbessern

Eine tägliche Fettaufnahme von mehr als 40% der Gesamtenergiezufuhr ist zu viel! Fett liefert viele überflüssige »leere« Kalorien, fördert Übergewicht, Arteriosklerose und möglicherweise auch einige Krebserkrankungen. Der tägliche Fettanteil in der Nahrung sollte nicht über 30–35% der zugeführten Nahrungsenergie liegen. Dabei sollten Fette mit einem hohen Anteil an ungesättigten Fettsäuren (z.B. Pflanzenöle wie Olivenöl, Rapsöl, Sojaöl, Sonnenblumenöl, Distelöl u.a.) gegenüber denen mit einem hohen Anteil gesättigter Fettsäuren (tierische Fette) bevorzugt werden. Nahrungsmittel mit versteckten Fetten (Tab. 5) sollten möglichst gemieden werden. Auch sollte man darauf achten, nicht zu viele Nahrungsmittel mit einem hohen Cholesteringehalt (Tab. 6) zu sich zu nehmen.

4. Ballaststoffreiche Nahrungsmittel bevorzugen (Tab. 7)

Ballaststoffe sind kein Ballast

Ballaststoffe sind für den Menschen unverdauliche Nahrungsbestandteile, die innerhalb des Verdauungsvorgangs wichtige Aufgaben erfüllen. Es gibt eine große Zahl von Krankheiten, die auf Ballaststoffmangel zurückgehen (Verstopfung, Darmkrebs, Dickdarmdivertikulose, Hämorrhoiden, Gallensteinleiden u.a.). Insbesondere die Kohlenhydrate sollten nicht in verfeinerter, sondern in naturbelassener Form zugeführt werden.

5. Den Zuckeranteil vermindern

Zucker macht krank

Der Zuckeranteil in der Nahrung sollte von den üblichen 24% auf weniger als 10% der täglichen Energiezufuhr (am besten unter 50 g/Tag) herabgesetzt werden. Ein hoher Zuckeranteil fördert eine Vielzahl von Krankheiten (Zahnkaries, Herzkrankheiten, Darmkrankheiten). Zucker führt zu Fehlernährung, da er nur reine Zuckerkristalle ohne Vitamine, Mineralstoffe und Spurenelemente enthält. Außerdem erhöht Zucker den Insulinspiegel im Blut, was auf Dauer zu Übergewicht und Zuckerkrankheit führen kann.

6. Wenig Kochsalz

Der tatsächliche Kochsalzkonsum liegt zwischen 12 und 25 g pro Tag, notwendig sind aber nur etwa 6 g! Kochsalzüberschuss begünstigt die Entstehung des hohen

Einfluss der Ernährung auf Gesundheit und Leistungsfähigkeit | 19

Tabelle 5 Nahrungsmittel mit einem hohen Anteil an versteckten Fetten
(Nährwertangabe je 100 g Lebensmittel, essbarer Anteil)

Lebensmittel		Lebensmittel	
Schweinespeck (Rückenspeck)	88,8	Hühnereigelb	31,9
Mayonnaise, fettreich	82,5	Schlagsahne (Schlagrahm),	
Walnüsse	62,5	mindestens 30 % Fett	31,7
Mandeln, süß	54,1	Doppelrahmfrischkäse (60 % Fett i. Tr.)	31,5
Mettwurst	51,5	Gans	31,0
Salami	49,7	Fleischsalat mit Mayonnaise	30,9
Erdnüsse, geröstet	49,4	Emmentalerkäse (45 % Fett i. Tr.)	30,0
Schweinefleisch, Bauch	42,0	Butterkäse (50 % Fett i. Tr.)	28,8
Leberwurst	41,2	Schmelzkäse (60 % Fett i. Tr.)	28,2
Kartoffelchips,		Briekäse (50 % Fett i. Tr.)	27,9
Kartoffelscheiben (geröstet)	39,4	Marzipan	24,9
Schweineschinken, roh, geräuchert	33,3	Aal	24,5
Milchschokolade	32,8	Schweinefleisch, Kotelette	24,5
Gelbwurst (Hirnwurst)	32,7	Avocado	23,5
Bratwurst (Schweinsbratwurst)	32,4	Schweinefleisch, Eisbein, Haxe	25,6
Schweinefleisch, Kamm		Rindfleisch, Brust (Brustkern)	21,1
(Halsgrat)	32,0	Eiscreme	11,7
Hammelfleisch, Kotelette	32,0	Hühnerei (Gesamtei-Inhalt)	11,2

Tabelle 6 Nahrungsmittel mit einem hohen Gehalt an Cholesterin
(in mg/100 g Lebensmittel, essbarer Anteil)

Lebensmittel		Lebensmittel	
Hirn (Kalb)	3140	Hase, Reh (Rücken)	110
Hühnereigelb	1400	Sahne (30 % Fett)	109
Hühnerei (Gesamtei-Inhalt)	410	Doppelrahmfrischkäse	
1 Hühnerei = 48 g	220	(60 % Fett i. Tr.)	105
1 Eidotter = 17 g	220	Emmentalerkäse (45 % Fett i. Tr.)	87
1 Eiklar = 31 g	0	Rindfleisch (mager),	
Niere (Kalb)	310	Kalbfleisch (Kotelette),	
Kaviar	300	Schweinefleisch (Kotelette)	70
Biskuit	280	Parmesankäse	65
Leber (Kalb, Rind, Schwein)	250	Huhn (Brust)	60
Butter	240	Camembert (30 % Fett i. Tr.)	38
Krabben	150	Kuhmilch (3,5 % Fett)	12
Eierteigwaren	140	**dagegen zum Vergleich:**	
Garnele		Kuhmilch (1,5 % Fett)	5
und andere Schalentiere	138	Speisequark, mager	4

Tabelle 7 Ballaststoffreiche Nahrungsmittel

Kleie	Äpfel und andere Obstsorten
Getreidekörner	Kohl und andere Gemüsesorten
Frühstücksflocken	Hülsenfrüchte (Erbsen, Bohnen, Linsen)

20 | Die Bedeutung der Ernährung

Kochsalz fördert hohen Blutdruck

Blutdruckes und auch die von Magenkrebs. Kochsalzreiche Nahrungsmittel sind daher einzuschränken. Zum Essen sollte man nicht zusätzliches Salz verwenden. Eine Ausnahme ist nur ein hoher Schweißverlust beim Sport.

7. Wenn Alkohol – dann mäßig

Alkohol – ein unterschätztes Problem unserer Zeit

Alkohol liefert in der Zivilisationskost etwa 8–10% der täglichen Energiezufuhr. Das ist eindeutig zu viel! Alkohol liefert nur »leere« Kalorien ohne die notwendigen Begleitstoffe, führt somit zur Fehlernährung und hat außerdem eine Vielzahl von direkt schädigenden Einflüssen auf den Organismus. Außerdem wird Alkohol immer bevorzugt verstoffwechselt, was zu einer Verdrängung der wichtigen Grundnährstoffe führt.

Merke: Eine gesunde Ernährung für sich alleine nützt nicht viel, wenn die sonstige Lebensweise nicht mit ihr übereinstimmt. Die Nahrungsmittel verbrennen mit Sauerstoff. Daher sollte außer der Nahrungsaufnahme auch eine ausreichende Zufuhr von Sauerstoff gewährleistet sein, d. h., man sollte sich viel an frischer Luft bewegen.

Idealzustand: die Leistungs- und Hochleistungskost

Die Sporternährung: Produkt aus Überlieferung, moderner Wissenschaft und Intuition

Es ergibt sich von selbst, dass eine Leistungs- und Hochleistungskost nicht die übliche Zivilisationskost zum Vorbild haben kann, sondern von einer gesunden Ernährung ausgehen muss. Da aber die sportliche Belastung heutzutage häufig Anforderungen an den menschlichen Organismus stellt, die in der Menschheitsgeschichte bisher nicht dagewesen sind, muss auch die Ernährung von ganz besonderer, bisher nicht dagewesener Zusammensetzung sein. Dabei stehen oftmals Selbsterfahrung des Athleten und wissenschaftliche Erkenntnisse im Wettstreit. Aber schon lange bevor die Wissenschaft bei der Ernährung des Sportlers Hilfestellung gab, fühlten sich ganz bestimmte Sportler zu ganz bestimmten Ernährungsweisen hingezogen. Instinktiv vermieden die olympischen Athleten Griechenlands im klassischen Altertum gekochte und gebratene Speisen sowie kalte Getränke. Feigen, Käse und aus Weizenschrot hergestelltes Brot waren die Grundlagen ihrer Ernährung. Viele Athleten waren nur mit Kornbrei und Käse großgezogen worden. In der Trainingskost war die Enthaltsamkeit von alkoholischen Getränken selbstverständlich. Schwerathleten dagegen, wie die römischen Gladiatoren, verzehrten große Mengen an Eiweiß, vorwiegend in Form von Fleisch. Die germanischen Krieger ernährten sich bevorzugt von Quark. Die Soldaten Cäsars spürten, dass große Fleischmengen ihre Ausdauerleistungsfähigkeit verminderten, während der gewohnte Weizenkornbrei sie förderte. Auch heute erinnern wir uns daran, dass noch vor einigen Jahren Sportlern der Verzehr großer Fleischmengen in Form von Steaks empfohlen wurde. Vor allem die Ausdauersportler entwickelten einen deutlichen Widerwillen gegen diese großen Fleischmengen, sodass sie jetzt von selbst wieder weniger Fleisch essen oder teil-

[1]) Lakto-Vegetarier: Jemand, der sich nur von pflanzlichen Nahrungsmitteln und Milchprodukten ernährt.

Einfluss der Ernährung auf Gesundheit und Leistungsfähigkeit | 21

weise sogar zu einer laktovegetabilen[1]) Ernährung zurückgekehrt sind, da diese Ernährungsweise ihrem natürlichen Verlangen mehr entspricht. Natürliches Verlangen des Sportlers und wissenschaftliche Erkenntnisse müssen sich also ergänzen. Obwohl wir heute im technischen Zeitalter leben, unterliegt unser Organismus noch den Gesetzen der Steinzeit, nämlich der **biologischen Grundregel**, die besagt: »Struktur und Leistungsfähigkeit eines Organs werden bestimmt vom Erbgut sowie von der Qualität und Quantität seiner Beanspruchung.« Je intensiver innerhalb physiologischer Grenzen ein Organ beansprucht wird, desto stärker passt es sich der Belastung an und desto leistungs- und widerstandsfähiger wird es. Um diesem Gesetz zu gehorchen, muss der moderne Mensch neben seiner meist bewegungsarmen Berufsarbeit dem Organismus die notwendige Beanspruchung verschaffen. Je nach persönlicher Neigung, Motivation und auch Ehrgeiz werden sich Umfang und Intensität der sportlichen Betätigung individuell unterscheiden. Um bei Diskussionen und Ratschlägen nicht aneinander vorbeizureden, gleichgültig ob es um Trainingsmethoden, Ernährung oder Sportschäden geht, sollte man daher immer folgende **vier Kategorien der sportlichen Betätigung** auseinander halten:

Qualität und Quantität der Beanspruchung berücksichtigen

1. Breitensport,
2. Gesundheitssport,
3. Leistungssport und
4. Hochleistungssport

Die Anforderungen an die Ernährung steigen, je mehr sich die sportliche Betätigung dem Hochleistungssport nähert, jedoch gelten in allen vier Kategorien die gleichen Grundprinzipien. Allerdings spürt der Leistungs- und Hochleistungssportler Fehler in Trainings- und Ernährungsmethoden deutlicher als der Breiten- und Gesundheitssportler.

Der **Breitensport** wird aus Freude an der Bewegung, am Spiel und auch am spielerischen Wettkampf betrieben, wobei die Höhe der Leistung eine untergeordnete Rolle spielt. Wichtiger ist es meistens, sich in einer Gruppe zu betätigen und mit der ganzen Familie an der Bewegung teilnehmen zu können.

Motiv: Freude, Gesundheit, Geselligkeit

Demgegenüber dient der **Gesundheitssport** vorwiegend der Wiedererlangung verloren gegangener Gesundheit, wie z. B. als therapeutischer Sport in den Selbsthilfegruppen, oder er dient dazu, vorhandene Gesundheit zu festigen. Die erreichte persönliche Leistung ist dabei von geringerer Bedeutung. Aber allein diese sportliche Betätigung mit geringer Intensität und geringem Umfang beeinflusst schon Lebensweise, Verhalten und damit auch die Ernährung in positiver Weise.

Die gesunde Ernährung in diesen beiden Sportkategorien sollte sich zunächst an den sieben Grundsätzen für eine gesunde Ernährung (siehe S. 17 ff.) orientieren: Im gleichen Maße sind aber auch die Erkenntnisse anzuwenden, die man aus der Ernährung im Hochleistungssport gewonnen hat. Die positiven Auswirkungen des Gesundheits- und Breitensportes zusammen mit einer gesunden Basisernährung sind heute nur zu ahnen. Sie drücken sich aber z. B. in den USA bereits in einem erheblichen Rückgang der Herzinfarktquote aus. Im Vordergrund steht das Training mit geringer bis mittlerer Intensität, also das Training der Grundlagenausdauer, das biochemisch identisch ist mit dem Training des Fettstoffwechsels, meistens verbunden mit einer mehr oder minder großen Gewichtsabnahme.

22 | Die Bedeutung der Ernährung

Motiv: Leistungsgrenze, Wettkämpfe

Auch im **Leistungssport** liegt die Motivation in erster Linie in der Freude an der betriebenen Sportart, hinzu kommt aber der Drang, überdurchschnittliche Leistungen zu erbringen. Es wird ein Trainingsprogramm aufgestellt, das einen befähigt, an Wettkämpfen teilzunehmen, die zwar keinen nationalen oder internationalen Stellenwert, aber doch manchmal die persönliche Leistungsgrenze erreichen. Es gibt heute mehr Leistungssportler, als man meinen möchte.

Im **Hochleistungssport** schließlich spielt die Freude am Sport als Motivation ebenfalls noch eine große Rolle, denn ohne sie wäre keine Höchstleistung möglich. Mit der Leistung steigt jedoch das Streben nach dem Sieg, der Medaille oder der guten Platzierung in nationalen und internationalen Wettkämpfen, ja, es kann sich ganz in den Vordergrund drängen. Diesem Leistungsstreben hat sich das ganze übrige Leben unterzuordnen. In manchen Sportdisziplinen scheint der Mensch in den Grenzbereich seiner biologischen Möglichkeiten eingetreten zu sein. Bei den Olympischen Spielen 1936 in Berlin konnte in manchen Sportarten eine Goldmedaille noch mit zwei bis drei Trainingseinheiten pro Woche gewonnen werden. Heute sind meistens zwei bis drei Trainingseinheiten pro Tag notwendig geworden. Beispielsweise muss ein Ruderer der Weltklasse heute jährlich 10 000–12 000 km zurücklegen, ein Hochleistungsschwimmer muss täglich 8–12 km schwimmen und zusätzlich ein Krafttraining betreiben. Hochleistungslangstreckenläufer legen pro Woche 120–220 km zurück. Straßenradrennfahrer der Amateurklasse trainieren täglich 120–180 km, Profi-Radrennfahrer täglich 150–250 km, das sind jährlich 30 000–40 000 km und mehr. Ein Speerwerfer der Weltklasse absolviert in einer Saison ca. 6000 Würfe mit dem 800 Gramm schweren Speer und zusätzlich ein wöchentliches Krafttraining, bei dem er 40–60 Tonnen bewegt. Ein Gewichtheber der mittleren und oberen Gewichtsklasse hebt in verschiedenen Trainingseinheiten um die 60 Tonnen pro Tag, ein Superschwergewichtler sogar 70–90 Tonnen pro Tag.

Neue Dimensionen an Belastungsumfang und Belastungsintensität

Das Training im modernen Hochleistungssport ist durch eine früher nie gekannte Intensität und durch einen früher nicht für möglich gehaltenen Umfang gekennzeichnet. Ein Training mit hoher Intensität aber, das an die obere Grenze der maximalen Sauerstoffaufnahmefähigkeit des Organismus herangeht, benötigt als Energieträger vor allem Kohlenhydrate, d.h. stärkehaltige Nahrungsmittel, die in Muskulatur und Leber gespeichert werden können, jedoch nur bis zu einer bestimmten Menge. Sie reichen für höchstens zwei Stunden eines hochintensiven Trainings aus und brauchen normalerweise 24–48 Stunden für ihre vollständige Wiederauffüllung. Wenn die Kohlenhydratspeicher zur Neige gehen, muss der Organismus auf Fette und manchmal auch auf Eiweiße als Energiespender zurückgreifen, was zur Folge hat, dass die Intensität des Trainings vermindert werden muss. Qualität und Quantität des Trainings im heutigen Hochleistungssport sind also durch den Ernährungszustand des Organismus begrenzt. Geringe Fehler in der Ernährung haben große Auswirkungen auf die mögliche Trainings- und Wettkampfleistung.

Leistungs- und Hochleistungssportler büßen einen Großteil ihres Trainingseffektes und damit ihrer Zeit, Nervenkraft und Mühe ein, wenn sie nicht die Gesetze einer Hochleistungskost kennen und anwenden. Es geht darum, die für die Hochleistung wichtigsten Nahrungsmittel zu kennen, die weniger günstigen Nahrungsmittel zu meiden und vor allem die richtige Nährstoffrelation von Kohlenhydraten, Eiweiß

Ernährung und Regeneration | 23

und Fetten einzuhalten, wie sie in Tabelle 4 (Seite 17) bereits angedeutet ist. Die Tatsache, dass heute so mancher Breiten-, Gesundheits- und Leistungssportler mit Leistungen aufwartet, die früher olympiareif gewesen wären, zeigt, wie verbesserte Trainingsmethoden und Ernährungsweisen weitaus höhere Belastungen erlauben, als man früher für möglich hielt. Die Erkenntnisse der Sportmedizin, der Trainingslehre und der Ernährungswissenschaft wirken sich auf alle Kategorien der sportlichen Betätigung aus.

Je höher die Leistung, desto wichtiger die Ernährung

Ernährung und Regeneration

Ein alter Grundsatz in der Sporternährung lautet: »Nicht das Essen macht den Meister – sondern der Meister macht sich sein Essen.« Das bedeutet, dass man nicht durch das Essen zum Weltmeister wird, sondern dass man zunächst wie ein Weltmeister trainieren muss. Dadurch entstehen im Organismus ganz spezielle Bedürfnisse, die durch eine spezielle Kost ausgeglichen werden müssen. Dabei spielen die Selbsterfahrung und das Gespür des Athleten eine wichtige Rolle.

Das Training steht an erster Stelle

Ermüdung und Wiederherstellung im Sport

Jede körperliche Belastung verändert das innere Gleichgewicht (Homöostase) des Organismus in den verschiedensten Bereichen. Diese Störung der inneren Regulationssysteme äußert sich subjektiv als Ermüdung. Je nach Stärke der Belastung unterscheidet man zwischen geringer, optimaler und starker Ermüdung sowie einer Grenzbelastung mit extremer Ermüdung und verzögerter Regenerationsfähigkeit.

Die verschiedenen Grade der Ermüdung

Abb. 2a Das Gesicht eines ausdauertrainierten Radrennfahrers (Gregor Braun) vor einem Straßenrennen (wenig Fettgewebe, leichte Faltenbildung um die Mundwinkel), frisches, leistungsbereites Aussehen.

Abb. 2b Das Gesicht des gleichen Radrennfahrers nach einem erschöpfenden Straßenrennen: stark hervortretende Hautfalten um die Mundwinkel und im Bereich der Stirn, dunkle Schatten unter den Augen, mattes, erschöpftes Aussehen.

Die Bedeutung der Ernährung

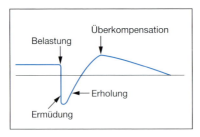

Abb. 3 Zyklus der Überkompensation (Superkompensation): Der regelmäßige Wechsel zwischen Belastung, Ermüdung, Erholung und Überkompensation stellt die Grundlage jedes Trainingsprozesses dar.

Wissen sollte man, dass die aktuelle Belastbarkeit des Organismus aufgrund äußerer Umstände (Beruf, Familie etc.) und nicht abgeschlossener Regeneration Schwankungen unterliegt, die zur Folge haben, dass die gleiche Belastung einmal als mittlere und ein anderes Mal als zu starke Belastung empfunden werden kann. Zu häufige Grenzbelastungen und Störungen der Regeneration führen auf Dauer zu einem sog. Überforderungssyndrom (»Übertraining«), das mit einer Leistungsminderung einhergeht. Wenn man sich das Gesicht eines Sportlers vor und nach einer schweren Belastung ansieht (Abb. 2a und 2b), wird man erkennen, dass die völlige Wiederherstellung nicht nur vom Essen abhängt.

Überkompensation oder Superkompensation: Grundlagen der Leistungssteigerung

Die biologische Basis einer jeden Leistungssteigerung im Training ist der Zyklus der Überkompensation (Abb. 3), der regelmäßige Wechsel zwischen Belastung, Ermüdung, Erholung und Überkompensation. Dabei versteht man unter Überkompensation oder Superkompensation die Tatsache, dass sich nach bestimmten Reizen ein Zustand höherer Leistungsfähigkeit einstellt, der den vor der Belastung übertrifft. Der Zustand der Überkompensation hält ca. zwei bis drei Tage an. Aus diesem Zyklus ergeben sich im Wesentlichen zwei Folgerungen:

1. Das Training muss an Intensität und Umfang entsprechend der steigenden Leistungsfähigkeit zunehmen, damit im Organismus Vorgänge ausgelöst werden, die sich subjektiv als Ermüdung äußern.
2. Die Trainingsreize müssen häufig genug erfolgen, damit sie in die Phase der Überkompensation fallen. Nur so kommt der Organismus auf eine immer höhere Leistungsstufe.

Man erkennt: Nicht die Belastung selbst, sondern die Geschwindigkeit der Regeneration wird zur leistungsbegrenzenden Größe, da das Training umso effektiver wird, je häufiger in der Phase der Überkompensation trainiert werden kann. Dabei fördern regenerative Trainingseinheiten im Sinne einer »aktiven Erholung« den Regenerationsvorgang.

Zusätzlich sollte man alle Methoden der Regeneration anwenden, um die Regulations- und Funktionssysteme des Organismus nach Belastungen möglichst rasch wiederherzustellen. Das geschieht folgendermaßen:

1. Die erschöpften Energiereserven, besonders die der Kohlenhydrate, müssen aufgefüllt werden.

Ernährung und Regeneration | 25

2. Das gestörte innere Milieu des Organismus (Säure-Basen-Haushalt, osmotischer Druck, Konzentrationsverhältnisse bestimmter organischer und anorganischer Stoffe, Flüssigkeitsverluste, Verluste an Mineralstoffen und Spurenelementen u.a.) muss wiederhergestellt werden.

3. Das gestörte nervöse und hormonelle Gleichgewicht muss sich wieder einstellen. Gerade dieser Faktor wird oft vernachlässigt und führt dann zu Übertraining. Vor allem bei Jugendlichen dauert die Wiederherstellung des Gleichgewichtes im vegetativen Nervensystem nach intensiven Belastungen viel länger als bei Erwachsenen!

Regeneration: wichtiger Baustein im Trainingsprozess

Bedeutung der Ernährung im Regenerationsprozess

Die Regeneration beginnt nicht erst nach dem Training, sondern bereits während des Trainings, nämlich im Ausklang einer Trainingseinheit. Darauf sollte die Trainingseinheit abgestimmt sein. Auch sollte der Trainingsaufbau über das Jahr hinweg so geplant sein, dass der Sportler zum richtigen Zeitpunkt seine Höchstform erreicht. Nur der Mittelmäßige kann ständig in Höchstform sein. Für den leistungsbetonten Sportler muss der richtige Trainingsaufbau die erste Stelle bei den regenerativen Maßnahmen einnehmen.

Die Ernährung folgt erst an zweiter Stelle; sie ist also nicht der einzige Faktor im Netz der regenerativen Maßnahmen (Tab. 8). Die Ernährung hat die Aufgabe, die durch die Belastung entstandenen Bedürfnisse des Organismus zu decken.

Ebenso wichtig sind aber auch physikalische Maßnahmen wie Massagen, Bäder, Sauna, Klimawechsel oder Höhenaufenthalt und eine ausreichende Entspannung des Organismus im Schlaf, gefördert durch autogenes Training, Yoga oder andere Methoden der Entspannung.

Wichtig ist, alle diese Methoden zu kombinieren, um eine optimale Regeneration in möglichst kurzer Zeit zu erzielen.

Regeneration und Trainingsplanung

Tabelle 8 Regenerative Maßnahmen (modifiziert nach J. KEUL)

1. Trainingsaufbau:	3. Physikalische Maßnahmen:
• Ausdauer	• Massagen
• Kraft	• Bäder
• Schnelligkeit	• Sauna
• Koordination (Technik)	• Klimawechsel
• Flexibilität (Gelenkigkeit)	• Höhenaufenthalt
• Intensität, Umfang	
2. Ernährung:	4. Entspannung:
• Kohlenhydrate	• Schlaf
• Eiweiß	• Autogenes Training
• Fett	• Yoga
• Vitamine	• Sportfreundliche Umgebung
• Mineralstoffe und Spurenelemente	(Familie, Beruf)
• Flüssigkeit	• Milieuwechsel

2 Die Grundlagen der Ernährung im Sport

Zuerst die Zelle – dann das Ganze verstehen

Aus zahlreichen Forschungsarbeiten wissen wir, dass alle Lebensfunktionen im menschlichen Körper als biochemische Reaktionen in den einzelnen Körperzellen ablaufen. Wenn man Einblick in die Arbeitsweise des Organismus haben möchte, muss man zunächst die Arbeitsweise der einzelnen Zellen kennen lernen. Darauf aufbauend kann man später, hat man erst einmal die Prinzipien der Energiefreisetzung in den Zellen verstanden, die Bedeutung der Grundnährstoffe im Belastungsstoffwechsel richtig einschätzen. Durch das auf dieser Basis gewonnene Verständnis kann man auch die Bedeutung der Ernährung besser ermessen und die Veränderungen verstehen, welche die Ernährung des Sportlers durch die besonderen Belastungsformen erfahren muss. Auf diesem Weg wollen wir nun Schritt für Schritt vorgehen.

Zelle, Zellstoffwechsel, Energiefreisetzung

Die Zelle

Der Organismus: eine zweckgerichtete Gemeinschaft von Zellindividuen

Der menschliche Körper besteht aus ca. 60–80 Billionen Zellen, die zu Geweben, Organen und Organsystemen zwecks Erfüllung gemeinsamer Aufgaben zusammengeschlossen sind. Die Form der verschiedenen Zellen wurde durch ihre Leistung und Funktion geprägt. So sind die *roten Blutkörperchen* (Erythrozyten) flach und verformbar, um auch durch kleine Blutgefäße hindurchschlüpfen zu können. *Nervenzellen* müssen Impulse über weite Entfernungen leiten, weswegen sie lange Fortsätze haben. *Muskelzellen* wiederum müssen lang gestreckt sein, damit ihre Kraft wirkungsvoll in einer Richtung zur Geltung kommt.

Jede Zelle hat als winziger Elementarorganismus ihren eigenen Stoffwechsel, kann wachsen, sich teilen und Stoffe mit der Umgebung austauschen. Den größten Teil der Nährstoffe verbrennt sie mit Hilfe von Sauerstoff, um Energie zu gewinnen. Nicht verwendbare Abbauprodukte und Kohlendioxid scheidet sie aus. Diese Vorgänge sind außerordentlich kompliziert und im Einzelnen noch nicht vollständig erforscht. Sie werden gesteuert und exakt aufeinander abgestimmt durch eine große Zahl von Kontroll- und Regelmechanismen (Hormone, Enzyme, nervale Reize). Trotz der Vielfalt der Zellformen ist ihr Grundbauplan fast immer gleich oder ähnlich (Abb. 4): die Zellmembran (Plasmalemm), der Zellleib (Zytoplasma), Zellorganellen (Elemente des Zytoplasmas mit bestimmten Funktionen: Zentrosom, endoplasmatisches Retikulum, Ribosomen, Golgi-Apparat, Mitochondrien, Lysosomen) und der Zellkern (Nukleus) mit Kernkörperchen (Nukleolus).

Zelle, Zellstoffwechsel, Energiefreisetzung | 27

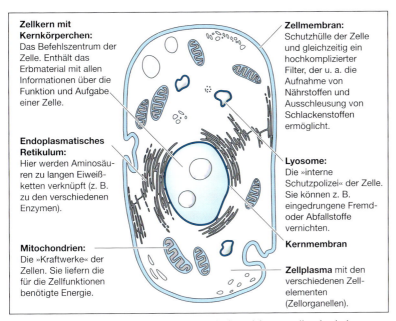

Abb. 4 Schematische Darstellung einer Zelle nach einer elektronenmikroskopischen Aufnahme.

Zellkern mit Kernkörperchen: Das Befehlszentrum der Zelle. Enthält das Erbmaterial mit allen Informationen über die Funktion und Aufgabe einer Zelle.

Endoplasmatisches Retikulum: Hier werden Aminosäuren zu langen Eiweißketten verknüpft (z. B. zu den verschiedenen Enzymen).

Mitochondrien: Die »Kraftwerke« der Zellen. Sie liefern die für die Zellfunktionen benötigte Energie.

Zellmembran: Schutzhülle der Zelle und gleichzeitig ein hochkomplizierter Filter, der u. a. die Aufnahme von Nährstoffen und Ausschleusung von Schlackenstoffen ermöglicht.

Lyosome: Die »interne Schutzpolizei« der Zelle. Sie können z. B. eingedrungene Fremd- oder Abfallstoffe vernichten.

Kernmembran

Zellplasma mit den verschiedenen Zellelementen (Zellorganellen).

Der **Zellkern** ist das Steuer- und Befehlszentrum der Zelle. Er enthält das Erbmaterial (Chromosomen) mit allen Informationen über die Funktion und Aufgabe einer Zelle. Zellen ohne Kern, wie z. B. die roten Blutkörperchen, können ihre vorprogrammierte Spezialaufgabe nur kurze Zeit erfüllen und gehen dann zugrunde. Die im Zellkern gespeicherte Erbinformation bildet auch die Grundlage für die Herstellung zelleigener Eiweißstoffe.

Das Steuer- und Informationszentrum

Die **Zellmembran** grenzt den Zellleib gegen die Umgebung ab. Sie ist ein hochkomplizierter Filter, der z. B. die Aufnahme von Nährstoffen und die Abgabe von Abfallprodukten ermöglicht. Sie ist nicht für alle Stoffe gleichermaßen durchlässig, sondern nur halbdurchlässig (semipermeabel): Wasser und kleine Moleküle wandern hindurch, manche elektrisch geladenen Teilchen (Ionen) wie Natrium sowie große Moleküle, z. B. Eiweißmoleküle, können sie nicht oder nur schwer passieren.

Die Abgrenzung nach außen

Der **Zellleib** (das Zytoplasma) ist eine gelartige Substanz, in der die verschiedenen Zellelemente (Zellorganellen) schwimmen, welche für die Funktion und den Stoffwechsel der Zelle notwendig sind. Das Zytoplasma ist gewissermaßen die chemische Fabrik der Zelle. Es besteht aus ca. 80 % Wasser und ca. 20 % Eiweiß, Kohlenhydraten, Fetten, fettähnlichen Substanzen, Mineralstoffen und Spurenelementen. Nährstoffe werden aufgenommen und in chemische Energie umgewandelt. Nicht lebende Substanzen können in den Zellen als Einschlüsse oder Körnchen in

Stoffwechsel und Energie

Die Mitochondrien: die Kraftwerke der Zelle

Muskel- und Leberzellen gespeichert werden, z. B. die Depotform der Kohlenhydrate, die Stärke, auch Glykogen genannt.

Die im Zytoplasma schwimmenden **Zellorganellen** sind verschieden geformt, durch Membranen gegen das Zytoplasma abgegrenzt und erfüllen ganz bestimmte Aufgaben. Am wichtigsten für den Energiestoffwechsel der Zelle sind die **Mitochondrien** (Abb. 5). Es sind kugel- bis stabförmige Körper, die sich vorwiegend in Zellen mit hoher energetischer Aktivität in größerer Zahl finden, z. B. in den Muskelzellen. Wie wichtig die Mitochondrien für die Zellen sind, sieht man auch an der Tatsache, dass die Mitochondrien im Unterschied zu den anderen Zellorganellen ein eigenes Genom haben, genau wie der Zellkern. Ihre innere Oberfläche ist durch viele Falten vergrößert, in denen der Energiestoffwechsel abläuft. Sie tragen alle Enzyme des aeroben Stoffwechsels, bei dem durch Verbrauch von Sauerstoff Energie aus den herangeführten Nährstoffen gewonnen wird. Enzyme (Fermente) sind spezielle, hochmolekulare Eiweißkörper, die in lebenden tierischen sowie pflanzlichen Zellen gebildet werden und das Gleichgewicht einer Reaktion in eine ganz bestimmte Richtung lenken, wodurch ein geordneter Ablauf der Stoffwechselprozesse ermöglicht wird. Als »Kraftwerke der Zelle« sind die Mitochondrien besonders für Ausdauerleistungen von größter Bedeutung, die einen hohen aeroben (griechisch *aer* = Luft, Sauerstoff) Stoffwechsel benötigen. Durch Ausdauertraining werden die Mitochondrien an Volumen und Zahl vermehrt, um eine hohe maximale Sauerstoffaufnahme zu ermöglichen, die das Bruttokriterium einer hohen maximalen Ausdauerleistung (z. B. Laufgeschwindigkeit) ist.

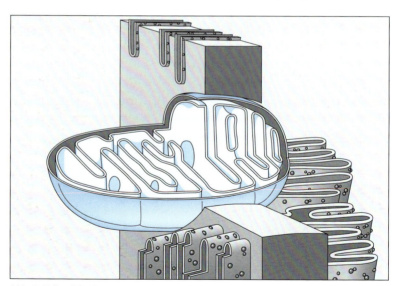

Abb. 5 Teilansicht des Zytoplasma mit einem Mitochondrium (Mitte) und dem endoplastischen Retikulum (darunter) (aus J. P. Schadè: Die Funktion des Nervensystems, 4. Aufl., G. Fischer Verlag, Stuttgart 1977).

Die Muskelzelle und die Muskelkontraktion

Jeder Muskel besteht aus einem Bündel von lang gestreckten Muskelfasern, welche die Fähigkeit haben, die chemisch in den energiereichen Phosphaten gebundene Energie in mechanische Arbeit umzusetzen. Die energiereichen Phosphate – die eigentlichen Energieträger für die Muskelkontraktion – sind das Adenosintriphosphat (ATP) und das Kreatinphosphat (KP) (Abb. 6 und Abb. 7a + b). Die einzelnen Muskelfasern setzen sich aus vielen feinen Muskelfibrillen zusammen (Abb. 8). Auch die einzelnen Fibrillen bestehen noch aus mehreren hundert Untereinheiten, die sich im Mikroskop durch ihr optisches Verhalten unterscheiden.

Umsetzung biologischer Energie in mechanische Arbeit

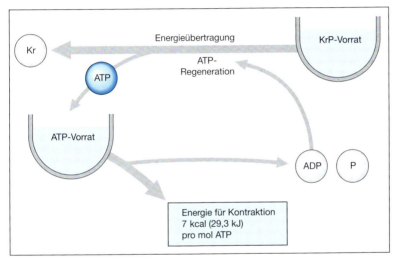

Abb. 6 Adenosintriphosphat (ATP) und Kreatinphosphat (KP) als Energiequellen im Muskel (nach SILBERNAGEL/DESPOPOULOS).

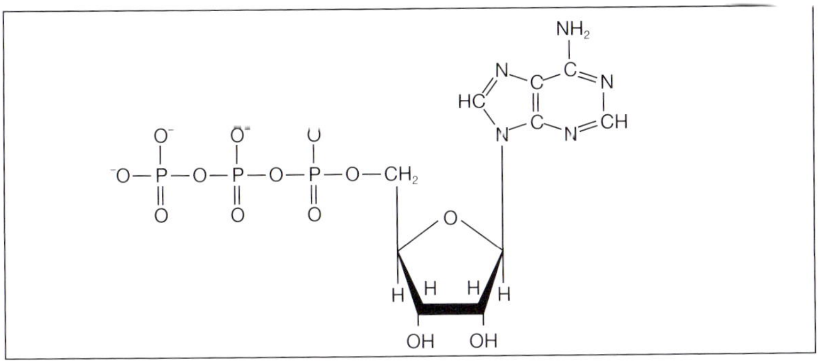

Abb. 7a Strukturformel des ATP (= Adenosin-Tri-Phosphat).

Die Grundlagen der Ernährung im Sport

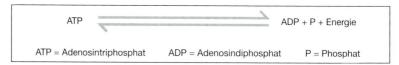

Abb. 7b ATP als »Speicher« für Energie.

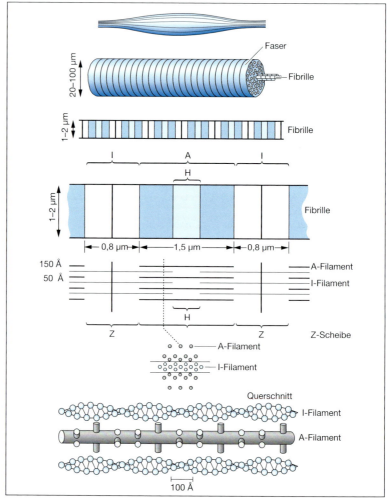

Abb. 8 Der Aufbau eines quer gestreiften Muskels aus Fasern, Fibrillen und Filamenten (nach HUXLEY).

Zelle, Zellstoffwechsel, Energiefreisetzung | 31

Zunächst sieht man in der Fibrille eine Querstreifung. Bei stärkerer Vergrößerung erkennt man die einzelnen Struktureinheiten, die man als Sarkomere bezeichnet. Innerhalb des Sarkomers kann man wiederum verschiedene Streifen oder Filamente unterscheiden. Bei der Muskelkontraktion schieben sich die dünnen Aktinfilamente teleskopartig zwischen die dickeren Myosinfilamente. Der Kontraktionsvorgang wird durch den Zerfall der energiereichen Phosphate (ATP und KP) vermittelt. Bei der Muskelkontraktion verkürzen sich die Fibrillen auf bis zu 65 % der Ruhelänge, während die Streckung bis zu 120 % der Ruhelänge gehen kann. Diese Vorgänge sind sehr kompliziert, wobei bis heute noch nicht vollständig geklärt ist, wie die chemische Energie in die mechanische umgewandelt wird. Die Energieträger des Muskels sind neben den energiereichen Phosphaten das Muskelglykogen (Speicherform der Kohlenhydrate = tierische Stärke). Weiterhin spielt, vor allem bei Ausdauerleistungen, auch das in den Muskelzellen vermehrt vorhandene Fett als Energieträger eine bedeutende Rolle, das besonders in ausdauertrainierten Muskelzellen griffbereit für den Zellstoffwechsel gespeichert wird.

Muskelfibrillen und Energieträger

Der Bau- und Betriebsstoffwechsel

Ganz allgemein versteht man unter Stoffwechsel die Gesamtheit der nach der Verdauung und Resorption der Nährstoffe ablaufenden biochemischen Prozesse im Organismus, welche im Wesentlichen drei Aufgaben erfüllen, nämlich den Ersatz sowie den Aufbau, Abbau und die Erhaltung der verschiedenen Stoffe und Strukturen des Organismus.

Stoffwechselaufgaben

Im *Baustoffwechsel* werden alle für den Organismus notwendigen Strukturen aufgebaut, die ständig erneuert werden müssen. Dabei ist die Halbwertszeit, d. h. die Zeit, in der die Hälfte einer Substanz abgebaut oder ersetzt wird, für verschiedene Strukturen und Substanzen unterschiedlich. So beträgt sie für bestimmte Enzyme oft nur wenige Stunden, für stoffwechselaktive Organe (z. B. Leberzellen) einige Tage, für Strukturen mit geringerem Stoffwechsel (z. B. Knorpel- und Knochenzellen) aber mehrere Monate bis Jahre. Für den Aufbau von neuen Substanzen und Strukturen wird Energie in Form von energiereichen Phosphaten und Strukturmaterial in Form von Eiweiß benötigt.

Verschiedene Lebenszeiten der Körperzellen

Die Regeneration der energieliefernden Substanzen ATP und KP wird durch die oxidative Verbrennung der Nährstoffe (Kohlenhydrate, Fette, Eiweiß) gewährleistet. Außerdem wird ständig Energie für Herztätigkeit, Atmung, Muskelkontraktion und aktive Transportvorgänge benötigt sowie für alle körperlichen Leistungen. Der Energie liefernde Stoffwechsel wird auch als *Betriebsstoffwechsel* bezeichnet.

Auch in Ruhe herrscht Betrieb

Normalerweise stehen Aufbau (Anabolie) und Abbau (Katabolie) der verschiedenen Strukturen im Gleichgewicht. So werden beim Erwachsenen normalerweise nur die vorhandenen Strukturen im Sinne einer Regeneration ersetzt. Im Wachstumsalter jedoch sowie auch in der Schwangerschaft und beim Organismus eines Trainierenden, besonders wenn er Krafttraining betreibt, dominieren die aufbauenden Vorgänge, d. h., es überwiegt eine anabole Stoffwechsellage. Umgekehrt liegt eine katabole Stoffwechsellage dann vor, wenn wegen eines Missverhältnisses zwischen Energieverbrauch und Energiezufuhr der Stoffwechsel überwiegend in Richtung Abbau verschoben ist. Das ist z. B. im Hungerzustand oder beim Fasten der

Anabolie und Katabolie

32 | Die Grundlagen der Ernährung im Sport

Räumliche Trennung der Stoffwechselvorgänge

Fall, oder bei starken körperlichen Belastungen, denen keine ausreichende Regeneration mit Ersatz der verlorenen Nährstoffe folgt. Katabole Zustände gehen mit Gewichts- und Substanzverlust einher. Auch im Alter wird die Stoffwechsellage katabol. Diese auf- und abbauenden Vorgänge geschehen gleichzeitig nebeneinander und zwar in Form von Reaktionsketten und Reaktionszyklen. Um sich nicht gegenseitig zu stören, müssen diese Vorgänge in den Zellstrukturen räumlich voneinander getrennt ablaufen. Daher sind bestimmte Prozesse auf bestimmte Organe beschränkt. So findet die Neubildung von Traubenzucker (Glucose) aus Eiweißbausteinen (Aminosäuren) vor allem in Leber und Nieren statt, ein Vorgang, den man als Gluconeogenese bezeichnet. Der Aufbau von Glykogen ist nur in der Muskulatur und der Leber möglich, da diese allein Glykogen speichern können. Die *aerobe Energiegewinnung*, d.h. die Verbrennung der Nährstoffe unter Verbrauch von Sauerstoff, findet ausschließlich in den Mitochondrien statt. Die *anaerobe Energiegewinnung*, d.h. der Abbau von Traubenzucker ohne Sauerstoff, läuft im Zellleib (Zytoplasma) ab.

Die durch diese Stoffwechselvorgänge entstehenden Endprodukte des Stoffwechsels sind je nach den Nährstoffen, die verarbeitet worden sind, verschieden. Kohlenhydrate, Fette und Eiweiße liefern als Endprodukte Kohlendioxid (CO_2) und Wasser (H_2O). Eiweiße liefern darüber hinaus noch Harnstoff. Purine liefern Harnsäure. Kohlendioxid wird über die Lungen ausgeatmet. Wasser wird als Wasserdampf ausgeatmet oder über Nieren, Darm oder Haut abgegeben. Harnstoff und Harnsäure werden über die Nieren ausgeschieden. Harnsäure wird manchmal auch in Gelenken und Sehnen abgelagert.

Der Energiestoffwechsel

Die Energiegewinnung aus Kohlenhydraten, Fett und Eiweiß ist variabel

Energie kann durch Verbrennung (Oxidation) von Kohlenhydraten (Glykogen, Glucose u.a.), Fetten (Fettsäuren, Glyzerin) und auch aus Eiweiß (Aminosäuren) gewonnen werden. Welche Substanzen als Energielieferanten im Stoffwechsel überwiegen oder anteilig genutzt werden, hängt vom Ernährungs- und Trainingszustand ab und besonders auch davon, ob genügend Sauerstoff zur Verfügung steht oder nicht. Der Anteil der zur Energiegewinnung verwendeten Nährstoffe ist also nicht konstant, sondern wechselt je nach der bestehenden Situation. Bestimmte Organe (Gehirn, rote Blutkörperchen, Nebennierenmark) können ihre Energie nur aus Traubenzucker (Glucose) gewinnen. Andere Organe und Gewebe dagegen können ihre Energie aus Kohlenhydraten und Fetten beziehen, z.B. die Muskulatur. Eiweiß ist normalerweise nur mit ca. 2–3 % am Energiestoffwechsel beteiligt. In Ausnahmefällen, nämlich wenn Kohlenhydrate als Energielieferanten notwendig wären, aber aus irgendwelchen Gründen fehlen (Überanstrengung, Hunger), kann Eiweiß in höherem Maße zur Energiegewinnung herangezogen oder in Glucose umgewandelt werden.

Das Grundprinzip der Energiegewinnung besteht darin, die Grundnährstoffe Kohlenhydrate, Fette oder auch in Ausnahmefällen Eiweiß in immer kleinere Bausteine zu spalten und möglichst vollständig zu »verbrennen«. Die Verbrennung beruht auf der Energie liefernden Verbindung bestimmter Stoffe mit Sauerstoff. Der im Orga-

Zelle, Zellstoffwechsel, Energiefreisetzung | 33

nismus durch die Nährstoffe am Ende gelieferte Brennstoff ist der Wasserstoff (H), **Die** der durch die innere Atmung der Zelle in der sog. Atmungskette mit dem durch die **»Verbrennung«:** äußere Atmung gelieferten Sauerstoff (O) zu Wasser (H_2O) verbunden wird. Durch **Grundprinzip** diesen elementaren Urprozess wird Energie frei, die entweder als chemische Ener- **des Lebens** gie in Form von energiereichen Phosphaten (ATP und KP) gespeichert oder als Wärmeenergie frei wird. Der Weg bis zu dieser Endoxidation in der Atmungskette der Zellen lässt sich in drei große Etappen einteilen (Abb. 9):

Stufe 1: Abbau der Nährstoffe oder ihrer Speicherformen bis zur »aktivierten Essigsäure« (= Acetyl-Coenzym A)

Den Abbau des Glykogens bis zur Glucose (Traubenzucker) bezeichnet man als **Zerlegung in** *Glykogenolyse*. Den Abbau der Glucose bis zur Brenztraubensäure (Pyruvat) be- **kleinere** zeichnet man als anaerobe Glykolyse, da bis zu diesem Punkt des Energiestoff- **Bausteine** wechsels kein Sauerstoff verbraucht wird (Abb. 10). Wenn an dieser Stelle zu wenig Sauerstoff zur Verfügung steht, also eine »Sauerstoffschuld« eingegangen werden muss, wird an die Brenztraubensäure Wasserstoff angelagert, sodass Milchsäure (Lactat) entsteht. Die Milchsäure wird entweder in nicht arbeitenden Muskeln oder in der Leber verwertet oder innerhalb der arbeitenden Muskelzelle dann, wenn wieder genügend Sauerstoff zur weiteren Verbrennung zur Verfügung steht. Sie wird dann wieder in Brenztraubensäure zurückverwandelt und in Stufe 2 vollständig abgebaut. Diesen vollständigen Abbau der Glucose mit Sauerstoff zu Kohlendioxid (CO_2) und Wasser (H_2O) bezeichnet man als aerobe Glykolyse. Der vollständige, aerobe Abbau liefert die meiste Energie, nämlich pro mol[1]) Glucose 36 mol ATP gegenüber nur 2 mol ATP aus der anaeroben Glykolyse.

Die Fette werden in Fettsäuren und Glyzerin gespalten, ein Vorgang, den man als *Lipolyse* bezeichnet. In einem schrittweisen Spaltprozess (Beta-Oxidation) werden die Fettsäuren in Einheiten zu zwei Kohlenstoffatomen gespalten. Das Eiweiß wird in Aminosäuren zerlegt.

Stufe 2: Der sog. Zitronensäurezyklus

Die aus Kohlenhydraten (Glykogen, Glucose) entstehende Brenztraubensäure wird **Am Ende** nun in die sog. »aktivierte Essigsäure« (Acetyl-Coenzym A) umgewandelt, die den **entsteht** Knotenpunkt zwischen Kohlenhydrat-, Fett- und Eiweißstoffwechsel darstellt. Sie **Wasserstoff** ist eine Schlüsselsubstanz, welche die Abbauprodukte der Fettsäuren und Aminosäuren in den Citratzyklus[2]) hineinschleust.

Dieser Zyklus stellt einen Kreisprozess dar, in dem schrittweise die weitere Oxidation der genannten Bausteine stattfindet, wobei ATP und Wasserstoff freigesetzt werden. Der Kreisprozess funktioniert nur, wenn genügend Oxalessigsäure vorhanden ist, die beim Abbau der Kohlenhydrate entsteht. Kohlenhydrate sind also zum Funktionieren des Citratzyklus und damit auch für den vollständigen Abbau von Fettsäuren und Aminosäuren notwendig. Darauf beruht der folgende Satz:

---

[1]) mol = Grammolekül oder Grammol: so viele Gramme einer chemischen Verbindung, wie deren Molekulargewicht angibt.

[2]) Citrat- oder Zitronensäurezyklus, auch Krebs-Zyklus genannt (nach H. A. KREBS, Oxford; Nobelpreis 1953).

34 | Die Grundlagen der Ernährung im Sport

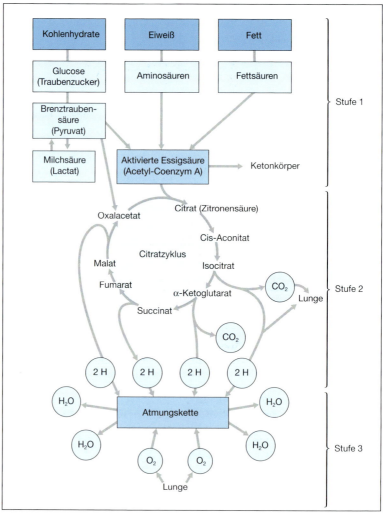

Abb. 9 Beziehungen des Citratzyklus zum Kohlenhydrat-, Fett- und Aminosäurestoffwechsel sowie zur biologischen Oxidation – die drei Stufen des Abbaues.

Fette verbrennen im Feuer der Kohlenhydrate

Bei Kohlenhydratmangel gerät der oxidative Abbau ins Stocken. Es stauen sich gewissermaßen vor dem Citratzyklus saure Stoffwechselprodukte (Ketonkörper) aus

Zelle, Zellstoffwechsel, Energiefreisetzung | 35

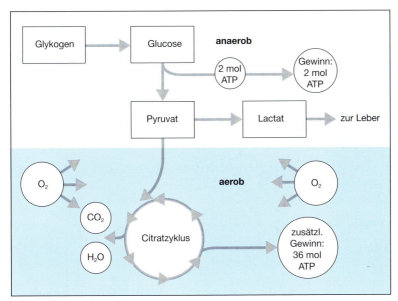

Abb. 10 Aerobe und anaerobe Energiegewinnung aus Glucose (nach SILBER-NAGEL/DESPOPOULOUS).

dem Fett- und Aminosäurestoffwechsel. Diese Vorgänge spielen sich im Hungerstoffwechsel ab sowie bei der Zuckerkrankheit (Diabetes mellitus), wenn zu wenig Insulin vorhanden ist, jenes Hormon, das den Kohlenhydratstoffwechsel steuert.

Stufe 3: Atmungskette (Zellatmung oder »innere Atmung«)

Schließlich werden in der letzten Stufe die durch die Nährstoffe gelieferten Wasserstoffatome in einer treppenförmigen Kettenreaktion mit dem Sauerstoff verbunden, der über die äußere Atmung auf dem Weg über die Lunge und das Herz-Kreislauf-System an die Zelle herantransportiert wird. Diese Reaktion ist so energiereich, dass sie im Reagenzglas zu einer Explosion führt, die als Knallgasreaktion bekannt ist. Das ist auch die Reaktion, die die Rakete »Challenger« zur Explosion brachte, als ein Leck zwischen dem Sauerstoff- und Wasserstofftank entstand. Die Reaktion: $2H_2 + O_2 \rightarrow 2H_2O$ liefert die Hauptenergiemenge in unserem Organismus, wobei die Vereinigung dieser beiden Elemente schrittweise in einem Enzymsystem stattfindet, das in den Mitochondrien lokalisiert ist.

Wasserstoff und Sauerstoff

Die Energieerzeugung im Organismus ist durchaus mit der in einem Kraftwerk vergleichbar (Abb 11). Die Energielieferanten bestehen im Organismus aus Kohlenhydraten, Fetten und Eiweiß, beim Kraftwerk aus Erdgas, Kohle oder Öl. Beide Substanzgruppen sind im Wesentlichen Kohlen-Wasserstoff-Verbindungen. Beiden Energieerzeugungssystemen gemeinsam ist die notwendige Sauerstoffzufuhr von

Vergleich mit Kraftwerk außen sowie die Endprodukte der Verbrennung, nämlich Kohlendioxid und Wasser. Die Energieform, welche der Speicherung und Weiterleitung der Energie dient, ist im Organismus ATP (und KP), im Kraftwerk die Elektrizität. Sinn der Energieerzeugung ist eine zu leistende Arbeit, die im Organismus aus der Bewegung von Muskeln, der Produktion von Körperwärme, dem Transport von Molekülen und der energetischen Versorgung der Biosynthese besteht, während die Energie eines Kraftwerkes z. B. dazu dient, Maschinen zu bewegen, Gegenstände zu transportieren, zu heizen, Licht zu erzeugen usw. Der Mensch hat also im Kraftwerk die Vorgänge im menschlichen Organismus sehr gut nachgeahmt.

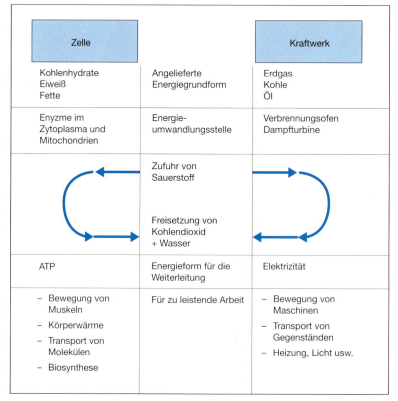

Abb. 11 Schema der Energieerzeugung: ein Vergleich (nach ANDRZEJEWSKI/BURGER).

Wege der Energiefreisetzung unter körperlicher Belastung

Als unmittelbare Energieträger werden immer energiereiche Phosphate (ATP oder KP) verbraucht. Trotz größter körperlicher Anstrengungen jedoch sinkt der Gehalt

Zelle, Zellstoffwechsel, Energiefreisetzung | 37

der Muskulatur an ATP kaum ab, da es sofort aus KP regeneriert wird. Je nach den Verhältnissen in der Zelle werden aus einem mol ATP 7,5–12 kcal (31,39–50,2 kJ)[1]) gewonnen. Zur Regeneration von KP und auch ATP dienen Kohlenhydrate und Fette, in Ausnahmefällen auch Eiweiß und manchmal auch Alkohol. Welche dieser Energieträger ausschließlich, überwiegend oder anteilig für die Energiegewinnung bzw. Regeneration von ATP und KP herangezogen werden, hängt von folgenden Eigenschaften der Nährstoffe ab:
1. energetische Flussrate,
2. energetisches Sauerstoffäquivalent,
3. energetischer Nutzeffekt.

Die energiereichen Phosphate: notwendiges Kleingeld für die Energiegewinnung

Die **energetische Flussrate** besagt, wie schnell die Energie freigesetzt werden kann (Tab. 9). Am schnellsten ist die Energiefreisetzung aus ATP (Adenosintriphosphat) und KP (Kreatinphosphat) möglich. Die nächst schnellere Form der Energiefreisetzung ist die anaerobe Glykolyse mit Bildung von Milchsäure (Lactat), wobei die Energiefreisetzung etwa halb so schnell vor sich geht wie die aus dem Zerfall der energiereichen Phosphate – der Vorgang ist aber immer noch doppelt so schnell wie bei der aeroben Glykolyse, also dem oxidativen Abbau des Glykogens zu Kohlendioxid und Wasser. Halb so schnell geht wiederum die nächste Form der Energiefreisetzung, nämlich der oxidative Abbau der Fettsäuren zu Kohlendioxid und Wasser. Das bedeutet: Je intensiver die Leistung wird, desto mehr muss die Form der Energiegewinnung in der Tabelle nach oben verschoben werden.

Unterschiedliche Geschwindigkeit der Energiefreisetzung

Energetisches Sauerstoffäquivalent: Für den Sportler, der an der Grenze seiner maximalen Sauerstoffaufnahmefähigkeit arbeitet, ist es von entscheidender Bedeutung, wie viel Energie (Kalorien/Joule) er aus den Nährstoffen pro Liter aufgenommenen Sauerstoffs erhält. So kann man aus Kohlenhydraten pro Liter aufgenommenen Sauerstoffs 5,05 kcal (21,14 kJ), aus Fetten durchschnittlich etwa 4,65 kcal (19,46 kJ) und aus Eiweiß 4,48 kcal (18,75 kJ) erhalten. Das energetische Sauerstoffäquivalent der Nährstoffe ist also bei den Kohlenhydraten am günstigsten. Das zeigt sich auch in der pro Liter aufgenommenen Sauerstoff erzielbaren Menge an ATP (Tab. 10). Sie beträgt beim aeroben Abbau des Glykogens 6,5 Mol ATP, der Glucose 6,34 Mol ATP, der freien Fettsäuren aber nur 5,61 Mol ATP.

Kohlenhydrate: am meisten Energie pro Liter Sauerstoff

Energetischer Nutzeffekt: Wichtig ist auch die Frage, ob die in den Nährstoffen enthaltene Energie über den Stoffwechsel tatsächlich an ATP weitergegeben wird. Bei dieser Fragestellung schneidet die Energiegewinnung aus Fetten am besten ab. Der Nutzeffekt der Fettverbrennung liegt nämlich bei 43 %, der aeroben Glykolyse bei 42 % und der anaeroben Glykolyse bei nur 32 %.

Fette: energetischer Nutzeffekt am größten

Ein weiterer Gesichtspunkt ist auch der Energieinhalt der Nährstoffe pro Gewichts- oder Volumeneinheit. In der gleichen Gewichtseinheit liefern Fette mehr als doppelt so viel Energie als Kohlenhydrate oder Eiweiße. Auf das Volumen bezogen sind Fette die konzentrierteste Energiequelle, für deren Speicherung man weniger Platz braucht als für die der Kohlenhydrate. Zudem sind die Fettspeicher sehr groß. Wie Zugvögel, Heuschrecken und Tiere im Winterschlaf beweisen, kann über den Abbau von Fetten sehr lange Zeit Energie gewonnen werden, nämlich viele Tage, Wochen oder gar Monate, je nach Intensität der körperlichen Tätigkeit. Die Koh-

[1]) 1 kcal = 4,1855 kJoule.

Die Grundlagen der Ernährung im Sport

lenhydratvorräte dagegen sind nach einigen Stunden intensiver Körperarbeit erschöpft. Für Eiweiß gibt es gar keine eigentlichen Energiespeicher.

Welche Wege der Energiefreisetzung der Organismus benutzt, hängt also von verschiedenen Faktoren ab: Wie plötzlich und intensiv setzt die Belastung ein? Wie lange dauert sie? Wie ist der Ernährungszustand (Hungerstoffwechsel, Glykogen-

Tabelle 9 Maximale Geschwindigkeit der Energiefreisetzung (energetische Flussrate) bei den verschiedenen Energiebereitstellungsformen

		Gehalt $\mu MOL\ G^{-1}$	max. Flussrate $\mu MOL\ G^{-1}\ S^{-1}$
ATP, KP	→ ADP, K	20-25	1,6-3,0
Glykogen	→ Lactat	300	1,0
Glykogen	→ CO_2, H_2O	3600	0,5
Fettsäuren	→ CO_2, H_2O	1200	0,24
ATP = **A**denosin-**Tri**-**P**hosphat		KP = **K**reatin-**P**hosphat	
ADP = **A**denosin-**Di**-**P**hosphat		K = **K**reatin	

Tabelle 10 Energielieferung der Nährstoffe (kcal/kJ) pro Gramm Substrat, pro Liter aufgenommenen Sauerstoffes sowie in Mol ATP (nach W. Kindermann)

Energieinhalt in kcal/kJ	pro »G«	pro »L O_2«	
Kohlenhydrate	4,1/17	5,05/21,13	
Fette	9,3/38	4,65/19,46	
Eiweiß	4,1/17	4,48/18,74	

Energieinhalt in MOL ATP	pro »Mol Substrat«	pro »g Substrat«	pro »Mol O_2«
Glykogen			
Glykosylrest → 2 Lactat	3	–	–
Glykosylrest → CO_2 + H_2O	39	0,24	6,5
Glucose → 2 Lactat	2	–	–
Glucose → CO_2 + H_2O	38	0,21	6,34
2 Lactat → CO_2 + H_2O	36	0,20	6,0
2 Pyruvat*) → CO_2 + H_2O	30	0,17	6,0
Freie Fettsäuren CO_2 + H_2O (Mg: 256,4)	129	0,50	5,61
β-Hydroxybutyrat	26	0,25	5,78
Acetacetat**)	23	0,22	5,75

*) Aminosäuren: Alanin, Serin, Glycin, Cystein
**) Aminosäuren: Lysin, Phenylalanin, Thyrosin, Leucin

Zelle, Zellstoffwechsel, Energiefreisetzung | 39

vorräte)? Schließlich wird mit zunehmender Intensität der Leistung die Sauerstoff-aufnahmefähigkeit des Organismus zur allein bestimmenden Größe: Je näher die Intensität der Belastung an die maximale Sauerstoffaufnahmefähigkeit des Organismus herangeht, desto mehr müssen Kohlenhydrate zur Energielieferung heran-gezogen werden, da sie bezogen auf den Sauerstoffverbrauch den größten Nutz-effekt erbringen. Anaerobe Belastungen sind nur durch den Einsatz von Kohlenhyd-raten möglich. Zusammengefasst gibt es **drei Wege der Energiefreisetzung:**

Faktoren, die die Art des Energiestoff-wechsels bestimmen

1. Anaerob-alaktazide Energiefreisetzung:
Durch Zerfall der energiereichen Phosphate ATP (Adenosintriphosphat) und KP (Kreatinphosphat), der mit größtmöglicher Geschwindigkeit vor sich geht, entsteht sofort Energie, ohne Verbrauch von Sauerstoff und ohne Bildung von Milchsäure (Laktat).

2. Anaerob-laktazide Energiefreisetzung:
Unter Sauerstoffmangel oder Sauerstoffschuld wird durch den Abbau von Glyko-gen oder Glucose Milchsäure (Laktat) angehäuft. Dabei entsteht ebenfalls rasch Energie, ohne dass dabei Sauerstoff verbraucht wird – jedoch entsteht Milchsäure (Laktat), deren Ansteigen schließlich zur leistungsbegrenzenden Größe wird.

3. Aerobe Energiefreisetzung:
Wenn ausreichend Sauerstoff zur Verfügung steht, werden Kohlenhydrate und Fette zu Kohlendioxid und Wasser abgebaut. Je intensiver die Belastung, desto mehr Kohlenhydrate; je weniger intensiv die Belastung und je besser der Ausdauertrai-ningszustand ist, desto mehr Fette werden zur Energiegewinnung herangezogen.
In Abhängigkeit von der Zeitdauer und der dabei höchstmöglichen Intensität der Belastung ergeben sich unterschiedliche Wege der Energiefreisetzung, wie sie in Abbildung 12 dargestellt sind. Dabei laufen nicht alle dargestellten Formen der En-ergiefreisetzung nacheinander ab, wie man oft meint, sondern diese Kurven zeigen die Formen der Energiefreisetzung für körperliche Aktivitäten, die nach dieser Zeitdauer auch beendet sind. So wird zum Beispiel ein Marathonläufer nicht an-aerob loslaufen, sondern von Anfang an die aerobe Energiebereitstellung nutzen und sein Tempo danach einrichten. So ist es bei allen körperlichen Aktivitäten un-terschiedlicher Dauer. Es ist vorwiegend das Tempo (Intensität), das die Form der Energiebereitstellung bestimmt und dieses hängt von der Zeitdauer ab, über die die Leistung erbracht werden soll.

Wichtigste Faktoren: Umfang und Intensität der Leistung

1. Kurze, explosive Belastungen bis zu 2 Sekunden
Das ist etwa beim Gewichtheben der Fall. Dabei wird die Energie fast ausschließ-lich aus dem Zerfall von ATP gewonnen. Dieses wird aus dem KP sofort regene-riert, sodass der ATP-Gehalt der Muskulatur kaum absinkt (anaerob-alaktazide En-ergiegewinnung).

2. Kurze, explosive Leistungen bis zu 6–8 Sekunden
Das ist etwa bei 50- bis 75-Meter-Sprints der Fall. Hierbei wird die Energie fast ausschließlich aus dem KP gewonnen. Der Zerfall der energiereichen Phosphate

reicht also nicht ganz für einen 100-Meter-Lauf aus (anaerob-alaktazide Energiegewinnung).

3. Maximale Leistungen bis zu 40–50 Sekunden Dauer

Nach 6–8 Sekunden maximaler Leistung gewinnt die anaerobe Glykolyse an Bedeutung, wobei aus Glykogen oder Glucose Milchsäure entsteht (anaerob-laktazide Energiebereitstellung). Maximale Werte von Milchsäure im Blut werden nach Maximalbelastungen von 40–45 Sekunden Dauer gemessen, z.B. beim 400-Meter-Lauf. Der Säurewert des Blutes nimmt dadurch so zu (pH-Wert von 6,8–6,9!), dass dadurch die weitere maximale Leistung begrenzt wird.

4. Hochintensive Belastungen von mehr als 2 Minuten Dauer

Bei Leistungen, die über 2 Minuten hinausgehen, muss man von vornherein damit rechnen, dass man sie nicht ohne Sauerstoff bewältigen kann. Man muss also die Intensität von Anfang an so wählen, dass der Organismus nicht rein anaerob arbeitet. Mit zunehmender Länge der Belastungsdauer muss die Energiebereitstellung zunehmend aerob werden. Begrenzend für die mögliche Intensität einer Dauerleistung ist die maximale Sauerstoffaufnahmefähigkeit (aerobe Kapazität). Die Energiebildung erfolgt bei hoher Intensität vorwiegend aus dem aeroben Abbau von

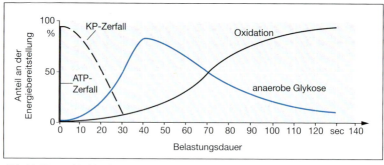

Abb. 12 Unterschied in der Energiebereitstellung durch verschiedene Substrate in Abhängigkeit von Zeitdauer und Intensität der Belastung (nach KEUL/DOLL/KEPPLER).

Glykogen (aerobe Glykolyse); d.h. dass mit zunehmender Belastungsdauer die Kohlenhydratspeicher (Glykogen) des Organismus aufgebraucht werden, sodass die mögliche Dauer hochintensiver Ausdauerleistungen durch die Größe der Glykogenspeicher begrenzt wird.

Schließlich gewinnt bei **Belastungen, die länger als 30–60 Minuten dauern,** die Oxidation von Fetten zunehmend an Bedeutung, die nur aerob möglich ist. Sie dient dazu, die wertvollen Kohlenhydratspeicher zu schonen.

3 Die vollwertige, bilanzierte Ernährung

Die Nahrung dient also vorwiegend dazu, die verbrauchten Energiespeicher wieder aufzufüllen. Primär schafft die körperliche Belastung den Bedarf, der dann sekundär durch die Ernährung möglichst bedarfsgerecht gedeckt wird. Je stärker und intensiver die körperliche Belastung wird, desto mehr muss die dynamische und ökonomische Bedeutung der Nährstoffe in den Vordergrund treten. In der Sporternährung muss man daher die Nährstoffe aus einer etwas anderen Perspektive betrachten (Abb. 13). Die Makronährstoffe Kohlenhydrate und Fette dienen der Energiegewinnung und können sich je nach der zur Verfügung stehenden Sauerstoffmenge gegenseitig vertreten. Eiweiß dient vorwiegend dem Ersatz und Neuaufbau eiweißhaltiger Substanzen, insbesondere von Muskelfasern, Enzymen und Hormonen und auch des Immunsystems. Ausnahmsweise kann auch Eiweiß Energie liefern. Außer diesen Energie liefernden Substanzen gibt es in der Nahrung auch solche, die zwar selbst keine Energie liefern, aber zur Freisetzung der in den Energie liefernden Nährstoffen vorhandenen Energie notwendig sind, nämlich

Dynamik und Ökonomie bestimmen die Ernährung im Sport

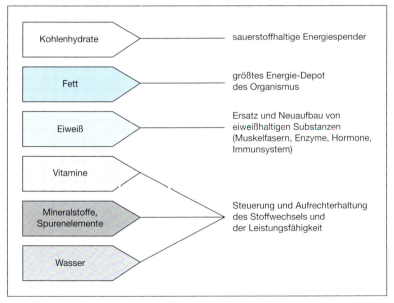

Abb. 13 Die Bedeutung der Nährstoffe für den Sportler.

42 | Die vollwertige, bilanzierte Ernährung

die Mikronährstoffe Vitamine, Mineralstoffe, Spurenelemente und das Wasser. Daneben sind in der Nahrung noch die Duft- und Geschmacksstoffe enthalten, welche Appetit und Verdauung regeln. Nicht vergessen sollte man auch die sog. Ballaststoffe, die so gut wie nicht verdaut werden können, aber trotzdem ihre Bedeutung im Verdauungssystem haben. Schließlich erkennt man auch zunehmend die Bedeutung der sekundären Pflanzenstoffe als Schutzfaktoren der Körperstrukturen (Zellmembranen, Enzyme, DNA u.a.) vor der schädigenden Wirkung freier Radikale. Die Ernährung ist also mehr als nur die Aufnahme von Kalorien bzw. Joules. Eine leistungsfördernde, vollwertige Ernährung muss alle fünf Ernährungsbilanzen ausgeglichen gestalten, nämlich:

1. Die Energiebilanz
2. Die Bilanz der Makronährstoffe, Kohlenhydrate, Fette, Eiweiß
3. Die Bilanz der Vitamine
4. Die Bilanz der Mineralstoffe und Spurenelemente
5. Die Flüssigkeitsbilanz

Kurzfristige Mangelzustände sind kompensierbar, langfristige nicht

Es gibt kein Nahrungsmittel, das alle notwendigen Nährstoffe im richtigen Verhältnis und in der richtigen Menge enthält. Daraus ist zu folgern, dass die gesunde Ernährung möglichst vielseitig und gemischt sein sollte. Nicht einmal ganze Mahlzeiten oder Menüs können diese Bedingung erfüllen, sodass jede Mahlzeit einen bestimmten Mangel hinterlässt. Von Mahlzeit zu Mahlzeit leben wir gewissermaßen von einem Mangelzustand zum anderen. Kurzfristig kann der Organismus solche Mangelzustände ohne weiteres kompensieren, langfristig müssen die fünf Ernährungsbilanzen jedoch ausgeglichen sein, damit der Organismus störungsfrei und optimal funktionieren kann. Im Folgenden sollen die Grundlagen der fünf Ernährungsbilanzen kurz dargelegt und dann ihre Veränderungen im Belastungsstoffwechsel gezeigt werden.

Die Energiebilanz

Die Maßeinheit der Nahrungsenergie

Die Maßeinheit »Kalorie« lebt weiter

Voraussetzung für eine verlässliche Angabe des Energiebedarfes ist eine Maßeinheit, mit der man die Nahrungsenergie in Zahlen angeben kann. Bisher, und im allgemeinen Sprachgebrauch auch heute noch, war und ist die gewohnte Maßeinheit der Nahrungsenergie die **Kilokalorie (kcal)**, kurz auch als **Kalorie** bezeichnet. *Definition:* Eine (Kilo-)Kalorie ist diejenige Wärmemenge, die notwendig ist, um einen Liter Wasser von 14,5°C auf 15,5°C zu erwärmen.
Ab dem 1.1.1978 wurde von einer Expertenkomission die neue Einheit **Joule (kJ = Kilojoule)** eingeführt, die nicht die durch die Nahrungsenergie freigesetzte Wärme, sondern die tatsächlich enthaltene Energie berücksichtigt. *Definition:* Ein (Kilo-)Joule ist diejenige Arbeit, die verrichtet wird, wenn der Angriffspunkt der Kraft ein Newton in Richtung der Kraft um einen Meter verschoben wird (Umrechnungsfaktoren siehe Tab. 11).

Die Energiebilanz | 43

Eine weitere mögliche Definition beider Maßeinheiten lautet: Mit der Energie 1 kcal bzw. 4,2 kJ kann man ein Kilogramm Masse entgegen der Erdschwerkraft 427 Meter hochheben.
Die Mittelwerte der **physiologischen Brennwerte der Grundnährstoffe** betragen:

1 g Kohlenhydrate = 4,1 kcal (17 kJ)
1 g Fett = 9,3 kcal (39 kJ)
1 g Eiweiß = 4,1 kcal (17 kJ)
Zum Vergleich:
1 g Alkohol = 7,1 kcal (30 kJ)

Tabelle 11 Umrechungsfaktoren Kalorien/Joule

1 kcal = 4,1855 kJ	1 kJ = 0,239 kcal
Für Überschlagsrechnungen gilt:	Für Überschlagsrechnungen gilt:
1 kcal = 4,2 kJ	1 kJ = 0,24 kcal

Die Schwankungsbreite der physiologischen Brennwerte liegt bei den Kohlenhydraten zwischen 3,75 und 4,20 kcal/g (16–18 kJ/g), bei den Eiweißen zwischen 3,75 und 4,55 kcal/g (16–19 kJ/g) und für Fett zwischen 9,25 und 9,50 kcal/g (39–40 kJ/g).

Der Energiebedarf

Der Energiebedarf des Menschen setzt sich aus folgenden vier Faktoren zusammen:

1. Grundumsatz
2. Leistungsumsatz
3. Spezifisch-dynamische Wirkung der Makronährstoffe
4. Verdauungsverlust

Unter **Grundumsatz** versteht man den Energieverbrauch eines entspannt liegenden Menschen, zwölf Stunden nach der letzten Nahrungsaufnahme, bei einer konstanten Umgebungstemperatur von 20°C. 60% des Grundumsatzes dienen der Wärmeproduktion, 40% der Aufrechterhaltung von Herz- und Kreislauffunktion, Atmung, Nieren- und Hirntätigkeit. Die Größe des Grundumsatzes hängt ab von Alter, Geschlecht, der Körperoberfläche und von hormonellen Faktoren (z.B. Schilddrüsenfunktion). Der Grundumsatz ist z.B. in der Schwangerschaft, im Stress und nach intensiven Trainingseinheiten erhöht, während ihn längeres Fasten erniedrigt. Durchschnittlich beträgt der Grundumsatz für Männer eine Kilokalorie pro Stunde und pro Kilogramm Körpergewicht:

Der Grundumsatz – die Grundversorgung des Organismus

Grundumsatz = Körpergewicht (kg) x 24 (Std.)

Frauen geben, infolge ihres dickeren Unterhautfettgewebes, weniger Wärme nach außen ab. Daher ist ihr Grundumsatz um 5–10% niedriger als der des Mannes

44 | Die vollwertige, bilanzierte Ernährung

(Tab. 12). Der erhöhte Grundumsatz sportlich aktiver Menschen ist die Folge gesteigerter regenerativer Prozesse.

Belastungs-intensität

Unter **Leistungsumsatz** versteht man den durch körperliche Aktivität bedingten zusätzlichen Energieverbrauch. Die Skelettmuskulatur, die 40–50 % des Körpergewichtes ausmacht, kann bei entsprechender Leistung ihren Energiebedarf um mehr als das Zwanzigfache steigern. Die Größe des Leistungsumsatzes hängt von Dauer und Intensität der Belastung sowie von der Größe der eingesetzten Muskelmasse ab (Tab. 13 und Abb. 14).

Eiweiße steigern den Stoffwechsel stärker als Kohlenhydrate und Fette

Unter **spezifisch-dynamischer Wirkung der Makro- oder Grundnährstoffe** versteht man den infolge der Nahrungsaufnahme erhöhten Sauerstoffverbrauch und Energieumsatz, der je nach Art und Menge der aufgenommenen Grundnährstoffe unterschiedlich ist. Man hat diese Wirkung der Nährstoffe früher als »spezifisch-dynamisch« bezeichnet, obwohl sie weder spezifisch noch dynamisch ist, oder auch als »kalorigene Wirkung«. Heute bezeichnet man diese Wirkung der Nährstoffe Kohlenhydrate, Fette und Eiweiße als »nahrungsinduzierte Thermogenese«, das heißt die durch die Nährstoffe bedingte Wärmebildung. Durch die Verarbeitung der drei Grundnährstoffe (Kohlenhydrate, Fette, Eiweiße) kann eine Stoffwechselsteigerung oder ein Energieverlust entstehen, der bei den Fetten rund 2–4 %, bei den Kohlenhydraten rund 4–7 %, beim Eiweiß aber rund 18–25 % des

Tabelle 12 Mittlerer Grundumsatz (in kcal bzw. kJ/1,75 m² pro 24 Std.) von Männern und Frauen verschiedenen Alters (Jahre), (nach BÄSSLER/FEKL/LANG)

Alter	Männer	Frauen
18	1800 (7500)	1600 (6700)
24	1700 (7100)	1500 (6300)
42	1600 (6700)	1500 (6300)
66	1500 (6300)	1400 (5900)
75	1400 (5900)	1300 (5400)

Tabelle 13 Tagesumsatz verschiedener Berufsgruppen in kcal pro Tag

	männlich	weiblich
Vorwiegend sitzende Beschäftigung (z.B. Schriftsteller, Kaufmann, Beamter)	2200–2400	2000–2200
Leichte Muskelarbeit vorwiegend im Sitzen, auch teilweises Gehen und Sprechen (z.B. Schneider, Lehrer)	2600–2800	2200–2400
Mäßige Muskelarbeit (z.B. Schuhmacher, Briefträger)	ca. 3000	2500–2800
Stärkere Muskelarbeit (z.B. Metallarbeiter, Maler)	3400–3600	3000–3200
Schwerarbeiter	3800–4200	
Schwerstarbeiter	4500 und mehr	–

Brennwertes beträgt. Die Ausbeute an ATP ist also nicht bei allen Nährstoffen gleich. Vermutlich gibt es Unterschiede in der Koppelung der Nahrungsenergie an ATP. Bei einer normalen Mischkost kann man etwa 10% des Grundumsatzes (ca. 170 kcal/710 kJ) als Energieverlust für die Verarbeitung der zugeführten Nahrung in Rechnung setzen. Größer wird dieser Betrag allerdings, wenn die Nahrung überwiegend oder fast ausschließlich aus Eiweiß besteht. Dadurch tritt eine Stoffwechselsteigerung bzw. ein Energieverlust ein, der bis zu 25% des Brennwertes gehen kann. Diesen Effekt machen sich manche Diätkuren zur Gewichtsabnahme zunutze (z.B. Hollywood-Diät) (siehe »Gezielte Maßnahme zur Gewichtsabnahme« S. 165ff.). Diese nahrungsbedingte Wärmebildung (Thermogenese) hält nach proteinreichen Mahlzeiten etwa doppelt so lange an wie nach kohlenhydrat- und fettreichen Mahlzeiten gleichen Energiegehaltes.

Unter **Verdauungsverlust** versteht man die Nahrungsenergie, die durch die Verdauungsarbeit verbraucht wird. Er beträgt etwa 10% der in der aufgenommenen Nahrung enthaltenen Energie.

Der **Gesamtumsatz** wird neben dem Grundumsatz vorwiegend durch den **Leistungsumsatz** bestimmt, der innerhalb weiter Grenzen schwanken kann. Normalerweise wird er überwiegend von der körperlichen Belastung in Beruf und Freizeit geprägt. Es gibt Richtwerte für Männer und Frauen verschiedener Altersgruppen und Berufe (Tab. 12). Jugendliche benötigen mehr Energie als Erwachsene, wobei die höchsten Werte zwischen dem 12. und 18. Lebensjahr erreicht werden, da in dieser Zeit der Organismus besonders schnell wächst, und sich die Jugendlichen normalerweise mehr bewegen als die Erwachsenen. Die Energiezufuhr im Jugendalter ist heute meistens gesichert; oft ist sie sogar zu hoch, ein Umstand, der sich

Gesamtumsatz, positive und negative Energiebilanz

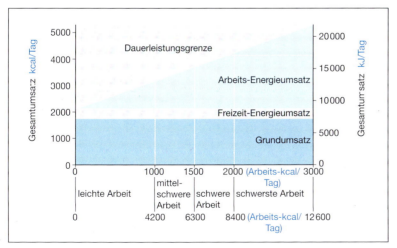

Abb. 14 Aufteilung des täglichen Energiebedarfes bei leichter, mittelschwerer, schwerer und schwerster Arbeit mit Angabe der Dauerleistungsgrenze (nach HOLLMANN).

Die vollwertige, bilanzierte Ernährung

Tabelle 14 Aerober Energieverbrauch pro Stunde je nach individueller Sauerstoffaufnahmefähigkeit und Belastungsintensität, ausgedrückt in Prozent der maximalen Sauerstoffaufnahmefähigkeit. Für die Berechnung des Energieverbrauches wurde eine Energielieferung von 5 kcal (20,93 kJ) pro Liter Sauerstoffaufnahme zugrunde gelegt.

Maximale Sauerstoff-aufnahmefähigkeit $(VO_{2\,max.})$ pro Minute l O_2/min	Belastungs-intensität % $VO_{2\,max.}$	Energieverbrauch pro Stunde	
		kcal	kJ
2,2	100 %	660	2762
	70 %	462	1934
3,3	100 %	990	4144
	70 %	693	2900
5,0	100 %	1500	6278
	85 %	1275	5337
	70 %	1050	4395
6,0	100 %	1800	7534
	85 %	1530	6404
	70 %	1260	5274

in der Akzeleration der Jugendlichen ausdrückt, d. h., sie wachsen schneller, als es ihrem Lebensalter nach früheren Richtwerten entspricht. Auch gibt es einen hohen Prozentsatz (in manchen Schulklassen geht er bis zu 30–50 %!) von Kindern und Jugendlichen mit Übergewicht.

Mit zunehmendem Lebensalter nehmen sowohl Grund- wie auch Leistungsumsatz ab. Das berücksichtigen die meisten Menschen jedoch nicht, sodass heutzutage schon ab einem Alter von 30 Jahren fast jeder Zweite übergewichtig ist. Die Energiebilanz ist aber nur dann ausgeglichen, wenn das Körpergewicht konstant bleibt. Eine positive Energiebilanz liegt vor, wenn mehr Energie zugeführt als verbraucht wird. Dabei gibt es für jeden Menschen eine maximale obere Grenze seines Körpergewichtes, die auch durch weitere Steigerung der Nahrungsaufnahme nicht zu überschreiten ist. Eine dauernde negative Energiebilanz dagegen führt zu Abnahme des Körpergewichtes.

Erhöhter Grundumsatz und Leistungsumsatz im Sport

Der **Energiebedarf des Sportlers** außerhalb des Trainings unterscheidet sich kaum von dem eines nicht Sport treibenden Menschen, wenn nicht gerade der Grundumsatz infolge eines sehr intensiven Trainings erhöht ist. Der Grundbedarf eines 70 kg schweren Sportlers beträgt, einen 10 %igen Verdauungsverlust eingerechnet, ca. 2700 kcal (11 300 kJ) pro Tag und entspricht somit dem Tagesbedarf eines Untrainierten mit mäßiger Muskeltätigkeit. Wie viel der Sportler während seines Trainings an Energie verbraucht, hängt von Dauer und Intensität der Belastung, von der Größe der eingesetzten Muskelmasse und von seinem Trainingszustand ab. Im Trainingsprozess fortgeschrittene Sportler verbrauchen für die gleiche Leistung weniger Energie als untrainierte, da sie durch das Training einen verbesserten Wirkungsgrad der Muskelarbeit, eine bessere Stoffwechselökonomie mit geringerer Herz- und Atemarbeit sowie eine Verbesserung ihrer Koordination und Technik erzielen.

Eine interessante Frage ist jedoch, wo die obere Grenze des Energieverbrauches liegt. Wie viel Energie kann ein Sportler z. B. maximal pro Stunde umsetzen? Viele glauben, dass die maximal mögliche Energieentfaltung von einer möglichst reichlichen Nahrungsaufnahme abhängt. Das ist aber falsch. Dazu müssen wir uns das Grundprinzip der Energiegewinnung aus der Nahrung in das Gedächtnis zurückrufen, um diese Frage beantworten zu können.

Die obere Grenze der maximalen Energiefreisetzung

Wie bereits dargelegt (siehe S. 34 ff.) liefern die Hauptnährstoffe (Kohlenhydrate, Fette, Eiweiße) im Stoffwechsel letztendlich die Wasserstoffatome, die in der Atmungskette mit Sauerstoff zu Wasser verbunden werden. Entscheidend ist also neben der Lieferung von Wasserstoffatomen durch körpereigene Energiereserven und Nahrung, die von außen über das Lungen-Herzkreislauf-System an die Zelle maximal herantransportierbare Sauerstoffmenge. Die maximale Sauerstoffaufnahmefähigkeit ($VO_{2\,max}$) pro Minute begrenzt die im aeroben Stoffwechsel maximal mögliche Energiefreisetzung. Die Messung der maximalen Sauerstoffaufnahmefähigkeit pro Minute eines Athleten liefert das beste Bruttokriterium für die Beurteilung seiner Ausdauerleistungsfähigkeit, das heißt seiner Fähigkeit, lange Strecken mit hoher Intensität ohne Ermüdung und Sauerstoffschuld zurückzulegen. Gehen wir davon aus, dass langfristig durch einen Liter zugeführten Sauerstoff eine Energiemenge von ca. 5 kcal (21 kJ) aus den Grundnährstoffen gewonnen werden kann (Tab. 14), so bedeutet das für einen Hochleistungssportler im Ausdauerbereich, der z. B. eine maximale Sauerstoffaufnahmefähigkeit von 5 l/min hat, dass er maximal 5x5 = 25 kcal/min (105 kJ/min.) oder 25x60 = 1500 kcal/h (6280 kJ/h) aerob gewinnen kann.

Man muss allerdings berücksichtigen, dass auch ein Hochleistungssportler über eine Stunde oder länger höchstens ca. 85–90 % seiner maximalen Sauerstoffaufnahmefähigkeit ausschöpfen kann, sodass die maximal mögliche Energiegewinnung pro Stunde im Wettkampf für den genannten Sportler auf ca. 1200 kcal (5020 kJ) anzusetzen wäre. Im Training nimmt man eine Belastungsintensität von ca. 70 % der maximalen Sauerstoffaufnahmefähigkeit an, sodass der im Beispiel genannte Athlet im Training einen Energieverbrauch von ca. 1050 kcal/h (4400 kJ/h) hätte.

In Tabelle 14 sind weitere Beispiele auch für den Breiten- und Gesundheitssportler angegeben. So hat eine untrainierte Frau im dritten Lebensjahrzehnt z. B. eine maximale Sauerstoffaufnahmefähigkeit von durchschnittlich 2,2 l/min, ein Mann gleichen Alters von ca. 3,3 l/min, während ein hochtrainierter Ausdauersportler oder ein Kraftausdauersportler mit hohem Körpergewicht durchaus Werte um 6,0 l/min erreichen kann.

Bedeutung der maximalen Sauerstoffaufnahmefähigkeit

85 % der maximalen Sauerstoffaufnahmefähigkeit kann über längere Zeit nur der gut bis sehr gut trainierte Athlet durchhalten. Daher sind diese Zahlen bei Untrainierten nicht angeführt. Man kann erkennen, dass eine wenig trainierte Frau z. B. durch eine Stunde Dauerlauf etwa 450–500 kcal (rd. 2000 kJ) und ein wenig trainierter Mann ca. 600–700 kcal (rd. 3000 kJ) verbraucht. Untrainierte oder wenig trainierte Jogger sollten das berücksichtigen und nicht versuchen, ihre Leistung dadurch steigern zu wollen, indem sie so viel Nahrung aufnehmen wie Hochleistungssportler; das führt nicht zu mehr Energiefreisetzung, sondern zu mehr Fettansatz.

Die vollwertige, bilanzierte Ernährung

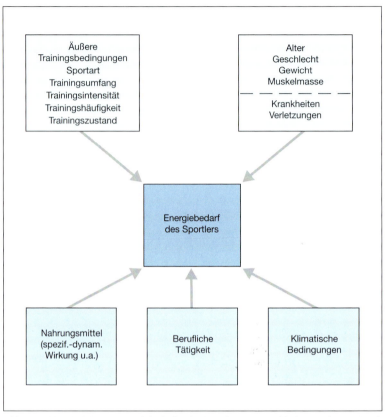

Abb. 15 Abhängigkeit des Energiebedarfes der Sportler von verschiedenen Faktoren (nach DONATH/SCHÜLER).

Belastungsintensität und Energieverbrauch

Unter den zahlreichen Faktoren, die den Energiebedarf des Sportlers beeinflussen (Abb. 15), hat die Intensität der sportlichen Beanspruchung den größten Einfluss auf den Energieverbrauch (Abb. 16). So steigt der Energieverbrauch z.B. mit zunehmender Laufgeschwindigkeit nicht linear, sondern parabolisch. Man kann also den Energiebedarf bei verschiedenen Sportarten nicht pauschal ansetzen, sondern muss berücksichtigen, mit welcher Intensität Training oder Wettkampf bestritten werden. So schwankt der Energiebedarf je nach Sportart und Belastungsintensität durchschnittlich zwischen 500 kcal (rd. 2100 kJ) und 1500 kcal (rd. 6300 kJ) pro Stunde (Abb. 17). Wegen der geringeren Belastungsintensität und des geringeren Belastungsumfanges haben Breiten- und Gesundheitssportler einen deutlich geringeren täglichen Energiebedarf als Leistungs- und Hochleistungssportler, die bei intensiver Trainingsbelastung in allen Sportartengruppen täglich um oder über

Die Energiebilanz | 49

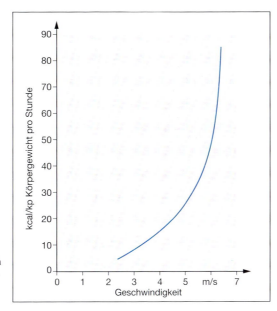

Abb. 16 Energieverbrauch beim Lauf mit verschiedenen Geschwindigkeiten (nach DONATH/SCHÜLER).

Tabelle 15 Energieverbrauch verschiedener Sportartengruppen im Leistungssport bei intensiver Trainingsbelastung (nach DONATH/SCHÜLER)

	Durchschnittlicher täglicher Energieverbrauch (Mittelwert)		Grenzbereiche des durchschnittlichen täglichen Energieverbrauchs	
	kcal	kJ	kcal	kJ
Schnellkraftsportarten 65–75 kg Körpergewicht	5200	21 800	4200–6200	17 600–26 000
Spielsportarten 70–75 kg Körpergewicht	5500	23 000	5200–5800	21 800–24 300
Ausdauersportarten 66–70 kg Körpergewicht	5550	23 200	5100–6100	21 300–25 500
Ausdauersportarten mit erheblichem Kraftaufwand 65–80 kg Körpergewicht	5800	24 300	5000–6600	20 900–27 600
Kampfsportarten 75 kg Körpergewicht	5800	24 300	5000–6600	20 900–27 600
Kraftsportarten 80–90 kg Körpergewicht	6800	28 500	6600–7000	27 600–29 300

Die vollwertige, bilanzierte Ernährung

Energie-
verbrauch:
Höchstwerte im
Hochleistungs-
sport

5000 kcal (rd. 21000 kJ) benötigen (Tab. 15). An der Spitze im Energiebedarf stehen Radrennfahrer, vor allem wenn sie Etappenrennen bestreiten, sowie Sportler mit hohem Körpergewicht wie Ruderer und Superschwergewichtler im Kraftsport. Jedoch hat auch die durch die Nahrung maximal mögliche Energieaufnahme in der Fassungskraft des Verdauungssystems ihre obere Grenze, die bei 7000–8000 kcal (rd. 29000–33000 kJ) pro Tag liegen dürfte. Manche Belastungen – z. B. Bergsteigen, Etappenradrennen – können vorübergehend den täglichen Energiebedarf bis auf 10000 kcal (41855 kJ) und darüber ansteigen lassen. Ein so hoher Bedarf kann dann durch die tägliche Nahrungsaufnahme auf Dauer nicht mehr gedeckt werden. In solchen Fällen eines extremen Energieverbrauches muss der Körper auf seine Fettreserven und später auch auf seine Muskelsubstanz (Eiweiß) zurückgreifen, sodass es zunächst zu Gewichtsverlust und dann zu einem deutlichen Leistungseinbruch kommen kann.

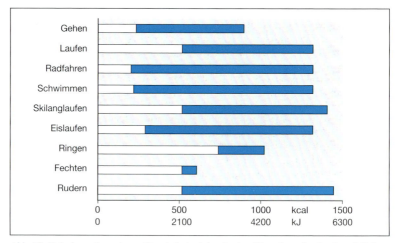

Abb. 17 Kalorienverbrauch pro Stunde bei minimaler (weiß) und maximaler (grau) Belastung in ausgewählten Sportarten (nach J. Nöcker).

Die Energiereserven

Fett: der größte
Energiespeicher
des Organismus

Der menschliche Organismus unterliegt wie alle Lebewesen dem **biologischen Grundgesetz der Erhaltung der Energie**, das besagt:

Mögliche Arbeitsleistung = Energielieferung aus Nahrung und Energiereserven

Die Energiereserven befähigen zur sofortigen Leistung, und die Nahrungszufuhr füllt die verbrauchten Energiereserven wieder auf. Die Energiespeicher von untrainierten »Normalpersonen« und von Ausdauertrainierten sind in der folgenden Tabelle angegeben.

Tab. 16 Energiespeicher bei untrainierten »Normalpersonen« und Ausdauertrainierten (modifiziert nach G. NEUMANN)

	»Normalpersonen«	Ausdauertrainierte
Energiereiche Phosphate		
ATP, KP	ca. 5 kcal	ca. 6–12 kcal
Kohlenhydrate		
Muskelglykogen	ca. 250 g = 1000 kcal	ca. 400 g = 1600 kcal
Leberglykogen	ca. 80 g = 320 kcal	ca. 120 g = ca. 480 kcal
Gesamt	**ca. 320 g = 1280 kcal**	**ca. 520 g = 2080 kcal**
Fette		
In Muskelfasern	**ca. 50 g = 465 kcal**	**ca. 200–350 g = 1800–3200 kcal**
In Fettzellen	ca. 15 kg = 140 000 kcal	ca. 8 kg = 75 000 kcal

Die kurzfristigen Energiespeicher der energiereichen Phosphate Adenosintriphosphat (ATP) und Kreatinphosphat (KP) sind deswegen so klein, da sie sehr rasch wieder regeneriert werden. Die Kohlenhydratvorräte sind demgegenüber erheblich größer. Aber selbst wenn man bedenkt, dass sie durch entsprechende Trainings- und Ernährungsmaßnahmen (siehe S. 58 ff.) fast verdoppelt werden können, sind sie im Vergleich zu den Fett-Energie-Reserven wiederum ungleich kleiner. Bei langen Ausdauerleistungen ist es daher für den Organismus günstiger, das schier unerschöpfliche Energiereservoir der Fette anzapfen zu können, um dadurch die begrenzten Kohlenhydratspeicher zu schonen. Bemerkenswert ist vor allem aber auch die Tatsache, dass Ausdauertraining zur Speicherung von Fettenergie-Reserven innerhalb der ausdauertrainierten Muskelfasern führt, damit sie »griffbereit« zur Energiegewinnung zur Verfügung stehen.

Die Nutzung der Fettreserven muss der Organismus jedoch erst durch entsprechendes Training und die dazu passende knappe Ernährung trainieren (siehe S. 138). Für Eiweiße gibt es zwar den sog. Aminosäurepool (siehe S. 70), aber keine den Kohlenhydraten und Fetten vergleichbaren Speicher. Das weist darauf hin, dass Eiweiße von der Natur für die Energiegewinnung normalerweise nicht vorgesehen sind.

Nutzung der Fettreserven ist Trainingssache

Die ausgeglichene Energiebilanz

Kein Sportler isst mit Diätwaage und Nahrungsmitteltabelle in der Hand. Die Nahrungsaufnahme wird weitgehend durch den natürlichen Appetit und das körperliche Befinden geregelt. Gerade nach einem sehr intensiven Training haben Sportler meistens sogar weniger Appetit, sodass erst an Tagen mit geringerer Belastung dieses Defizit durch vermehrten Appetit wieder ausgeglichen wird. Erst wenn sich Energiebedarf und -zufuhr langfristig nicht ausgleichen, tritt ein Körpergewichtsverlust ein. Ein Sportler sollte sich daher täglich wiegen, am besten morgens mit nüchternem Magen, da das Gewicht im Laufe des Tages trainingsbedingt erheblich schwanken kann. Das Gewicht, mit dem die besten Wettkampfleistungen erzielt werden, wird als *Wettkampfgewicht* bezeichnet. Meistens kann man es nur kurzfris-

Das Körpergewicht: Spiegel von Energiebilanz und Trainingszustand

tig halten, während das durchschnittliche Körpergewicht meist 1–2 kg darüber liegt. Im Allgemeinen gilt: je besser der Trainingszustand, desto geringeren Schwankungen unterliegt das Körpergewicht.

Die Bilanz der Energie liefernden Grundnährstoffe

Das Isodynamiegesetz

Unter den Energie liefernden Nährstoffen werden die Kohlenhydrate, Fette und Eiweiße zusammengefasst. Sie können sich bei der Energiegewinnung theoretisch gegenseitig vertreten. Das wird im sog. **Isodynamiegesetz** ausgedrückt:

Als isodyname Mengen gelten:
1 g Fett = 2,27 g Kohlenhydrate = 2,27 g Eiweiß
1 g Kohlenhydrate = 1 g Eiweiß = 0,44 g Fett

Eiweiß kann in seiner Funktion als Baustoff jedoch weder durch Fett noch durch Kohlenhydrate ersetzt werden. Je nach Belastungsanforderung stellt der Organismus ein für seine Gesamtsituation optimales Verhältnis zwischen den Nährstoffen her. Darauf sollte auch die Ernährung Rücksicht nehmen, damit die Energie liefernden Nährstoffe bedarfsgerecht durch die Nahrung wieder zugeführt werden können. In Abweichung von der Zivilisationskost (siehe S. 15), die zu viel Fett und Alkohol sowie zu wenig stärkehaltige Kohlenhydrate (Polysaccharide) enthält, wären für den erwachsenen Menschen mit leichter körperlicher Tätigkeit folgende Nährstoffrelationen zu empfehlen (Abb. 18):

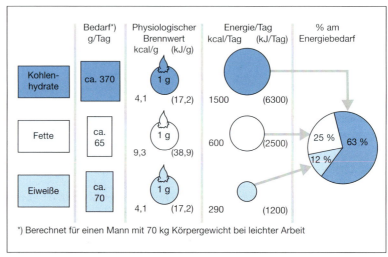

Abb. 18 Die Energie liefernden Nährstoffe: täglicher Bedarf, Brennwert, Nährstoffrelation (nach SILBERNAGEL/DESPOPOULOS).

Kohlenhydrate	50–60 Energie% (kcal%/kJ%)
Eiweiß	12–15 Energie% (kcal%/kJ%)
Fett	25–35 Energie% (kcal%/kJ%)

Je nach Trainingsbeanspruchung (Gesundheits-, Breiten-, Leistungs- oder Hochleistungssport) und je nach vorwiegender motorischer Hauptbeanspruchungsform (Ausdauer, Kraft, Schnelligkeit, Technik, Gelenkigkeit) verschiebt sich dieses Verhältnis der Nährstoffe zu einer individuell optimalen Nährstoffrelation. Die Ernährung des Sportlers muss also nicht nur quantitativ, sondern auch qualitativ der tatsächlichen Belastungsanforderung angepasst sein.

Die Kohlenhydrate – Aufbau und allgemeine Bedeutung

Die Kohlenhydrate sind die wichtigsten und am meisten verbreiteten organischen Stoffe der Erde. Sie werden durch Pflanzen und Mikroorganismen aus Kohlendioxid und Wasser unter Ausnutzung der Sonnenenergie aufgebaut. Aus der Tatsache, dass ein Quadratmeter Blattfläche pro Stunde etwa ein Gramm Zucker erzeugen kann, lässt sich berechnen, dass auf der Erde pro Jahr etwa 200 Milliarden Tonnen Kohlenhydrate durch Pflanzen erzeugt werden. Das ist mehr als die jährliche Gesamtproduktion von Erdgas, Kohle und Erdöl zusammen!

Kohlenhydrate: die größten biologischen Sonnenenergiespeicher

In den Kohlenhydraten kommt chemisch auf ein Kohlenstoffatom (C) jeweils ein Molekül Wasser (H_2O), sodass sich die allgemeine Summenformel der Kohlenhydrate $C_m(H_2O)_n$ ergibt. Kohlenhydrate sind also Hydrate (griech. *hydor* = Wasser) des Kohlenstoffs. Bemerkenswert bei den Kohlenhydraten ist, dass in ihrer Strukturformel auch Sauerstoff enthalten ist, der bei der Oxidation zur Verfügung steht, sodass weniger Sauerstoff von außen zugeführt werden muss als bei der Verbrennung (Oxidation) von Fetten oder Eiweiß. Darauf beruht der Vorteil der Kohlenhydrate als ökonomische Energiespender.

Die Grundbausteine der Kohlenhydrate (Tab. 17) sind die **Einfachzucker (Monosaccharide)**, deren wichtigste Vertreter der Traubenzucker (Glucose), der Fruchtzucker (Fructose, Lävulose) und die Galaktose sind.

Ökonomische Energiespender

Wenn sich zwei Einfachzucker (Monosaccharide) verbinden, entsteht ein **Zweifachzucker (Disaccharide)**, wie z.B. der Rohrzucker (Saccharose), der Malzzucker (Maltose) und der Milchzucker (Lactose). Die nächsthöheren Zucker sind die **Oligosaccharide**, die aus 3–10 Monosacchariden bestehen, und die **Polysaccharide**, die aus mehr als 10 bis zu mehreren 100000 Monosacchariden aufgebaut sind (Abb. 19). Es gibt für den Menschen verdauliche Polysaccharide (pflanzliche Stärken, Glykogen = tierische Stärke) und unverdauliche Polysaccharide (Zellulose), die als Ballaststoffe für die Darmtätigkeit notwendig sind.

Die beiden wichtigsten Substanzen im Kohlenhydratstoffwechsel sind die Glucose und ihre Speicherform, das Glykogen, das aus einer großen Zahl von Traubenzuckermolekülen in verzweigten Ketten aufgebaut wird (Abb. 20). Traubenzucker (Glucose) ist der wichtigste im Blut zirkulierende Zucker. Der Blutzuckerspiegel (80–120 mg/100 ml Blut) wird durch Abbau des Leberglykogens weitgehend konstant gehalten. Er dient dem Organismus als schnell verfügbare Energiequelle. Grundsätzlich können alle Organe Glucose energetisch verwerten; sie können aber

54 | Die vollwertige, bilanzierte Ernährung

Muskel- und Leberglykogen: Kohlenhydratspeicher im Organismus

bei Glucosemangel ihren Energiebedarf auch aus Fett- und Aminosäuren decken – nur das zentrale Nervensystem (Gehirn und Rückenmark), die roten Blutkörperchen und das Nebennierenmark (Bildung der Stresshormone Adrenalin und Noradrenalin) sind bei der Energiegewinnung ausschließlich auf Glucose angewiesen. Der tägliche Glucosebedarf von Gehirn und Rückenmark liegt bei ca. 100–150 g.

Anpassungsvorgänge im Stoffwechsel

Im **Hungerzustand** sind die Kohlenhydratvorräte in Form von Muskel- und Leberglykogen je nach körperlicher Belastung in wenigen Stunden bis Tagen verbraucht. Zur energetischen Versorgung der glucoseabhängigen Organe wird dann neue Glucose aus körpereigenem Eiweiß (Muskulatur) gebildet (Gluconeogenese). Ein Teil des Energiebedarfes kann mit zunehmender Gewöhnung an den Hungerzustand auch durch Verwertung von sauren Abbauprodukten der Fettsäuren (Ketonkörper) gedeckt werden, jedoch besteht ein minimaler Bedarf an Kohlenhydraten *(Kohlenhydratminimum)*, der bei 40–50 g Glucose pro Tag liegt. In der normalen Ernährung sollten jedoch mindestens 100–120 g Kohlenhydrate täglich enthalten sein, damit die Stoffwechselvorgänge im Zitronensäurezyklus ungestört ablaufen können.

Name	Anzahl der Bausteine	Wichtige Vertreter
Monosaccharide (Einfachzucker)		Glucose (Traubenzucker) Fructose (Fruchtzucker) Galactose (Schleimzucker*))
Disaccharide (Zweifachzucker)		Saccharose (Rohr-, Rübenzucker) Lactose (Milchzucker) Maltose (Malzzucker)
Oligosaccharide (Mehrfachzucker)	bis 10	Für die menschliche Ernährung von geringer Bedeutung
Polysaccharide (Mehrfachzucker oder Vielfachzucker)	mehr als 10 bis mehrere 100 000	Stärke (pflanzlich) Amylopektin Amylose Glykogen (tierisch)
*) eine fachlich nicht einwandfreie Bezeichnung		

Abb. 19 Die wichtigsten Kohlenhydratstrukturen.

Abb. 20 Chemische
Strukturformel
von α-Glucose.

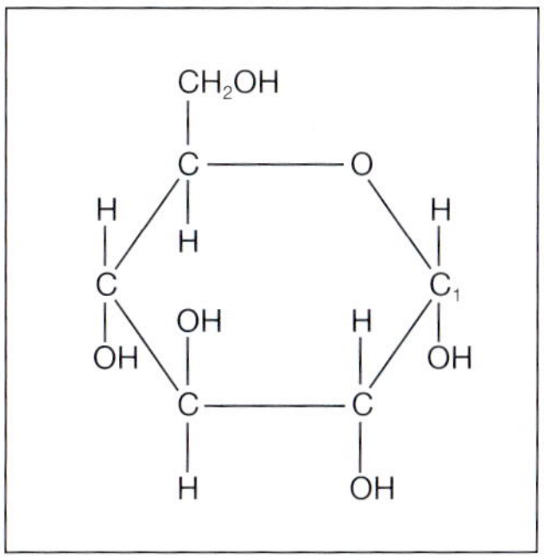

Die **Glykogenspeicher** des Menschen liegen normalerweise in einer Größenordnung von 300–400 g. Ein Viertel davon ist als Leberglykogen und drei Viertel sind
als Muskelglykogen gespeichert. Durch Training und gezielte Ernährung können
die Muskelglykogenspeicher fast verdoppelt werden (siehe S. 58 ff.).

Die wichtigsten **Kohlenhydratlieferanten** der üblichen Nahrung sind Brot,
Zucker, Zuckerwaren, Marmelade und Honig, Backwaren, Teigwaren, Kartoffeln,
Reis und Obst. In der Natur sind Kohlenhydrate gleichzeitig wichtige Lieferanten
von Mineralstoffen, Spurenelementen und Vitaminen. Wer Gesundheit und Leistungsfähigkeit steigern möchte, sollte das Angebot der Natur annehmen und die
vorwiegend »leeren Kalorien« in Zucker, Zuckerwaren, Marmelade und süßen
Backwaren möglichst gering halten. Vielmehr sollte der Sportler vollwertige, tech-
nisch wenig verarbeitete Kohlenhydratspender für seine Leistungskost auswählen
(siehe Tab. 17 u. 18 sowie S. 117).

**Komplexe
Kohlenhydrate
bevorzugen**

Bedeutung im Belastungsstoffwechsel

Die Kohlenhydrate spielen im Energiestoffwechsel des arbeitenden Muskels eine
dominierende Rolle. Früher glaubte man sogar, dass sie die einzige Energiequelle
unter Belastung seien, weshalb man sehr viel Traubenzucker (Monosaccharid)
während der Belastung zu sich nahm. Schließlich erkannte man jedoch die Rolle
der Fette im Belastungsstoffwechsel, die darin besteht, die Kohlenhydratreserven
zu schonen. Die Kohlenhydrat- und Fettverbrennung im arbeitenden Muskel wird
durch feine und vielseitige Regulationssysteme gesteuert und aufeinander abgestimmt. Wegen ihrer funktionellen Bedeutung sollen die beiden Hauptvorteile der
Kohlenhydrate hier nochmals herausgestellt werden:

**Durch
Fettstoffwechsel
Kohlenhydrate
sparen**

1. Kohlenhydrate können anaerob viermal so schnell und aerob doppelt so schnell
   freigesetzt werden wie Fettenergie. Sie liefern also schnelle Energie.
2. Ihre Verbrennung (Oxidation) liefert pro Liter aufgenommenen Sauerstoffes
   durchschnittlich 8,6 % mehr Energie als die Oxidation von freien Fettsäuren.

Daraus wird ihre wichtige Rolle für alle maximalen und hochintensiven Belastungen ersichtlich, während durch die Fettverbrennung mehr die lang dauernden Leis-

56 | Die vollwertige, bilanzierte Ernährung

Tabelle 17 Einteilung der Kohlenhydrate

Kohlenhydratarten	dazu zählen	sind enthalten in	Verwertbarkeit
Monosaccharide (Einfachzucker)	Glucose (Dextrose, Traubenzucker) Fructose (Laevulose, Fruchtzucker) Galactose	Honig, Früchten, Getränken, Süßwaren, Milch	schnell verfügbare Zucker Ausnahme: Milchzucker!
Disaccharide (Zweifachzucker)	Saccharose (Sucrose, Rüben- oder Rohrzucker) Maltose (Malzzucker) Lactose (Milchzucker)	Haushaltszucker, Marmeladen, Süßigkeiten, Limonadengetränke Malzbier / Milch	
Oligosaccharide (Mehrfachzucker)	Maltotriose Maltotetrose Maltopentose usw. (Zuckergemisch) Dextrine	Sportler-Energie-getränken / Toast, Knäckebrot, Zwieback	sog. Kohlenhydrate mit Langzeitwirkung
Polysaccharide (Vielfachzucker)	Zellulose – Amylose – Amylopektin (Stärke)	Kartoffeln, Getreideflocken, Müslis, Brot, Nudeln, Bananen	
	Glykogen (tierische Stärke)	Leber	
	Zellulose Lignin Pektin	Ballaststoffe aus Getreiderand-schichten (Kleie), Obst und Gemüsen	unverdauliche Kohlenhydrate

(Klammer rechts: verdauliche = Energie liefernde Nahrungskohlenhydrate)

tungen von niedriger bis mittlerer Intensität energetisch gewährleistet werden, bei denen genügend Sauerstoff zur Verfügung steht.

Bedeutung des Muskel- und Leberglykogens

Die Menge des Muskelglykogens begrenzt die Zeitdauer, mit der hochintensive Ausdauerbelastungen durch Verbrennung von Kohlenhydraten aufrechterhalten werden können. Die Erschöpfung der Glykogenvorräte geht mit einem Leistungs-abfall einher. Die Fähigkeit, Glykogen in der Arbeitsmuskulatur zu speichern, kann

Die Bilanz der Energie liefernden Grundnährstoffe | 57

Tabelle 18 Kohlenhydratreiche Nahrungsmittel
(Durchschnittswerte in Gramm bezogen auf 100 g des essbaren ungekochten Anteiles)

Cornflakes	82,5	Linsen	56,2
Honig	80,8	Graubrot, Roggenbrot	51,2
Knäckebrot	77,2	Simonsbrot, Steinmetzbrot	50,0
Reis, unpoliert (Naturreis)	75,2	Pumpernickel	49,4
Datteln, getrocknet	73,2	Grahambrot, Weizenschrotbrot	48,2
Teigwaren	72,4	Weizenvollkornbrot	47,4
Weizenflocken (Müsli)	70,0	Roggenvollkornbrot	46,4
Aprikosen, getrocknet	70,0	Weizenkeime	46,0
Pflaumen, getrocknet	69,4	Bananen	23,3
Weizen, ganzes Korn	69,3	Zuckermais	19,2
Roggen, ganzes Korn	69,0	Kartoffel	18,5
Haferflocken	66,4	Traubensaft	17,9
Weinbeeren, getrocknet	64,2	Apfelsaft	11,6
Feigen, getrocknet	61,5	Johannisbeersaft schwarz	13,0
Erbsen, reif	60,7	rot	12,0
Bohnen, weiß	57,6	Orangensaft	10,9

durch Training deutlich gesteigert werden, sodass Ausdauertrainierte fast doppelt so viel Muskelglykogen zur Verfügung haben wie Untrainierte. Wissen sollte man auch, dass Muskelglykogen umso leichter abgebaut werden kann, je größer die Glykogenvorräte sind. Je kleiner diese Vorräte werden, desto zäher hält der Organismus nämlich daran fest.

Muskelglykogenspeicher ermöglichen hochintensive Belastungen

Aus diesem Grund sind große Muskelglykogenspeicher auch für relativ kurz dauernde intensive Belastungen vorteilhaft, z. B. für Kurzzeitausdauer- und Schnellkraftbelastungen sowie für alle intervallartigen und anaeroben Belastungsformen. Von weiterer Bedeutung ist die Tatsache, dass im Muskel an jedes Gramm Glykogen etwa 2,7 g Wasser und 19,5 mg (0,5 mval) Kalium gebunden werden. So werden beim Glykogenabbau während der sportlichen Leistung nicht nur Kohlenhydrate mit dem in ihnen enthaltenen Sauerstoff für den Energiestoffwechsel zur Verfügung gestellt, sondern auch Kalium für den Mineralstoffwechsel und Wasser für den Flüssigkeitshaushalt. Das Muskelglykogen stellt also für den Sportler eine wichtige Reserve an Sauerstoff (gebunden in der Formel der Kohlenhydrate), Kalium und Wasser dar.

Während das Muskelglykogen direkt in der Muskelzelle gespeichert und auch dort verbraucht wird, gibt das Leberglykogen (60–100 g) ständig Traubenzuckermoleküle in das Blut ab, um den Blutzuckerspiegel auf einem gleichmäßigen Niveau zu halten. Geht der Muskelzelle jedoch das Muskelglykogen zur Neige, dann verbrennt sie auch Traubenzuckermoleküle aus dem Blutzucker, sodass dieser absinkt. Ein Blutzuckerabfall bedeutet aber für das zentrale Nervensystem Gefahr, da es auf die Versorgung mit Glucose angewiesen ist. Es wird in einen Alarmzustand versetzt, den man als *Unterzuckersymptomatik* (Hypoglykämiesymptomatik) oder einfach »Unterzucker« bezeichnet, in Sportlerkreisen auch als »Hungerast« bekannt. Dieser Zustand ist gekennzeichnet durch plötzliches Hungergefühl, Kraftlosigkeit, Schwindel, kalten Schweißausbruch, Zittrigkeit und Schwarzwerden vor den

»Hungerast«

Augen. Er kann durch geringe Kohlenhydratmengen, z. B. ein Stück Würfelzucker, eine Scheibe Brot oder Kekse, schlagartig beseitigt werden. Der »Hungerast« tritt vor allem bei schlecht trainierten Ausdauersportlern auf, die die Nutzung des Fettstoffwechsels noch nicht ausreichend trainiert haben, und somit vorzeitig das Muskelglykogen und dann das Leberglykogen verbrauchen.

Wissen sollte man auch, dass das gesamte Leberglykogen durch einen einzigen Fastentag aufgebraucht werden kann, sodass Hungern vor einer intensiven Ausdauerbelastung sehr nachteilig ist.

Auffüllung und Vergrößerung der Muskelglykogenspeicher

Training induziert Superkompensation der Glykogenspeicher

Die Größe der Muskelglykogenspeicher hängt von der Ernährung und der vorausgegangenen körperlichen Belastung ab. Bei normaler Mischkost enthält der Skelettmuskel durchschnittlich 1,5 g Glykogen/100 g Muskelgewebe, bei kohlenhydratreicher Kost bis 2,0 g (Abb. 21). Wenn man jedoch durch körperliche Arbeit, durch eine intensive Ausdauerbelastung die Glykogenspeicher fast vollständig entleert und sie dann durch eine entsprechende Ernährung wieder auffüllt, macht man sich das Prinzip der Superkompensation zunutze, d.h., der Muskel lagert mehr Glykogen ein als vorher. Bei normaler Mischkost dauert es etwa 48 Stunden, bis die Glykogenspeicher wieder aufgefüllt sind. Bei einer kohlenhydratreichen Kost mit 60–80 % Kohlenhydratenergie können die Glykogenvorräte jedoch bereits inner-

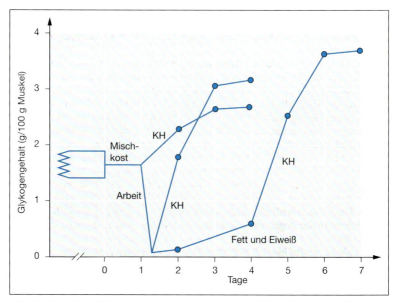

Abb. 21 Verlauf des Glykogengehaltes der Muskulatur in Abhängigkeit von Ernährung und Trainingsbelastung (nach B. Saltin).

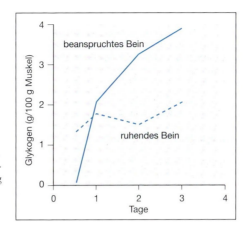

Abb. 22 Ein-Bein-Arbeit auf dem Fahrradergometer mit anschließender kohlenhydratreicher Ernährung
(— beanspruchtes Bein,
- - - ruhendes Bein)
(nach BERGSTRÖM/HULTMANN).

halb von 24 Stunden ihr Ausgangsniveau wieder erreichen und werden bei Fortsetzung dieser kohlenhydratreichen Diät bis auf 2,5–3 g Glykogen/100 g Muskel angehoben. Dabei unterscheidet man eine erste, schnelle Phase, die sich etwa über die ersten 10 Stunden erstreckt und in der die Kohlenhydrate am schnellsten in die Muskulatur eingelagert werden. Ihr folgt eine langsame Phase etwa von der 10.–48. Stunde nach Belastungsende, in der die Einlagerung in die Muskelglykogendepots langsamer vor sich geht. Daraus folgt, dass man nach jeder intensiven Ausdauerbelastung bereits in den ersten Stunden reichlich Kohlenhydrate zu sich nehmen sollte.

Aus Abbildung 21 ist jedoch noch eine andere Methode ersichtlich, bei der man nach Entleerung der Glykogendepots durch körperliche Arbeit etwa drei Tage eine sehr fett- und eiweißreiche Kost dazwischenschaltet, um unter Fortsetzung des Trainings die Kohlenhydratspeicher auf diese Weise niedrig zu halten. Wenn man dann am vierten Tag nach der glykogenentleerenden Belastung mit der kohlenhydratreichen Kost beginnt, steigen die Glykogenvorräte steil an und können bis auf über 4 g Glykogen/100 g Muskelgewebe gesteigert werden. Diese Diätform ist aber psychisch recht belastend, da sie doch eine einschneidende Ernährungsumstellung verlangt, und das Training unter der Fett-Eiweiß-Kost nur mit großer Überwindung und geringerem Wirkungsgrad möglich ist. Daher ist diese letztere Diätform in der Ernährungspraxis der Sportler weniger üblich. Allenfalls bereiten sich so einige 100-Kilometer-Straßenläufer oder Marathonläufer auf einzelne, wichtige Wettkämpfe vor. In der Regel wird die erstere Methode angewendet, da sie den Mittelweg darstellt.

Extreme Glykogenspeicherungsmethode

Nochmals sei darauf hingewiesen, dass durch eine kohlenhydratreiche Kost allein die Glykogenspeicher nur geringfügig vergrößert werden können. Wichtig ist ihre vorherige Entleerung durch eine entsprechend intensive Ausdauerbelastung von genügend langer Dauer (1–2 Stunden oder mehr). Das konnte durch einen einbeinigen Fahrrad-Belastungstest eindeutig bewiesen werden (Abb. 22). In einem Bein wurden die Glykogenvorräte durch einbeinige Belastung entleert. Danach folgte

60 | Die vollwertige, bilanzierte Ernährung

die kohlenhydratreiche Ernährung des gesamten Organismus, wobei im nicht belasteten Bein nur ein ganz geringer Anstieg der Glykogenvorräte, im belasteten Bein aber mehr als eine Verdoppelung erfolgte. An diesem Beispiel zeigt sich erneut der Stellenwert der Ernährung im Trainingsprozess: Die Belastung ist das Primäre, die Ernährung das Sekundäre!

Durch die genannten Methoden können die Glykogenreserven bis auf 500 bis maximal 750 g angehoben werden. Dadurch steht eine Kohlenhydrat-Energiereserve in der Größenordnung von 2000–3000 kcal zur Verfügung – und gleichzeitig eine Reserve von ca. 2 l Wasser und 15 g Kalium. Damit verbunden ist jedoch eine glykogenbedingte Gewichtszunahme von 2–2,5 kg, die vor allem bei Sportarten mit Gewichtsklassen vorher mit einkalkuliert werden sollte.

Trainings- und Ernährungsplan aufeinander abstimmen
Nach diesen Erkenntnissen sollte sich auch die Trainingsplanung richten. Intensiven Belastungen mit Entleerung der Glykogendepots müssen entsprechende Erholungspausen oder regenerative Trainingseinheiten mit geringerer Intensität folgen. Umgekehrt sollte man in der Ernährung den Trainingsplan beachten und nach intensiven aeroben oder nach anaeroben Belastungen, die zur Verkleinerung oder Entleerung der Glykogendepots geführt haben, eine besonders kohlenhydratreiche Kost ansetzen. Außer den Kohlenhydraten müssen in der Phase der Glykogenauffüllung auch genügend Flüssigkeit sowie kaliumreiche Nahrungsmittel (siehe Tab. 44a S. 97) zugeführt werden, da Wasser und Kalium mit in das Glykogen eingelagert werden.

Die Fette – Aufbau und allgemeine Bedeutung

Nützliche Funktionen
Die Fette sind in unserer Zivilisationskost mit 40–45 % der zugeführten Nahrungsenergie beteiligt. Wie wir bereits festgestellt haben (siehe S. 52), ist dieser Anteil viel zu hoch, da vor allem tierische Fette die Entstehung von Krankheiten begünstigen und die körperliche Leistungsfähigkeit herabsetzen. Der tatsächliche Bedarf würde bei 6–8 g essenziellen Fettsäuren liegen; das sind viel weniger als 5 % der zugeführten Nahrungsenergie.

Dennoch haben die Fette im Organismus viele nützliche Funktionen. Als Strukturelemente sind sie am Aufbau der Zellmembranen beteiligt. Als Organfett (Nieren, Herz, Unterhautfettgewebe, zentrales Nervensystem) erfüllen sie spezielle Aufgaben und stellen z. B. bei den Nieren einen mechanischen Schutz dar. Auch das Unterhautfettgewebe ist ein schützendes Polster und isoliert den Organismus nach außen gegen Kälte und Wärme. Als Depotfett bietet es eine konzentrierte Energiequelle, das pro Gewichtseinheit mehr als doppelt so viel Energie wie Kohlenhydrate oder Eiweiß liefert. Allerdings muss die Fähigkeit zur Mobilisierung der Fettenergie durch entsprechendes Training (Grundlagenausdauertraining) speziell trainiert werden. Eine weitere wichtige Aufgabe der Fette ist ihre Funktion als Träger fettlöslicher Vitamine (Vitamine A, D, E, K). Die den Fetten übergeordnete Stoffklasse der Lipide umfasst außerdem eine Anzahl von Hormonen sowie die Gallensäuren.

Unter der Stoffgruppe der *Lipide* ist eine ganze Gruppe chemisch sehr unterschiedlicher Substanzen zusammengefasst, denen ihr Löslichkeitsverhalten gemeinsam ist: Lipide lösen sich in Wasser praktisch nicht, dagegen in sog. Fettlö-

Die Bilanz der Energie liefernden Grundnährstoffe | 61

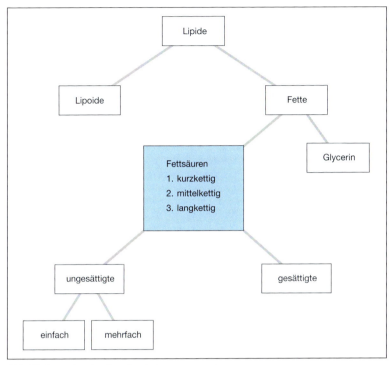

Abb. 23 Bausteine der Fette (nach ANDRZEJEWSKI).

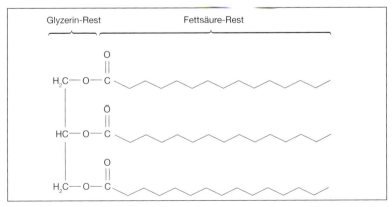

Abb. 24 Grundformel der Fette (Triglyceride): Ein Glycerin-Molekül ist mit drei Fettsäuren verestert.

62 | Die vollwertige, bilanzierte Ernährung

Fette und fettähnliche Substanzen

sungsmittel sehr gut. Die Lipide (Abb. 23) untergliedert man in (Neutral-)Fette (Triglyzeride) (Abb. 24) und fettähnliche Substanzen (Lipoide).

Die eigentlichen Fette sind Verbindungen aus einem Molekül Glyzerin, das mit drei Fettsäuren verestert ist, daher nennt man sie Triglyzeride oder Neutralfette. Die die Neutralfette aufbauenden Fettsäuren teilt man nach ihrer Kettenlänge (kurzkettig, mittelkettig, langkettig) und nach der Zahl ihrer Doppelbindungen (gesättigt, einfach und mehrfach ungesättigt) ein. Sind alle Doppelbindungen zwischen zwei Kohlenstoffatomen geöffnet und die frei werdenden Bindungen mit Wasserstoffatomen abgesättigt, spricht man von einer gesättigten Fettsäure, während ungesättigte Fettsäuren eine oder mehrere Doppelbindungen behalten und nicht vollständig mit Wasserstoffatomen abgesättigt sind. Von größter biologischer Bedeutung sind die mehrach ungesättigten Fettsäuren (MUF), deren wichtigster Vertreter die *Linolsäure* ist, da sie essenzielle Fettsäuren (früher auch als Vitamin F bezeichnet) sind, die der Organismus nicht selbst herstellen kann (Tagesbedarf 6–8 g). Ein Mangel bedeutet, dass der Transport der Lipide, der Aufbau von Membranen (vor allem der Mitochondrien!) und die Bildung der Prostaglandine (Gewebshormone) gestört ist. Außerdem kommt es zu Hautkrankheiten, Fortpflanzungsstörungen, Organveränderungen und Störungen im Wasserhaushalt. Da sie wegen ihrer Doppelbindungen leicht oxidierbar sind, enthalten die natürlichen Öle gleichzeitig Vitamin E als Antioxidans, das die Oxidation verhindert. Für den Sportler wirken Antioxidantien leistungsfördernd, sodass auch aus diesem Grund die mehrfach ungesättigten Fettsäuren mit ihrem Gehalt an Vitamin E für den sportlich aktiven Menschen wichtig sind. In der Diätetik haben auch die mittelkettigen Fettsäuren (MCT) mit einer Länge von 6–12 Kohlenstoffatomen an Bedeutung gewonnen. Sie benötigen keine Pankreaslipase (fettverdauendes Enzym der Bauchspeicheldrüse) zur Resorption, sondern gelangen direkt in die Blutbahn, hemmen den Fettabbau (Lipolyse), senken dadurch den Blutfettspiegel und vermindern die Bildung von Cholesterin. Infolge ihrer positiven Wirkungen, ihrer schnellen Resorption und ihrer raschen Verarbeitung im Stoffwechsel werden sie auch in der Sporternährung verwendet.

Zu den fettähnlichen Substanzen (Lipoide) gehören die *Carotinoide* (Vorstufen des Vitamin A), die *Terpene* (Duft- und Aromastoffe) sowie die *Steroide* (Grundgerüst der Steroidhormone). Zu den Steroiden gehören auch das Cholesterin, die Phospholipide und das Lezithin.

Cholesterin: Nutzen und Gefahren

Das *Cholesterin* wird teils durch die Nahrung – wobei nur tierische Lebensmittel Cholesterin enthalten – zugeführt, teils aber auch im körpereigenen Stoffwechsel gebildet. Die tägliche Zufuhr beträgt 500–700 mg (siehe Tab. 6 S. 19). In Leber und Darmwand werden jedoch täglich 400–1200(!) mg gebildet, sodass ein täglicher Cholesterinumsatz von 1000–1500 mg stattfindet. Cholesterin ist lebensnotwendig: Es ist die Vorstufe für das Vitamin D_3, für die Steroidhormone (Sexualhormone, Nebennierenrindenhormone) sowie für die Gallensäuren und dient als Membranbaustein der Zellen. Das Cholesterin hat aber auch große Nachteile: Es fördert nämlich die Arteriosklerose. Bei einem Cholesterinspiegel von 260 mg% im Blut ist das Arterioskleroserisiko dreimal höher als bei einem Cholesterinspiegel von 200 mg%. Untersuchungen zeigen jedoch, dass reines Cholesterin ungefährlich ist (L. SMITH). Denn ganz reines Cholesterin ist im Tierversuch überhaupt nicht imstande, Arteriosklerose zu erzeugen. Oxidiertes Cholesterin jedoch wirkt schon in Spuren hochgradig toxisch auf die Gefäßwandzellen (L. SMITH). Die Vorgänge bei der Arteriosklerose wären dann zunächst Geschwüre der Gefäßwände durch abgestorbene Zellen mit anschließenden Heil- und Reparaturvorgängen. Der Kampf wird sich also in Zukunft nicht so sehr gegen das Cholesterin in der Nahrung und die hohen Cholesterinspiegel im Blut richten müssen, sondern vielmehr gegen die Oxidation des Nahrungscholesterins. Oxidiertes Nahrungscholesterin entsteht durch Kontakt mit dem Sauerstoff der Luft und bei der Zubereitung (Hitze!) cholesterinhaltiger Nahrungsmittel. Das körpereigene Cholesterin wird möglicherweise durch ausreichende Antioxidantien (siehe S. 159 ff.) vor der Oxidation geschützt. Die gefährlichsten Produkte mit dem höchsten Gehalt an oxidiertem Cholesterin sind:

Gefährliches oxidiertes Cholesterin

1. Vollmilchpulver (große Oberfläche, sprühgetrocknet),
2. Volleipulver (große Oberfläche, sprühgetrocknet),
3. alle Gebäcke mit Butter und Milch (große Oberfläche durch Poren),
4. Parmesankäse und anderer geriebener Käse (große Oberfläche),
5. alle cholesterinreichen Nahrungsmittel (siehe Tab. 6 S. 19), die lange an der Luft stehen und küchentechnisch (Hitze!) verarbeitet werden. Daher sollte man zum Braten, Grillen usw. ausschließlich pflanzliche Fette verwenden, da sie kein Cholesterin enthalten (Tab. 18). Außerdem schützt ihr hoher Vitamin-E-Gehalt das im Fleisch enthaltene Cholesterin vor der Oxidation in der Hitze.

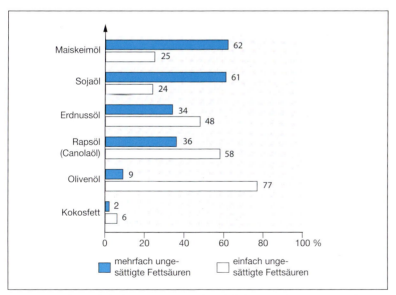

Abb. 25 Anteil an mehrfach ungesättigten und an einfach ungesättigten Fettsäuren in verschiedenen Speiseölen (modifiziert nach H.-K. BIESALSKI).

64 | Die vollwertige, bilanzierte Ernährung

Vor- und Nachteile von Speiseölen mit mehrfach und einfach ungesättigten Fettsäuren

Früher wurden vorwiegend Fette und Öle mit einem hohen Anteil an mehrfach ungesättigten Fettsäuren (MUFS) wie Safloröl (Distelöl), Leinöl, Sonnenblumenöl und Maiskeimöl empfohlen. Nachträglich erscheint jedoch folgende Erkenntnis geradezu logisch: Die mehrfach ungesättigten Fettsäuren neigen besonders stark zur Oxidation durch Sauerstoff. Die Natur schützt daher pflanzliche Öle mit einem hohen Anteil an ungesättigten Fettsäuren durch Antioxidantien, vor allem Vitamin E. Wenn der Anteil an ungesättigten Fettsäuren jedoch sehr hoch ist, brauchen diese Fette und Öle die in ihnen enthaltenen Antioxidantien für sich selbst, sodass für den Körper kein Überschuss übrig bleibt – manchmal sogar das Gegenteil: Fette und Öle mit einem sehr hohen Anteil an ungesättigten Fettsäuren können unter Umständen dem Körper sogar Antioxidantien zu ihrem eigenen Schutz entziehen. Das ist natürlich nicht gerade günstig, vor allem für Sportler, die durch eine hohe Sauerstoffaufnahme selbst mehr freie Radikale erzeugen und durch körpereigene Antioxidantien neutralisieren müssen.

Aus diesem Grund werden heute eher Fette und Öle mit einem geringeren Anteil an mehrfach ungesättigten Fettsäuren und einem hohen Anteil an einfach ungesättigten Fettsäuren empfohlen, wie zum Beispiel Olivenöl und Rapsöl (Abb. 25). Sie brauchen die in ihnen enthaltenen Antioxidantien (Vitamin E und sekundäre Pflanzenstoffe) nicht so sehr für sich selbst, sondern können den Überschuss an Antioxidantien unserem Körper zur Verfügung stellen.

Vorteile vegetarischer Nahrung in Bezug auf das Cholesterin

Die Vertreter der gesunden Diätformen der Menschheit (laktovegetabile Kost, Rohkost u.a.) haben aus der Intuition heraus praktisch alles richtig gemacht: Diese Kostformen enthalten insgesamt wenig Cholesterin und erzeugen bei der Verarbeitung wenig oxidiertes Cholesterin. Gleichzeitig enthalten diese natürlichen Kostformen eine große Menge an Antioxidantien, welche die Entstehung des oxidierten Cholesterins im Stoffwechsel verhindern.

Versteckte Fette

Will man fettarm leben – und das sollte jeder Sportler, wenn er eine optimale Leistung entwickeln möchte –, muss man sehr wachsam sein, da nur ein Drittel des Fettes als sichtbares Fett in Erscheinung tritt, während zwei Drittel des mit der Nahrung zugeführten Fettes als sog. »verstecktes Fett« dem Auge verborgen bleibt. Daher sollte man vor allem Nahrungsmittel mit einem großen Anteil an solchen »versteckten Fetten« (siehe Tab. 5 S. 19 und Tab. 19) aus der Ernährung möglichst eliminieren.

Tabelle 19 Nahrungsmittel mit einem großen Anteil an »versteckten Fetten«

Fleisch- und Wurstwaren	Eier
Käse	Panierte Speisen
Gebäck, Kuchen, Torten	Pfannkuchen
Schokolade	Pommes frites
Nüsse	Rohrnudeln
Soßen	Mehlspeisen
Mayonnaisen	u. a.

Bedeutung im Belastungsstoffwechsel

Bei Belastungen geringer bis mittlerer Intensität werden Fette schon zu Arbeitsbeginn von der Muskelzelle zur Energiegewinnung herangezogen. Mit zunehmender Belastungsdauer nimmt der Anteil der Fettverbrennung weiter zu (Tab. 21). Wenn man z. B. im lockeren »Sauerstoff-Lauf« unterhalb von 50–60% der maximalen Sauerstoffaufnahmefähigkeit unterwegs ist, so können bei mehrstündiger Muskelarbeit bei entsprechend Ausdauertrainierten sogar 70–90% des Energiebedarfes aus dem Fettstoffwechsel bestritten werden. Mit zunehmender Ausdauerleistungsfähigkeit nimmt auch die Fähigkeit des Skelettmuskels zur Fettsäureverbrennung zu. Das Vermögen, auch bei höherer Intensität die Energie noch zu einem großen Teil aus dem Fettstoffwechsel gewinnen zu können, ist geradezu ein biochemisches Gütezeichen eines Ausdauerathleten mit einer gut ausgebildeten Grundlagenausdauer. Wegen der großen Bedeutung des Fettstoffwechsels enthalten ausdauertrainierte Muskelfasern deutlich mehr Fett als nicht ausdauertrainierte Muskelfasern (siehe Tab. 16 S. 51).

Energiegewinnung aus dem Fettstoffwechsel ist Trainingssache

Der Nachteil der Fette, nämlich dass sie mehr Sauerstoff für ihre Verbrennung verbrauchen als die Kohlenhydrate, wirkt sich bei Belastungen von geringer bis mittlerer Intensität nicht aus, da bei geringer bis mittlerer Belastungsintensität genügend Sauerstoff zur Verfügung steht.

Für den Sportler liegt die Bedeutung des Fettstoffwechsels darin, die ökonomischen Kohlenhydratspeicher zu schonen. Je größer der Anteil des Fettstoffwechsels bei gleicher Belastungsintensität ist, desto weniger Kohlenhydrate werden verbraucht. Die so gesparten Kohlenhydrate stehen dann für Belastungsspitzen bei Zwischenspurts und Endspurts zur Verfügung (Abb. 26). Der Untrainierte, dessen Fettstoffwechsel weniger leistungsfähig ist, muss bereits bei geringerer Belastungsintensität einen größeren Anteil an Energie aus dem Kohlenhydrat-Stoffwechsel gewinnen und wird daher seine Glykogenspeicher früher aufgebraucht haben als der besser Ausdauertrainierte mit einem leistungsfähigen Fettstoffwechsel. Das Training der Grundlagenausdauer ist auch deswegen wichtig, weil es biochemisch ein Fettstoffwechseltraining ist.

Der Fettstoffwechsel hilft, Kohlenhydrate zu sparen

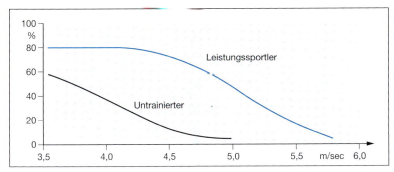

Abb. 26 Anteil des Fettstoffwechsels an der Energieproduktion des Untrainierten und Trainierten bei verschiedener Laufgeschwindigkeit (nach DONATH/SCHÜLER).

66 | Die vollwertige, bilanzierte Ernährung

Tabelle 20 Bedeutung der Fette bei der Energielieferung: 75-km-Lauf von trainierten Freizeitsportlern mit einer Intensität von ca. 65–75% der maximalen Sauerstoffaufnahmefähigkeit (errechnete Werte nach SCHEIBE u. Mit.)

Streckenlänge	verbrauchte Kohlenhydrate	verbrauchte Fette	Kohlenhydrate: Fette (Verhältnis in %)
25km	250g	100g	70 : 30
42km	350g	250g	60 : 40
75km	400g	620g	40 : 60

Die fettreiche Nahrung der Eskimos

Empfehlungen der Weltgesundheitsorganisation (WHO)

Die Weltgesundheitsorganisation empfiehlt zur Vorbeugung gegen Arteriosklerose, vor allem der Herzkranzgefäße, das gesättigte Fett und das Cholesterin in der Nahrung zu reduzieren, mehr (einfach) ungesättigte Fette zu verwenden, mehr komplexe Kohlenhydrate (Polysaccharide) und Faserstoffe zu verbrauchen und schließlich Übergewicht zu korrigieren oder zu vermeiden. Praktisch bedeutet das, mehr Obst, Gemüse, Hülsenfrüchte und andere Pflanzenprodukte zu verzehren, die reich an Mineralstoffen, Vitaminen und Ballaststoffen sind; bei den Eiweißspendern Fisch, Geflügel und mageres Fleisch sowie fettarme Molkereiprodukte, bei den Fetten vor allem Pflanzenöle (Olivenöl, Rapsöl) anstelle von fettreichen tierischen Produkten zu bevorzugen.

Schutzfaktor Eikosapentaensäure (EPA)

Die Grönland-Eskimos scheinen diese Empfehlungen vollständig über den Haufen zu werfen, da sie sich überwiegend von Fleisch und Fett ernähren. Man würde erwarten, dass diese Bevölkerungsgruppe vorzeitig an den Folgen ihrer Arteriosklerose sterben würde. Aber gerade das Gegenteil ist der Fall: Eskimos haben viel weniger Arteriosklerose als andere Bevölkerungsgruppen. Etwas in ihrer Nahrung scheint sie vor Herzinfarkt und Schlaganfall zu schützen. Erst 1983 entdeckte man, woran das liegt, nämlich an der Zufuhr einer sehr wichtigen, mehrfach ungesättigten Fettsäure, die den komplizierten Namen Eikosapentaensäure trägt, abgekürzt EPA. Diese mehrfach ungesättigte Fettsäure erhalten die Eskimos aus dem Fleisch

Tabelle 21 Einteilung der Aminosäuren

Essenzielle	Semiessenzielle	Nichtessenzielle
Isoleucin	Arginin	Alanin
Leucin	Histidin*)	Asparaginsäure
Lysin		Cystin
Methionin		Glutaminsäure
Phenylalanin		Glycin
Threonin		Hydroxyprolin
Tryptophan		Prolin
Valin		Serin
		Tyrosin

*) Histidin ist für den Säugling essenziell (nach BÄSSLER/FEKL/LANG)

Die Bilanz der Energie liefernden Grundnährstoffe | 67

von Makrelen, Seelachs und Hering. Die EPA-reiche Nahrung hält den Blutfettspiegel niedrig und verhindert die Zusammenballung der Blutplättchen (= Thrombozytenaggregation), die Hauptursachen der Arteriosklerose sind. Auch der Blutdruck liegt nach Makrelendiät niedriger.

Für uns bedeutet diese Entdeckung: Wir sollten öfter Makrelen, Seelachs und Hering in unseren Speiseplan aufnehmen, bis die Eikosapentaensäure isoliert oder synthetisch hergestellt werden kann, sodass wir sie später einmal unserer Nahrung zufügen können. Die in Fettfischen (Makrelen, Seelachs, Hering) enthaltenen EPA oder Omega-3-Fettsäuren (wie sie auch genannt werden) wirken außerdem vorbeugend gegen die nach sportlichen Belastungen auftretende Entzündungsreaktion und unterstützen das Immunsystem.

Die fettarme Nahrung des Sportlers

Fettreiche Mahlzeiten sind zwar geschmacklich gut, von hohem Sättigungswert und geringem Volumen, aber sie setzen die Leistungsfähigkeit, besonders die Ausdauerleistungsfähigkeit, herab. Das ist schon seit über 50 Jahren bekannt. Die Ursache dafür dürfte die Störung des Kohlenhydratstoffwechsels in verschiedenen Ebenen sein. Außerdem können bei einem hohen Fettanteil in der Nahrung entsprechend weniger Kohlenhydrate und Eiweiße aufgenommen werden. Da die Zivilisationskost mehr als 40% der Energie aus Fetten bezieht, sollte der Sportler sehr genau auf eine fettarme Ernährung achten, sodass möglichst 25–30% der Kalorien aus Fett stammen. Das geht nur, wenn man fettarme Eiweißspender (z.B. fettarme Molkereiprodukte, magere Fleischsorten und pflanzliche Eiweißspender) bevorzugt (siehe Tab. 30 S. 76) und Nahrungsmittel mit versteckten Fetten (siehe Tab. 5 S. 19 und Tab. 19 S. 64) möglichst wenig oder gar nicht verwendet.

Fettarme Ernährung ist leistungsfördernd

Ausnahmen für diese Ernährungsstrategie sind lediglich Situationen, in denen der Sportler so viel Energie aufzunehmen hat, dass er seine Nahrung vom Volumen her einschränken muss, wie z.B. Etappenradrennfahrer, Bergsteiger, Schwerathleten. In solchen Situationen ist es wichtiger, die notwendige Nahrungsenergie aufzunehmen, als auf eine strikte fettarme Ernährung zu achten. Aber wenn die Ausnahmesituationen überstanden sind, sollte man wieder zu dem fettarmen Ernährungsregime zurückkehren.

Ausnahmesituationen

Die Eiweiße (Proteine) – Aufbau und allgemeine Bedeutung

Die Eiweiße sind die Grundbausteine der Zellen aller Lebewesen. Deswegen heißen sie auch Proteine (griech. *protos* = der Erste), weil sie die ersten, also wichtigsten Stoffe sind; denn ohne Eiweiß gibt es kein Leben. Dabei hat jedes Lebewesen seine individuelle Eiweißzusammensetzung, sodass es recht schwierig ist, von einem Organismus auf den anderen Organe oder Blut oder Gewebe zu übertragen. In jeder Zelle gibt es bis zu 5000 verschiedene Eiweißarten, überwiegend Enzyme. In den Strukturen des Zellkernes sind Informationen für über zwei Millionen verschiedene Eiweißstoffe gespeichert. Als Enzyme (biologische Katalysatoren) steuern Eiweißstoffe alle biochemischen Prozesse. Viele Proteine haben Transportaufgaben. So transportiert z.B. der rote Blutfarbstoff (Hämoglobin) den Sauerstoff,

Mehrere Millionen verschiedene Eiweißstoffe ...

68 | Die vollwertige, bilanzierte Ernährung

die Plasmaproteine Nährstoffe und Stoffwechselprodukte. Als Bestandteil von Hormonen üben sie auch Botenfunktionen aus. Und schließlich sind sie die wichtigsten Strukturelemente des Organismus, einmal als Grundbaustein der Muskelfasern (Actin und Myosin), dann als Gerüst- und Schutzproteine der Knorpelsubstanz, der Knochen, der Sehnen und der Haut. Schließlich sind sie auch für das Abwehrsystem des Organismus zuständig, da sie die Antikörper zur Abwehr körperfremder Stoffe aufbauen.

... aus nur wenigen Eiweißbausteinen
Trotz der Vielzahl der verschiedenen Eiweißstoffe liegen ihnen nur wenige Bausteine zugrunde. Insgesamt gibt es für den Menschen nur 22 verschiedene Aminosäuren, die allerdings eine unvorstellbar große Zahl von Verknüpfungsmöglichkeiten (10^{130}!) bieten. Alle Aminosäuren besitzen als typischen Bestandteil eine Aminogruppe, die als wichtigstes Element den Stickstoff enthält. Die einzelnen Aminosäuren unterscheiden sich durch verschiedene Restgruppen.

Essenzielle, semiessenzielle und nicht-essenzielle Aminosäuren
Wie bei den anderen Nährstoffen gibt es auch bei den Aminosäuren solche, die der menschliche Organismus nicht selbst bilden kann (essenzielle Aminosäuren), sodass sie mit der Nahrung von außen zugeführt werden müssen. Für den Menschen sind acht Aminosäuren essenziell (Tab. 21). Halbessenzielle oder semiessenzielle Aminosäuren sind solche, die unter bestimmten Stoffwechselumständen nicht ausreichend gebildet werden können. So ist z. B. die Aminosäure Histidin im Säuglingsalter lebensnotwendig, beim Erwachsenen aber nicht. Die übrigen Aminosäuren sind nicht essenziell, da sie der Organismus im Stoffwechsel aus Vorstufen selbst aufbauen kann, wenn er aus anderen Aminosäuren genügend Stickstoff (N) zur Verfügung hat. Die biologische Wertigkeit eines Eiweißes ist umso höher, je mehr essenzielle Aminosäuren es enthält.

Tabelle 22 Verbindung von Aminosäuren

Anzahl	Symbol	Bezeichnung
2 Aminosäuren	ΔΔ	= Dipeptid
3 Aminosäuren	ΔΔΔ	= Tripeptid
bis 10 Aminosäuren	usw.	= Oligopeptid
mehr als 10 Aminosäuren		= Polypeptid
kleiner als 100 Aminosäuren		= kurzkettige Polypeptide
länger als 100 Aminosäuren		= langkettige Polypeptide

Tabelle 23 Klassifizierung der Eiweiße

Einfache Proteine		Zusammengesetzte Proteine
Globuläre Proteine	Faserproteine	(Proteide)
Albumine	Kollagene	Nucleoproteine
Globuline	Keratine	Glykoproteine
Histone	Myosin	Lipoproteine
		Metalloproteine
		Chromoproteine
		Phosphoproteine

Die Bilanz der Energie liefernden Grundnährstoffe | 69

Mehrere Aminosäuren werden zu Dipeptiden, Tripeptiden, Oligopeptiden, kurz-kettigen und langkettigen Polypeptiden (Tab. 22) verbunden. Proteine sind Poly-peptide aus einer oder mehreren Polypeptidketten, die sich durch die Reihenfolge der einzelnen Aminosäuren unterscheiden. Je nach ihrer Zusammensetzung, ihren äußeren und inneren Eigenschaften, unterscheidet man verschiedene Proteine (Tab. 23), deren genaue Charakterisierung hier aber zu weit führen würde.

Komplexe Eiweißstoffe

Im Organismus findet ein ständiger Auf-, Ab- und Umbau von Eiweißstrukturen statt. Normalerweise herrscht ein dynamisches Gleichgewicht zwischen Aufbau (Anabolie) und Abbau (Katabolie). Durch den ständigen Auf- und Abbau von Pro-teinen besteht im Zwischenstoffwechsel eine Aminosäurereserve von 600–700 g die man als Aminosäurenpool bezeichnet (Abb. 27). Das ist die einzige, allerdings recht dynamische Eiweißreserve des Organismus, die er ständig zur Verfügung hat. Weitere Speicher wie bei den Kohlenhydraten und Fetten gibt es nicht.

Ständiger Aufbau, Abbau und Umbau von Eiweißstruk-turen

Das Eiweiß in der Nahrung hat die Aufgabe, Aminosäuren zum Aufbau körperei-gener Eiweißstoffe zu liefern. Daher ist es eigentlich nicht ganz richtig, wenn man von einem minimalen oder optimalen Eiweißbedarf spricht, da es nicht auf den Be-darf von Eiweiß, sondern auf den von essenziellen Aminosäuren ankommt. Der Bedarf an den einzelnen Aminosäuren ist je nach Lebensalter und körperlicher Be-lastung verschieden. Die Qualität der Nahrungseiweiße liegt darin, wie viel von den essenziellen Aminosäuren sie enthalten, die der Organismus benötigt.

Nicht Quantität, sondern Qualität des Nahrungs-eiweißes ist wichtig

Die *biologische Wertigkeit* der Nahrungseiweiße gibt an, wie viele Gramm Körper-eiweiß durch 100 g des betreffenden Nahrungseiweißes aufgebaut werden können. Je höher die biologische Wertigkeit eines Eiweißstoffes ist, desto weniger braucht der menschliche Körper, um seine Eiweißbilanz aufrechterhalten zu können. Prin-zipiell ist tierisches Eiweiß für den Menschen biologisch hochwertiger als pflanz-liches Eiweiß (Tab. 24). Äußerst wichtig ist jedoch die Erkenntnis, dass sich die Eiweißstoffe verschiedener Nahrungsmittel in ihrem Aminosäurespektrum gegen-seitig ergänzen und aufwerten können, sodass durch geeignete Mischung der rich-tigen Nahrungsmittel eine viel höhere biologische Wertigkeit erzielt werden kann, als das z.B. durch tierisches Eiweiß alleine möglich wäre (Tab. 25). Die bisher höchste biologische Wertigkeit erreicht man durch eine Mischung von 36% Eipro-tein und 64% Kartoffelprotein (biologische Wertigkeit 137), die die biologische Wertigkeit des Eiereiweißes alleine bei weitem übertrifft. Auch Mischungen von Bohnen und Mais, Milch und Weizen, Vollei und Weizen sowie von Vollei und Milch sind sehr günstig. Diese Tatsache bildet die Grundlage für die Möglichkeit, sich auch ohne Fleisch mit genügend biologisch hochwertigem Eiweiß versorgen zu können, wie das z.B. in der laktovegetabilen Ernährung der Fall ist. Günstige Nahrungsmittel-Kombinationen, die sich in der biologischen Wertigkeit ihres Ei-weißspektrums gegenseitig aufwerten, sind in Tabelle 26 auf S. 72 angegeben. Wenn mit der Nahrung nicht genügend Eiweiße (Proteine) zugeführt werden, wer-den körpereigene Eiweiße abgebaut, um den Stoffwechsel und den ständig statt-findenden Eiweißumsatz aufrechtzuerhalten. Das dafür notwendige »absolute Ei-weißminimum« wird mit 15 g Eiweiß pro Tag angegeben. Die durch Eiweißmangel im Körper entstehenden Schäden machen sich zuerst an der Herzmuskulatur, an der Leber und bei den Enzymen des Verdauungssystems bemerkbar. Man sieht dar-aus, wie wichtig eine ausreichende Eiweißzufuhr für den Organismus ist.

Die biologische Wertigkeit der Nahrungs-eiweiße

70 | Die vollwertige, bilanzierte Ernährung

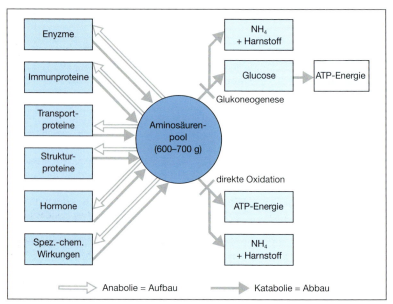

Abb. 27 Der Aminosäurenpool. Alle Eiweißstoffe (Proteine) des Organismus unterliegen einem ständigen Abbau (Katabolie) und Neu-Aufbau (Anabolie). Aminosäuren treten dabei als Bausteine und auch als Abbauprodukte auf. Beim gesunden Erwachsenen unter normalen Bedingungen umfasst der Pool freier Aminosäuren 600–700 g. Er setzt sich zusammen aus den Aminosäuren der Nahrung, aus Abbauvorgängen im Organismus und aus Aminosäuren, die im Körper gebildet werden. Normalerweise ist die Bilanz ausgeglichen. Aufbau- und Abbauprozesse halten sich die Waage, sodass die Größe des Aminosäurenpools konstant bleibt.

Tabelle 24 Die biologische Wertigkeit (b. W.) verschiedener Eiweißarten für den Menschen (nach LANG/KOFRANY)

Tierisches Eiweiß	(b. W.)	Pflanzliches Eiweiß	(b. W.)
Vollei	100	Soja	84
Rindfleisch	92–96	Grünalgen	81
Fisch	94	Roggen	76
Milch	88	Bohnen	72
Edamer Käse	85	Reis	70
Schweizer Käse	84	Kartoffel	70
		Brot	70
		Linsen	60
		Weizen	56
		Erbsen	56
		Mais	54

Die Bilanz der Energie liefernden Grundnährstoffe | 71

Tabelle 25 Die biologische Wertigkeit verschiedener Proteingemische für den Menschen (nach P. SEMLER)

Proteingemisch		biologische Wertigkeit
Bohnen und Mais	(52 %/48 %)	101
Milch und Weizen	(75 %/25 %)	105
Vollei und Weizen	(68 %/32 %)	118
Vollei und Milch	(71 %/29 %)	122
Vollei und Kartoffel	(35 %/65 %)	137

Wenn man allerdings durch die Nahrung nur dieses absolute Eiweißminimum zuführt, erreicht man dadurch noch keinen optimalen Ablauf der Lebensvorgänge. Je nach den aktuellen wissenschaftlichen Erkenntnissen gibt die Deutsche Gesellschaft für Ernährung (DGE) in Zusammenarbeit mit einer Expertenkommission regelmäßig neue überarbeitete Ernährungsempfehlungen heraus. Der Mindestbedarf an Eiweiß (Protein) wird zur Zeit entgegen früheren, weit höheren Angaben mit 0,34 Gramm pro Kilogramm Körpergewicht angegeben. Für die Deckung des durch körperliche Belastungen zusätzlich entstehenden Eiweißbedarfes wurde ein Sicherheitszuschlag von 30 % dazu gerechnet. Außerdem wurde eine unterschiedliche Bioverfügbarkeit der Eiweiße mit einem Zuschlag von 30 % bedacht. Schließlich wurde zusätzlich unterstellt, dass die übliche mitteleuropäische Kost einen Eiweißanteil mit einer durchschnittlichen biologischen Wertigkeit von 70 aufweist. Die Summe dieser Berechnungen führte zu der aktuellen Empfehlung eines Eiweißoptimums von 0,8 g Eiweiß pro Kilogramm Körpergewicht. Damit sei der Mensch ausreichend mit Eiweiß versorgt, auch der Sportler – sogar der Kraftsportler.

Die meisten Ernährungsfachleute schließen sich dieser Meinung an, weil es sich um die aktuellen Leitlinien handelt (z. B. A. BERG) – andere meinen, diese Angaben seien zu niedrig (z. B. G. NEUMANN). Die Wahrheit dürfte – wie meistens – in etwa der Mitte liegen. Wir werden diese Frage später (S. 73) noch genauer diskutieren. Die wichtigsten **Eiweißlieferanten** sind Milch und Milchprodukte, Fleisch, Fisch, Eier, Hülsenfrüchte (Erbsen, Bohnen, Linsen), Getreide (Weizenkeime!) und Getreideprodukte, Kartoffeln, Reis und Teigwaren sowie Samen und Nüsse (Tab. 27).

Bei der Deckung seines Eiweißbedarfes sollte sich der Sportler die Nahrungseiweiße nicht nur nach ihrer biologischen Wertigkeit und den günstigsten Eiweißmischungen aussuchen, sondern auch darauf achten, dass er mit dem Nahrungseiweiß nicht gleichzeitig eine zu große Menge unerwünschter Begleitstoffe erhält, nämlich Purine, Cholesterin und Fett. Purinhaltige Nahrungsmittel (Tab. 28) liefern im Stoffwechsel als Endprodukt Harnsäure, die sich in den Nieren, Gelenken und Sehnen ablagern kann, sodass es zu Nierensteinen, Gicht und erhöhter Verletzungsanfälligkeit kommen kann. Purinreiche Nahrungsmittel, die über 200 mg% Purine enthalten, sollten ganz gemieden, solche mit einem Puringehalt von 50–200 mg% nur mäßig verwendet werden. Purinfrei sind Eier, Milch und Milchprodukte. Ganz allgemein enthalten tierische Eiweißspender auch immer eine bestimmte, mehr

72 | Die vollwertige, bilanzierte Ernährung

Tabelle 26 Günstige Nahrungsmittelkombinationen mit Ergänzungswert für Eiweiß (nach M. Hамм)

Getreide mit Milch

Reis, Weizen, Buchweizen
Hafer, Gerste, Roggen, Hirse **mit:** Milch, Käse, Quark, Joghurt, Dickmilch

z.B.: Volfkorn- oder Buchweizenpfannkuchen mit Trinkmilch, Müsli mit Milch oder Joghurt, Vollkornnudeln mit Käse, Vollkornbrot mit Käse, Joghurt und Weizenkeime u.a.

Getreide mit Hülsenfrüchten

Reis, Weizen, Buchweizen
Hafer, Gerste, Roggen, Hirse **mit:** Bohnen, Sojabohnen, Kichererbsen, Erbsen, Linsen

z.B.: Bohnensuppe mit Reis, Hirse mit Kichererbsen, Erbsensuppe mit Vollkornbrötchen u.a.

Getreide mit Eiern

Reis, Weizen, Buchweizen
Hafer, Gerste, Roggen, Hirse **mit:** Ei

z.B.: Buchweizenpfannkuchen mit Ei, Rührei mit Getreide u.a.

Kartoffeln mit Ei oder Milch

Kartoffeln **mit:** Ei, Milch, Quark, Joghurt, Dickmilch, Käse

z.B.: Pellkartoffeln mit Quark, Bratkartoffeln mit Spiegelei, Kartoffeln mit Käse überbacken u.a.

Merke: Die Ergänzungswertung der Aminosäuren reicht über 4–6 Stunden, sodass man günstige Eiweißkombinationen nicht gleichzeitig zu sich nehmen muss, sondern über diesen Zeitraum verteilen kann.

Tabelle 27 Eiweißlieferanten

Lebensmittel	Gramm Eiweiß pro 100 Gramm Lebensmittel	Lebensmittel	Gramm Eiweiß pro 100 Gramm Lebensmittel
Fleisch	bis zu 21	Weizenkeime	27–28
Fisch	bis zu 21	Hülsenfrüchte	23–25
Schinken	18–20	Brot	6–10
Wurst	10–15	Kartoffeln	2
Käse	20–30	Reis	7
Milch	3–4	Teigwaren	13
Quark	12–17	Nüsse	14–26
Ei	13		

Die Bilanz der Energie liefernden Grundnährstoffe | 73

Tabelle 28 Purinreiche und Purinfreie Nahrungsmittel

Puringehalt über 200 mg/100 g:
Bries, Hirn, Leber, Nieren, Fleischextrakt, Zunge, Heringe, Anchovis, Sardellen und Sardinen und daraus hergestellte Fischwaren.

Puringehalt 50–200 mg/100 g:
Fleisch, Geflügel, Wild, Wurstwaren, Fisch, Krustentiere (z. B. Hummer) und Weichtiere (Muscheln); Hülsen- sowie Körnerfrüchte und daraus hergestellte Erzeugnisse; Spargel, Spinat, Blumenkohl, Feldsalat, Pilze, Erdnüsse.

Puringehalt 30–40 mg/100 g:
Mais, Reis, Schwarzbrot, Rosenkohl, Bouillon.

Purinfrei:
Eier, Milch- und Milchprodukte.

---

oder minder große Menge an Fett (Tab. 29 u. 30) und insbesondere auch an Cholesterin (siehe Tab. 6 S. 19).

Zusammenfassend sind die Bewertungskriterien für die Qualität eines Nahrungseiweißes folgende:

Nahrungs-eiweiße: Bewertungskriterien

1. Tierisches Eiweiß ist für sich allein gesehen höherwertiger als pflanzliches Eiweiß.
2. Günstige Eiweißmischungen aus tierischem und pflanzlichem Eiweiß führen zu einer Aufwertung der in ihnen enthaltenen Eiweißbausteine (Aminosäuren).
3. Je höher die Eiweißzufuhr, desto mehr sollte man Eiweißspender vermeiden, die unerwünschte Begleitsubstanzen (Purine, Cholesterin, Fett) liefern.

Bedeutung im Belastungsstoffwechsel

Zu ihrer Verbrennung brauchen Eiweiße noch mehr Sauerstoff als die Fette, d. h., sie rangieren nach den Kohlenhydraten und Fetten, bezogen auf das energetische Sauerstoff äquivalent, an letzter Stelle. Außerdem gibt es keine größeren Eiweißspeicher im Organismus. Daher wäre es unzweckmäßig, größere Eiweißmengen unter Belastung zur Energiegewinnung heranzuziehen. Das geschieht auch nur, wenn eine sehr intensive Leistung bei Kohlenhydratmangel erfolgt, sodass eine Glucoseneubildung aus Aminosäuren (z. B. aus Alanin) notwendig wird. Abgesehen davon führen Ausdauerleistungen höherer Intensität immer zu einem Verschleiß an Muskelfasern, zu strukturellen Veränderungen an den Zellmembranen, den Mitochondrien, und zu Inaktivierungen von Enzymen und Hormonen, sodass es auch bei Ausdauersportlern im Belastungsstoffwechsel auf diese Weise zu einem Eiweiß-Mehrverbrauch kommt, der in der Regenerationsphase eine verstärkte Eiweißsynthese und einen höheren Eiweißbedarf zur Folge hat.

Größte Bedeutung für den Wiederaufbau von Eiweißstrukturen

Der Eiweißbedarf

Eine ausreichende Eiweißzufuhr ist für jeden Sportler, gleich welcher Leistungsstufe, von großer Bedeutung. Sportlich aktive Menschen haben gewöhnlich auch

74 | Die vollwertige, bilanzierte Ernährung

Tabelle 29 Pro Gramm Eiweiß mitgelieferte Menge an Fett (in Gramm)

Lebensmittel	g Fett
fettreich	
Bratwurst	2,77
Hühnereigelb	1,98
Schweinefleisch	1,96
Trinkmilch (3,5 % Fett)	1,09
Speisequark (40 % Fett i. Tr.)	1,05
Hühnerei (Vollei)	0,87
relativ fettarm	
Rindfleisch	0,77
Speisequark (20 % Fett i. Tr.)	0,41
Teigwaren	0,22
fettarm	
Brot	0,16
Hülsenfrüchte (Erbsen, Bohnen, Linsen)	0,06
Kartoffel	0,05
Magermilch (0,3 % Fett)	0,03
Speisequark, mager	0,02
Hühnereiweiß	0,018

Der Eiweißverbrauch steigt mit zunehmender Belastungsintensität

spontan ein großes Verlangen nach eiweißreicher Ernährung. Neben dem Aufbau von Muskulatur fördert eine eiweißreiche Ernährung ganz allgemein muskuläre Leistungen sowie die Fähigkeit zu Konzentration und Koordination, die allgemeine Leistungsbereitschaft und Aktivität. Eine eiweißarme Ernährung dagegen erschwert konzentrierte und intensive Leistungen in allen Sportarten.

Wie bereits erwähnt, liegt die tägliche Proteinempfehlung zur Zeit bei 0,8 g pro Kilogramm Körpergewicht – für »Normalbürger«, aber auch für Sportler. Die Aussagen in der Literatur sind bezüglich des Eiweißbedarfes für Sportler allerdings teilweise widersprüchlich. Eiweiße dienen schließlich nicht nur als Strukturmaterial für Muskeln, Sehnen, Bänder und Knochen – sondern auch für die Bildung von Enzymen und für den Aufbau des gesamten Immunsystems. In Grenzsituationen werden sie auch als Energiequelle benutzt und verbraucht. Dadurch entsteht im Sport ein Mehrbedarf, der individuell unterschiedlich ist und auch individuell gedeckt werden muss. Man ist sich einig darüber, dass zum Beispiel Kraftsportler unter intensiven Trainings- und Wettkampfbelastungen einen über das empfohlene Eiweißoptimum hinausgehender Mehrbedarf an Eiweiß von 60–70 % haben, was einem Proteinbedarf von 1,3–1,4 g pro Kilogramm Körpergewicht entspricht. Auch Ernährungserhebungen bei Ausdauersportlern ließen erkennen, dass ihre spontane Eiweißaufnahme bei etwa 1,4 g pro Kilogramm Körpergewicht lag.

- Im Ausdauersport rechnet man heute mit einem Proteinbedarf von 1,2–1,5 g pro kg Körpergewicht, wobei Ausdauersportarten mit hohem Krafteinsatz und hohem Energieverbrauch, wie z. B. Radsport und Triathlon, im oberen Bereich liegen.

- Im Kraftsport geht man von einem Proteinbedarf von 1,5–2,0 g pro kg Körpergewicht aus.

Die Überlegungen gehen aber noch weiter, vor allem wenn es um Extremsituationen im Sport geht. Die bisherigen Betrachtungen gelten für einen Leistungs- und Hochleistungssportler mit einem Trainingsaufwand von etwa 20 Stunden pro Woche und einem täglichen Energieverbrauch von etwa 4500–5500 kcal. Zahlreiche Autoren haben immer wieder bestätigt, dass Sportler die gewohnten Nährstoffrelationen (55–60 kcal% Kohlenhydrate, 25–30 kcal% Fett und 10–15 kcal% Eiweiß) beibehalten – auch wenn sie in Extremsituationen einen deutlich höheren Energiebedarf haben. So ist im modernen Ausdauer-Hochleistungstraining (Radsport, Triathlon) ein tägliches Training von sechs bis acht Stunden üblich. Wird aber der Trainingsumfang auf 30–40 Stunden pro Woche erhöht, so steigt der tägliche Energiebedarf auf 6000–7000 kcal an. Wenn dabei ein Eiweißanteil von 15 kcal% beibehalten wird – wie das Sportler spontan auch tun –, kommt man unter diesen Bedingungen allerdings auf noch höhere Proteinanteile in der Nahrung. Diese Zusammenhänge sind in Abbildung 28 dargestellt.

Zu diesen Überlegungen ist allerdings zu bemerken: Wenn ein Triathlet bei einer durch den hohen Trainingsumfang bedingten täglichen Energieaufnahme von 7000 kcal und einem Proteinanteil von 15 kcal% vorübergehend mehr als 3 g Eiweiß pro Kilogramm Körpergewicht aufnimmt, sollte man aber nicht den Umkehrschluss ziehen, allgemein Triathleten diese hohe Eiweißaufnahme zu empfeh-

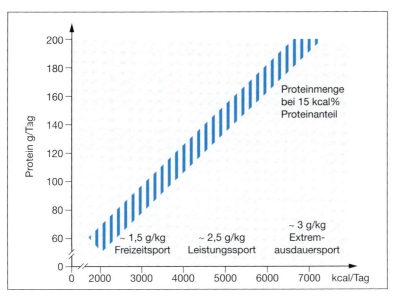

Abb. 28 Proteinmengen im Sport in Abhängigkeit von der Energieaufnahme bei einem Proteinanteil von 15 kcal% (nach G. NEUMANN).

76 | Die vollwertige, bilanzierte Ernährung

len, auch wenn sie mit geringerem Trainingsumfang trainieren. Ähnliche Überlegungen gelten auch für andere Extremsportarten wie Radsport oder Bergsteigen. Auffallend ist die Neigung von Sportlern zu einem Eiweißüberschuss durchaus. Bisher war es immer so, dass das Verhalten von Sportlern mit ihrer hohen Körperintelligenz erst nachträglich und teilweise erst viel später wissenschaftlich erklärt

Tabelle 30 Magere Eiweißspender (Angaben je 100 g Lebensmittel, essbarer Anteil)

Lebensmittel	Eiweiß g	Fett g	g Fett/ g Eiweiß
sehr fettarm			
Sauermilchkäse, (Harzer, Mainzer)	30,0	0,7	0,02
Speisequark, mager	13,5	0,3	0,02
Hühnereiweiß	11,1	0,2	0,02
Kabeljau	17,0	0,3	0,02
Kuhmilch 0,3 % Fett (Magermilch)	3,5	0,1	0,03
Magermilchpulver	35,0	1,0	0,03
Truthahn, Brust	24,1	1,0	0,04
Huhn, Brust	22,8	0,9	0,04
Scholle	17,1	0,8	0,05
Reh, Keule (Schlegel)	21,4	1,2	0,06
Erbsen, reif	22,9	1,4	0,06
Seezunge	17,5	1,4	0,08
Garnele	18,6	1,4	0,08
Kalbfleisch, Schnitzel	20,7	1,8	0,09
Heilbutt	20,1	2,3	0,11
Buttermilch	3,5	0,5	0,14
Hase	21,6	3,0	0,14
Forelle	19,5	2,7	0,14
Huhn, Keule	20,6	3,1	0,15
Rinderleber	19,7	3,1	0,16
Schweinefleisch (reines Muskelfleisch)	21,2	3,3	0,16
Truthahn, Keule	20,5	3,6	0,18
Rindfleisch (reines Muskelfleisch)	21,0	4,1	0,20
Bündner Fleisch	39,0	9,5	0,24
Huhn, Brathuhn	20,6	5,6	0,27
Truthahn (Pute), Jungtier	22,4	6,8	0,30
Hüttenkäse	15,4	4,8	0,31
relativ fettarm			
Limburgerkäse, Backsteinkäse (20 % Fett i. Tr.)	26,4	8,6	0,33
Romadur (20 % Fett i. Tr.)	23,9	9,1	0,38
Joghurt, 1,5 % Fett (fettarmer Joghurt)	3,5	1,6	0,46
Kuhmilch, 1,5 % Fett (fettarme Milch)	3,3	1,6	0,48
Corned beef	23,0	12,0	0,52
Edamerkäse, 30 % Fett i. Tr.	26,4	16,2	0,61
Kassler Rippchen, gekocht	21,8	13,7	0,63
Hammelfleisch, Lende	18,7	13,2	0,70
Bierschinken	15,5	19,2	1,24

werden konnte. So war es mit den Kohlenhydraten und der Glykogenspeicherung – und so wird es vielleicht auch mit dem Drang von Sportlern nach einem Eiweißüberschuss sein. Wir müssen diese Frage noch offen lassen. Zumindest sind nach den Mitteilungen der Europäischen Kommission des Scientific Committee on Food (EU SCF 2001) auch nach hohen und überhöhten Proteingaben mit einer purinarmen (= wenig Harnsäure) Zusammensetzung keine Schäden zu erwarten.

Aber nicht nur für den Aufbau von Eiweißstrukturen, sondern auch für den Abbau unerwünschter Fettpolster ist ein hoher Eiweißanteil günstig, denn durch eiweißreiche Ernährung wird der Stoffwechsel angeregt, der Fettabbau erleichtert und das Appetitverhalten reguliert. Das ist ein sehr wichtiger Gesichtspunkt bei der Gewichtsabnahme (siehe S. 165). **Nahrungseiweiß und Fettpolster**

Da der Organismus Eiweiß nicht speichern kann, sollte man es in zeitlicher Nachbarschaft zur entsprechenden Trainingsbelastung aufnehmen, also etwa ein bis zwei Stunden vor dem Training oder in den ersten sechs Stunden der Wiederherstellungsphase nach der Belastung. **Eiweißzufuhr und Trainingsbelastung**

Das optimale Verhältnis der Energie liefernden Nährstoffe

Die fünf motorischen Hauptbeanspruchungsformen – Ausdauer, Kraft, Schnelligkeit, Technik, Gelenkigkeit – stellen unterschiedliche Anforderungen an den Energie- und Baustoffwechsel. Eine wichtige Rolle spielen zusätzlich Intensität und Umfang der körperlichen Belastungen. Das optimale Verhältnis der Makronährstoffe (Kohlenhydrate, Fette, Eiweiß) zueinander – auch Nährstoffrelation genannt – wird also durch die Qualität und Quantität von Training und Wettkampf bestimmt. Durch zahlreiche Untersuchungen hat sich folgende durchschnittliche Nährstoffrelation ergeben: **Das Verhältnis der Nährstoffe der Belastungsstruktur anpassen**

- 55–60 kcal% Kohlenhydrate
- 25–30 kcal% Fette
- 10–15 kcal% Eiweiß

Diese Nährstoffrelationen wurden bei Untersuchungen an Leistungssportlern immer wieder aufs Neue bestätigt. Bei Ausdauerbelastungen wird der Kohlenhydratanteil, bei Kraftbelastungen der Eiweißanteil den Belastungsanforderungen angepasst. In der optimalen Nährstoffrelation gibt es auch keine prinzipiellen Unterschiede zwischen männlichen und weiblichen Sportlern. Der durchschnittliche tägliche Energie- und Nährstoffbedarf im Hochleistungssport ist für die verschiedenen Sportartengruppen in Tabelle 31 nach Literaturangaben zusammengestellt.

Die Bilanz der Vitamine

Einteilung und allgemeine Bedeutung

Die Vitamine sind lebensnotwendige organische Verbindungen, die im Organismus nicht oder nur teilweise synthetisiert werden können. Sie müssen von außen zuge-

Tabelle 31 Durchschnittlicher täglicher Energie- und Nährstoffbedarf bei verschiedenen Sportartengruppen im Hochleistungssport (Energie-Tagesbedarf = Energiebedarf/kg KG zuzüglich 10% Verdauungsverlust) (nach Literaturangaben)

Sportarten		Energiebedarf pro kg Körpergewicht		Körpergewicht	Tagesbedarf		Kohlenhydrate				Eiweiß				Fett			
Gruppe	Beispiele	kcal	kJ	kg	kcal	kJ	%	kcal	kJ	g	%	kcal	kJ	g	%	kcal	kJ	g
Ausdauersportarten	Mittel- u. Langstreckenlauf	75	314	66	5500	23000	60	3300	13800	805	13	715	2860	170	27	1485	6207	159
Ausdauersportarten mit erheblichem Krafteinsatz	Rennrudern, Eisschnelllauf, Straßenradsport	74	310	72	5800	24300	55	3190	13330	760	13	754	3750	180	32	1856	7760	200
Kampfsportarten	Boxen, Ringen	70	295	75	5800	24300	55	3190	13334	759	14	812	3394	193	31	1798	7516	193
Spielsportarten	Basketball, Fußball, Eishockey	70	295	72,5	5500	23000	55	3025	12645	738	13	715	2990	174	32	1760	7360	189
Schnellkraftsportarten	Eiskunstlauf, Kurzstreckenlauf, Bahnradsport	66	280	72	5200	21800	55	2860	11955	698	13	670	2825	165	32	1664	6955	179
Kraftsportarten	Gewichtheben, Wurf- und Stoßdisziplinen	76	320	89	6800	28500	55	3740	15633	912	15	1020	4264	248	30	2040	8527	219
Infolge besonderer Bewegungsstruktur nicht klassifizierte Sportarten	Schießen, Reiten	60	250	70	4200	17560	60	2520	10540	615	12	504	2100	122	28	1176	4920	126

Die Bilanz der Vitamine | 79

Tabelle 32 Fettlösliche und wasserlösliche Vitamine

Name	Vorkommen*)	Wichtigste Funktionen	Mangelsymptome
Fettlösliche Vitamine			
Vitamin A (Retinol)	Leber, Lebertran, Milchprodukte, Eigelb u.a.	Beteiligung am Sehvorgang, Bedeutung für Wachstum und Regeneration von Haut und Schleimhäuten	Störungen im Dunkelsehen (Nachtblindheit), Verhornung von Haut und Schleimhäuten
Carotin (Provitamin A)	Rote, gelbe und grüne Obst- und Gemüsesorten, z. B. Möhren, Paprika, Tomaten, Aprikosen, Feldsalat, Grünkohl u. a.	wie oben zusätzlich Antioxidans	wie oben
Vitamin D (Calciferol)	Leber, Lebertran, Eigelb; wird auch aus Vorstufen in der Haut durch Sonnenbestrahlung gebildet	Erforderlich für die Calcium-resorption und den Calcium-phosphat-Stoffwechsel; damit beteiligt am Knochenaufbau	Knochenerweichung; Rachitis bei Kindern, Osteomalazie (Knochenerweichung) bei Erwachsenen
Vitamin E (Tocopherol)	Weizenkeime, Getreidskörner, Eier, pflanzliche Öle, Gemüse, Naturreis u.a.	Verhindert Oxidation von ungesättigten Fettsäuren (Antioxidans)	–
Vitamin K (Phyllochimon)	In vielen Lebensmitteln enthalten; kann durch die Darmbakterien synthetisiert werden	Beteiligung an der Blutgerinnung	Neigung zu Blutungen, (Hämorrhagien), Blutgerinnungsstörungen
Wasserlösliche Vitamine			
Vitamin B_1 (Thiamin)	Weizenkeime, Hefe, Vollkorn-procukte, Haferflocken, Hülsenfrüchte u.a.	Erforderlich für den Kohlenhydrat-Stoffwechsel (Antioxidans)	Störung der Muskel- u. Herzfunktion sowie des Nervensystems; zuerst massiv aufgetreten nach ausschließ-lichem Verzehr von geschältem Reis (Beri-Beri)

*) Lebensmittel mit bedeutendem Gehalt

80 | Die vollwertige, bilanzierte Ernährung

Fortsetzung Tabelle 32 Fettlösliche und wasserlösliche Vitamine

Name	Vorkommen*)	Wichtigste Funktionen	Mangelsymptome
Vitamin B_2 (Riboflavin)	Milch, Fleisch, Getreide, Hefe, Weizenkeime u.a.	Bestandteil von Enzymsystemen der Atmungskette	Wachstumsstörungen, Haut- und Schleimhauterkrankungen
Vitamin B_6 (Pyridoxin)	Getreide, Fleisch, Leber, Hefe, Fisch u.a.	Bestandteil verschiedener Enzymsysteme im Proteinstoffwechsel (Antioxidans)	Störungen des zentralen Nervensystems, Hauterkrankungen
Vitamin B_{12} (Cyano-Cobalamin)	In allen tierischen Lebensmitteln	Beteiligt an der Bildung der roten Blutkörperchen	Verminderter Gehalt an roten Blutkörperchen (Anämie)
Folsäure	Grünes Blattgemüse, Weizenkeime, Leber, Hefe u.a.	Beteiligung im Aminosäuren-stoffwechsel	Störungen der Blutbildung (Anämie, Leukopenie, Thrombopenie)
Pantothensäure	Pflanzliche und tierische Nahrungsmittel	Bestandteil des Coenzyms A (Antioxidans)	selten
Niacin	Schweinefleisch, Hefe, Vollkornmehle, Kartoffeln u.a.	Bestandteil von Enzymsystemen (NAD, NADP)	Entzündungen und Verfärbungen der Haut (Pellagra)
Biotin	Sojamehl, Leber, Hefe; kann durch Darmbakterien synthetisiert werden	Bestandteil von Enzymsystemen	Hautveränderungen, unspezifische Symptome
Vitamin C (Ascorbinsäure)	Frisches Obst und Gemüse, Kartoffeln, Zitrusfrüchte, Hagebutten, Johannisbeeren, Paprika, Petersilie, Sanddorn u.a.	Mitwirkung beim Aufbau der Grundsubstanz des Bindegewebes, Beteiligung am Intermediärstoffwechsel (Antioxidans)	Erhöhte Infektanfälligkeit, Neigung zu Blutungen, Störungen im Knochen- u. Bindegewebswachstum, besonders an Gebiss und Zahnfleisch (Skorbut)

*) Lebensmittel mit bedeutendem Gehalt

Die Bilanz der Vitamine

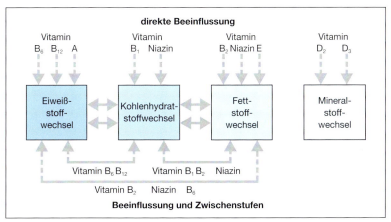

Abb. 29 Der direkte und indirekte Einfluss verschiedener Vitamine auf den Stoffwechsel (nach KETZ).

führt werden und gehören daher zu den essenziellen Nahrungsbestandteilen. Sie liefern selbst keine Energie, sind aber als Biokatalysatoren in den Enzymen an der Steuerung und Regulation aller Stoffwechselvorgänge beteiligt (Abb. 29). Nach ihrem Lösungsverhalten unterscheidet man **fettlösliche Vitamine** (A, D, E, K) und **wasserlösliche Vitamine** (B_1, B_2, B_6, B_{12}, Folsäure, Pantothensäure, Niacin, Biotin, C) (Tab. 32).

Fettlösliche und wasserlösliche Vitamine

Bedeutung im Belastungsstoffwechsel

Da die Vitamine für den normalen Ablauf aller Stoffwechselvorgänge notwendig sind, werden sie im Sport insgesamt vermehrt benötigt. Mangelerscheinungen wirken sich zuerst in einem Absinken der allgemeinen körperlichen Leistungsfähigkeit aus. Vitaminzufuhr kann diese Mangelerscheinungen beseitigen und dadurch die Leistungsfähigkeit und Leistungsbereitschaft wieder normalisieren. Zusätzliche Gaben großer Vitamindosen haben keinen weiteren leistungssteigernden Effekt. Überdosierungen der Vitamine A und D wirken sogar giftig. Bei den anderen Vitaminen wird der Überschuss wieder über die Nieren ausgeschieden. Prinzipiell kann man davon ausgehen, dass der Vitaminbedarf eines Sportlers, je nachdem, mit welcher Intensität und mit welchem Umfang er seine Sportart betreibt, gegenüber dem eines Nichtsportlers verdreifacht bis vervierfacht ist (Tab. 33). Im Folgenden werden vor allem die für den Sportler wichtigen Vitamine besprochen.

Unentbehrliche Stoffwechselregulatoren

Eine weitere wichtige Rolle der Vitamine besteht in ihrer antioxidativen Wirkung. So wirken sie als Schutzfaktoren gegen die schädigende Wirkung von freien Radikalen (siehe S. 159 ff.) auf Lipide, Lipoproteine – wobei besonders die Oxidation des LDL-Cholesterins (siehe S. 63) zu erwähnen ist –, Zellmembranen, Proteine, Enzyme und vor allem auch auf die Erbsubstanz (DNA). Antioxidantien sind in der

Antioxidative Wirkung

Die vollwertige, bilanzierte Ernährung

Tabelle 33 Durchschnittlicher Vitaminbedarf für Nichtsportler, Ausdauer- und Schnell-kraftsportler (nach Literaturangaben)

Vitamine	Nichtsportler	Ausdauer-sportler	Kraft-/Schnell-kraftsportler
A (Retinol)	1,5 mg	4–5 mg	4–5 mg
B_1 (Thiamin)	1–1,3 mg	6–8 mg	6–8 mg
B_2 (Riboflavin)	1,2–1,5 mg	6–8 mg	8–12 mg
B_6 (Pyridoxin)	1,2–1,6 mg	6–8 mg	10–15 mg
B_{12} (Cyano-Cobalamin)	1–3 µg	5–6 µg	5–6 µg
Niacin	20 mg	20–30 mg	30–40 mg
C (Ascorbinsäure)	100 mg	400–800 mg	300–500 mg

µg = Mikrogramm = 1/1000 mg

Lage, die überschießende Bildung freier Radikale (»oxidativer Stress«) zu verhindern, schädliche, durch freie Radikale ausgelöste Kettenreaktionen zu unterbrechen und die körpereigenen Schutzsysteme gegen freie Radikale zu unterstützen. Zu den antioxidativ wirkenden Vitaminen gehören besonders die Vitamine E und C sowie das Beta-Karotin (Provitamin A) wie auch die Vitamine B_1 B_6 und die Pantothensäure. Zusammen mit bestimmten Spurenelementen (wie Selen, Zink, Kupfer, Mangan) und anderen Schutzstoffen (wie den sekundären Pflanzenstoffen) verhindern diese Vitamine eine erhöhte Bildung von freien Radikalen, die gesunde Zellen schädigen, Arteriosklerose fördern, die Alterung des Organismus beschleunigen, Heilungsvorgänge verhindern und vermutlich auch die Krebsentstehung fördern können. Für den Sportler wichtig ist die Tatsache, dass Antioxidantien vermutlich Gelenk- und Sehnenbeschwerden lindern und Heilungsvorgänge nach Verletzungen günstig beeinflussen können.

Wichtig vor allem für Kohlenhydrat- und Fettstoffwechsel

Wichtiges Nervenvitamin

Vitamin B_1 (Thiamin) ist besonders als Enzymbestandteil im Kohlenhydratstoffwechsel wichtig, aber auch im Energiestoffwechsel der Fette und bei der Oxidation des Alkohols sowie bei der Funktion der Nerven. Durch erhöhten Alkoholgenuss steigt der Bedarf an Vitamin B_1, sodass es zu Störungen im Energiestoffwechsel und der Nervenleitung kommen kann. Seine Rolle im Kohlenhydrat-Stoffwechsel ist von größter Bedeutung, da es als Coenzym den Übergang der anaeroben Glykolyse in den aeroben Abbau der Kohlenhydrate fördert (Abb. 30). Ein Mangel an Thiamin reichert Brenztraubensäure und Milchsäure in den Geweben und Körperflüssigkeiten an, sodass die körperliche und auch die geistige Leistungsfähigkeit herabgesetzt werden.

Die starke Beanspruchung des Kohlenhydratstoffwechsels bei Sportlern, besonders durch intensive Ausdauerbelastungen, hat einen besonders großen Bedarf an Thiamin zur Folge. Während für den Nichtsportler die empfehlenswerte tägliche Zufuhr bei 1–1,3 mg liegt, benötigt der Sportler etwa 6–8 mg Thiamin am Tag, da er zusätzlich dieses Vitamin auch im Schweiß verliert.

Thiamin-Lieferanten sind Weizenkeime, Getreidekörner, Vollkornprodukte, Haferflocken, Naturreis, Hülsenfrüchte, Kartoffeln, Milch und Fleisch, wobei zu beachten ist, dass ein großer Teil des Thiamins durch Erhitzen verloren geht (Tab. 34a).

Die Bilanz der Vitamine | 83

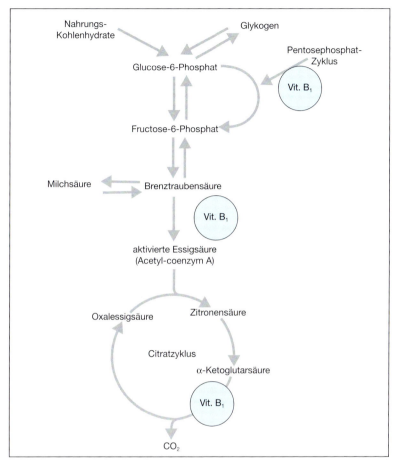

Abb. 30 Vitamin B₁ und Kohlenhydratstoffwechsel (nach ANDRZEJEWSKI/BURGER).

Mangelerscheinungen zeigen sich beim Sportler in Störungen der Muskel- und Herzfunktion sowie des Nervensystems mit Müdigkeit, Trainingsunlust, Muskel- und Nervenschmerzen. Da Thiamin in der Nahrung nicht immer ausreichend enthalten ist, sind zeitweilige zusätzliche Vitamingaben sinnvoll.

Vitamin B₂ (Riboflavin) ist als Bestandteil des gelben Atmungsfermentes bei der Zellatmung von Bedeutung, d. h. an der Stelle, an der Wasserstoff mit Sauerstoff vereinigt und dadurch die meiste Energie des Körpers gewonnen wird. Deswegen ist es auch in jeder Zelle notwendig und vorhanden. Es ist wichtig für die Aktivität von Enzymen bei der Glykolyse und für die Reaktionsfähigkeit des neuromusku-

84 | Die vollwertige, bilanzierte Ernährung

Wichtig vor allem für die Zellatmung und den Eiweißstoffwechsel

lären Systems. Mangelerscheinungen zeigen sich in Verwertungsstörungen der Aminosäuren im Eiweißstoffwechsel mit verminderter Eiweißsynthese und einem allgemeinen Coenzymmangel. Es kann auch zu Störungen des Wachstums kommen. Nach schweren Krankheiten und Operationen steigt der Bedarf an Riboflavin, ebenso nach starken körperlichen Anstrengungen, sodass es sich empfiehlt, in dieser Zeit etwas mehr Riboflavin aufzunehmen.

Der tägliche Bedarf für Nichtsportler beträgt 1,2–1,5 mg, <u>für Ausdauersportler 6–8 mg, für Kraft- und Schnellkraftsportler 8–12 mg.</u> Auch Riboflavin geht teilweise über den Schweiß verloren.

Die wichtigsten Riboflavin-Lieferanten sind Milch, Fleisch, Weizenkeime, Getreidevollkorn, Vollkornprodukte, Hefe, Gemüse und Kartoffeln.

Eiweißstoffwechsel Antioxidans

Vitamin B$_6$ (Pyridoxin) stellt eine eigene Gruppe von drei B$_6$-Vitaminen dar und hat seine größte Bedeutung im Eiweißstoffwechsel (Abb. 31). Deswegen ist der Bedarf vor allem bei erhöhter Eiweißzufuhr und im Kraftsport gesteigert. Außerdem ist es ein wichtiges Antioxidans. Pyridoxin wird durch Hitze zerstört. Mangelzustände sind selten.

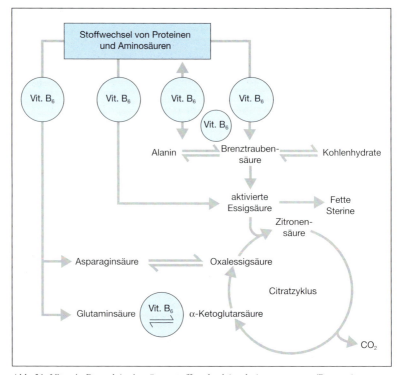

Abb. 31 Vitamin B$_6$ und Aminosäurenstoffwechsel (nach ANDRZEJEWSKI/BURGER).

Tabelle 34a Nahrungsmittel mit hohem Gehalt an Vitamin B_1 (in mg/100 g des essbaren ungekochten Anteiles)

Vitamin B_1			
Hefeflocken	25,0	Weizenkorn	0,48
Bierhefe, getrocknet	12,0	Haferkorn	0,42
Weizenkeime	2,0	Reis, unpoliert (Naturreis)	0,41
Sonnenblumenkernmehl	1,5	Roggenkorn	0,35
Pinienkerne	1,3	Haselnuss	0,39
Sesamsamen	1,0	Walnuss	0,34
Sojabohnen	1,0	Erbsen, grün	0,30
Paranuss	1,0	Schweinefleisch, fett	0,30–0,50
Schweinefleisch, mager	1,0	Leber	0,28–0,30
Erdnuss	0,9	Eigelb	0,29
Erbsen, Reis	0,71	Knäckebrot	0,20
Pistazien	0,69	Weizenvollkornbrot	0,25
Cashewnuss	0,63	Roggenvollkornbrot	0,18
Haferflocken	0,59	Roggenbrot, Graubrot	0,16
Rinderherz, Kalbsherz	0,51–0,55	Rindfleisch	0,11
Bohnen, weiß	0,46	Kalbfleisch	0,15
Linsen	0,43	Geflügelfleisch	0,07–0,10

Der Pyridoxin-Bedarf von Nichtsportlern liegt zwischen 1,2 und 1,6 mg pro Tag und steigt mit zunehmendem Proteinumsatz. Für Ausdauersportler wird eine tägliche Zufuhr von 6–8 mg, für Kraft- und Schnellkraftsportler von 10–15 mg empfohlen. Bei sehr hoher Proteinzufuhr im Kraftsport wird die zusätzliche Gabe von Vitamin B_6 sinnvoll.

Die hauptsächlichen Pyridoxin-Lieferanten sind Getreidevollkorn, Vollkornprodukte, Fleisch, Leber, Hefe, Blattgemüse, Hülsenfrüchte, Bananen, Milch, Kartoffeln, Fisch (insbesondere Thunfisch) sowie in geringerem Maße fast alle Lebensmittel – mit Ausnahme von Zucker, Stärke und Speisefetten.

Niacin (Nikotinsäureamid) kann im menschlichen Organismus aus der Aminosäure Tryptophan gebildet werden. Niacin gehört zu den B-Vitaminen und ist wie diese Bestandteil wasserstoffübertragender Enzyme in der Zellatmung. Mangel an Pyridoxin (Vitamin B_6) beeinträchtigt die Umwandlung von Tryptophan in Niacin.

Der tägliche Niacin-Bedarf liegt bei 9–15 mg (manchmal werden auch 20 mg genannt). Für Ausdauersportler werden 20–30 mg, für Kraft- und Schnellkraft-Sportler 30–40 mg empfohlen.

Die hauptsächlichen Niacin-Lieferanten sind Fleisch, Kartoffeln, Getreideerzeugnisse, Hefe, Gemüse und Obst. Niacin aus Mais und Weizen wird nicht ausgenutzt. Deswegen trat die typische Niacin-Mangelkrankheit, die Pellagra, früher in Gebieten auf, in denen man sich einseitig von Mais ernährte.

Pantothensäure ist ein Bestandteil des Coenzyms A. Damit ist sie an der Bildung eines der wichtigsten Stoffwechselprodukte, nämlich der aktivierten Essigsäure (Coenzym A) beteiligt. Außerdem ist sie ein wichtiges Antioxidans. Im Tierversuch hat sie das Lebensalter der Labortiere verlängert. Im Sport gibt es Berichte, dass

86 | Die vollwertige, bilanzierte Ernährung

Wichtig für alle Stoffwechsel Antioxidans

Pantothensäure die Widerstandsfähigkeit gegen kaltes Wetter erhöht (nach HAAS). Der Bedarf liegt normalerweise bei 6 mg pro Tag, beim Sportler vielleicht bei 20 mg. Mangelzustände sind bisher nicht bekannt. Eine zusätzliche Zufuhr kann möglicherweise günstig für die sportliche Leistungsfähigkeit sein (nach HAAS). Pantothensäure ist in allen lebenden Zellen enthalten, besonders in Hefe, Reis- und Weizenkleie, Leber, Nieren, Eigelb, grünem Gemüse u. a.

Das Vitamin mit den vielseitigsten Wirkungen Antioxidans Wichtig für Immunsystem

Vitamin C (Ascorbinsäure) wirkt sehr vielfältig in verschiedenen Stoffwechselwegen. Seine Wirkungsweise ist bis heute noch nicht vollkommen geklärt. Besonders angereichert findet es sich im Nebennierenmark, das die Stress- und Kreislauf-Hormone Adrenalin und Noradrenalin bildet. Außerdem ist es wichtig für die Infektabwehr und scheint in seiner Funktion als Antioxidans Krebs verursachende Stoffe in Nahrungsmitteln und im Körper neutralisieren zu können. Die typische Vitamin-C-Mangelkrankheit, der Skorbut, tritt heute nicht mehr auf. Ein latenter Vitamin-C-Mangel führt zu Müdigkeit und Leistungsabfall. Die »Frühjahrsmüdigkeit« führt man auf Vitamin-C-Mangel zurück.

Die Empfehlungen für die Vitaminzufuhr sind mit einer besonders hohen Unsicherheit belastet. Die tägliche Mindestaufnahme zur sicheren Verhütung der Mangelkrankheit Skorbut beträgt beim Erwachsenen 8–10 mg. Die obere Grenze einer sinnvollen Tageszufuhr beim Erwachsenen ist die Sättigungsdosis von 60 bis maximal 140 mg. Darüber hinaus aufgenommenes Vitamin C wird, wenn die Aufnahmefähigkeit der Gewebe abgedeckt ist, praktisch vollständig im Harn ausgeschieden. 30 mg Vitamin C werden als Mindestbedarf des gesunden Erwachsenen betrachtet. Die empfohlene tägliche Zufuhr von 100 mg errechnet sich daraus durch einen Sicherheitszuschlag von 15 mg und unter Berücksichtigung eines mittleren Zubereitungsverlustes von 40 %. Für Sportler wird die drei- bis vierfache Vitamin-C-Menge empfohlen, da Vitamin C auch im Schweiß verloren geht. Bei ausgeglichener Vitamin-C-Bilanz führen höhere Vitamin-C-Dosen zu keiner Leistungssteigerung. Dosiserhöhungen auf über 4 g pro Tag scheinen sogar über Veränderungen des Redoxpotenzials zu einem unerwünschten Mehrverbrauch von Sauerstoff zu führen. Bei Höhentraining wird eine zusätzliche Vitamin-C-Gabe, maximal 1–2 g pro Tag, empfohlen.

Besonders reich an Vitamin C sind die Acerola-Kirschen, Hagebutten, Sanddornbeeren, schwarze Johannisbeeren, Kiwis, Petersilienblätter, Gemüse, Obst, Zitrusfrüchte, Erdbeeren, Tomaten u. a. Ein weiterer wichtiger Vitamin-C-Spender ist die Kartoffel (Tab. 34b).

Wichtig für den Herz- und Muskelstoffwechsel sowie für Bindegewebe und Gelenke Antioxidans

Vitamin E (Tocopherol): Die genaue Rolle und die vollständige Bedeutung im Stoffwechsel ist noch nicht ausreichend geklärt. Sicher ist jedoch, dass es als wichtiges Antioxidans vor allem fettlösliche Stoffe vor der Oxidation schützen kann, wie z. B. die ungesättigten Fettsäuren, deren Verwertung es auch fördert. Daher steigt der Vitamin-E-Bedarf mit zunehmendem Fettverbrauch in der Nahrung. Fettarme Ernährung hilft daher, Vitamin E zu sparen. Ein Mangel wirkt sich am Tier besonders in Störungen der Muskelfunktion und der Fortpflanzungsfähigkeit aus. Eindeutige Ausfallserscheinungen beim Menschen sind nicht bekannt. Beim Sportler könnte Vitamin E eine bessere Sauerstoffversorgung wie auch einen gewissen Schutz gegen erhöhte Verletzungsanfälligkeit des Bindegewebes bedeuten.

Die Bilanz der Vitamine | 87

Tabelle 34b Nahrungsmittel mit hohem Gehalt an Vitamin C (in mg/100 g des essbaren ungekochten Anteiles)

Vitamin C			
Acerola, roh oder Saft	1690	Spinat, roh	51
Hagebutten	1250	gekocht	28
Sanddornbeeren	450	Zitrone	53
Sanddornsaft	266	Orange	50
Johannisbeeren, schwarz	177	Hagebuttenmarmelade	51
Petersilienblatt	170	Wirsing, roh	45
Paprikaschoten, roh	140	gekocht	35
gedünstet	105	Schnittlauch	47
Meerrettich, roh	114	Grapefruit	45
Brokkoli, roh	114	Feldsalat	35
gekocht	87	Mandarinen	30
Grünkohl, roh	105	Rettich	29
gekocht	75	Radieschen	27
Kiwi	108	Himbeeren	24
Rosenkohl, roh	104	Tomaten	24
gekocht	87	Heidelbeeren	20
Fenchel, roh	93	Spargel, roh	20
Blumenkohl, roh	70	gekocht	16
gekocht	45	Ananas	17
Erdbeeren	64	Kartoffel	17
Gartenkresse	60	Brombeeren	17
Kohlrabi, roh	63		
gekocht	43		

Tabelle 34c Nahrungsmittel mit hohem Gehalt an Vitamin E (in mg/100 g des essbaren ungekochten Anteiles)

Vitamin E			
Weizenkeimöl	280	Reis, unpoliert (Naturreis)	4,5
Walnussöl	160	Knäckebrot	4,0
Sojaöl	93	Roggen, ganzes Korn	3,8
Maiskeimöl	84	Haferflocken	3,7
Baumwollsamenöl	80	Gartenkresse	3,4
Sonnenblumenöl	67	Wirsing	3,5
Haselnuss	28	Hafer, ganzes Korn	3,2
Weizenkeime	27,6	Weizen, ganzes Korn	3,2
Mandel, süß	26,1	Kakao, schwach entölt	3,2
Walnuss	24,7	Avocado-Frucht	3,0
Sojamehl	21,0	Erbsen, grün	3,0
Margarine	20,2	Hühnereigelb	3,0
Erdnuss	20,2	Milchschokolade	2,9
Sojabohnen	15,3	Knollensellerie	2,6
Weizenkleie	9,1	Spinat	2,5
Marzipan	9,1	Roggenvollkornbrot	2,4
Edelkastanie	7,5	Roggenmischbrot	2,3
Schwarzwurzeln	6,0	Bohnen, weiß	2,3
Fenchel	6,0	Butter	2,2
Cashewnuss	5,8	Porree	2,0
Erbsen, reif	4,9		

88 | Die vollwertige, bilanzierte Ernährung

Der Tagesbedarf liegt bei etwa 15 mg, bei Sportlern höher. Bedarfszahlen sind hier nicht bekannt. Wichtige Vitamin-E-Lieferanten sind Weizenkeime, Weizenkeimöl, Olivenöl, andere pflanzliche Öle, Getreidekörner, Naturreis, Haferflocken, Gemüse (Spargel, Spinat, Rosenkohl, Brokkoli), Kartoffeln und Eier (Tab. 34c).

Schwachpunkte in der Vitaminversorgung des Sportlers

Engpässe in der Versorgung mit den Vitaminen B_1, B_2, Niacin und C

Sportler brauchen je nach Trainingsbelastung das Vielfache der Vitamine eines Nichtsportlers – aber sie nehmen auch das Vielfache der Nahrungsmenge auf. Trotzdem gibt es charakteristische Schwachpunkte in ihrer Vitaminversorgung, wie Untersuchungen von STRAUZENBERG schon vor längerer Zeit gezeigt haben (Tab. 35). Die Versorgung mit Vitamin A scheint üblicherweise gegeben, während bei den Vitaminen B_1 (Thiamin), B_2 (Riboflavin), Niacin und C (Ascorbinsäure) deutlich mehr verbraucht als durch die Nahrung zugeführt wird. Das ist besonders dann der Fall, wenn man sich in der Ernährung nicht ausreichend auf vollwertige Nahrungsmittel konzentriert, sondern einen großen Anteil von Nahrungsmitteln mit überwiegend »leeren Kalorien« (Tab. 36) verwendet. Auch der zu starke Einsatz von Produkten aus stark ausgemahlenen Mehlen trägt dazu bei (Tab. 37a) + b). So liefern Weizenbrötchen in der gleichen Gewichtseinheit zwar mehr Energie als Roggenvollkornbrot – aber nur etwa die Hälfte an Vitamin E_1 und B_2. Außerdem geht bei der Lagerung und Zubereitung der Speisen ein großer Teil der Vitamine verloren. Die maximalen Kochverluste der Vitamine B_1, B_2 und C liegen, besonders beim Wiederaufwärmen, zwischen 75 und 100% (Tab. 38). Daraus ergeben sich für die Ernährung des Sportlers zwei wichtige Forderungen:

1. Möglichst vollwertige Nahrungsmittel verwenden.
2. Einen möglichst großen Anteil der Nahrung ungekocht (Rohkost, Obst, Salat) verzehren.

Tabelle 35 Verhältnis von Vitaminbedarf zu Vitaminzufuhr bei Ausdauersportlern (nach STRAUZENBERG)

Vitamin	Bedarf	Zufuhr
A	13 000 I.E.	13 700 I.E.
B_1	4–8 mg	1,9 mg
B_2	4 mg	2,9 mg
Niacin	30 mg	18 mg
C	500 mg	244 mg

Tabelle 36 Nahrungsmittel mit überwiegend »leeren Kalorien«

Zucker	Weißmehlprodukte (Weißbrot, Brötchen, Toast,
Süßigkeiten (Bonbons, Schokolade, Eis u.a.)	Kuchen, Torte u.a.)
Limonaden, Coca-Cola	Polierter Reis
Schokolade	Fette
Stark ausgemahlenes Mehl	Alkohol

Tabelle 37 Vitamin- und Mineralstoffanteile bei Getreideprodukten (nach HAMM/NILLES)

a) Brotgetreide, Mahlprodukte und Mehle

Angaben pro 100 Gramm in	Grundnährstoffe			Vitamine		Mineralstoffe					Energie	
	E g	KH g	F g	B$_1$ mg	C mg	Kalium mg	Natrium mg	Calcium mg	Mg mg	Eisen mg	kcal	kJ
Weizen, ganzes Korn	11,4	60,2	2,0	**0,50**	0	**502**	8	44	173	3,0	321	1363
Roggen, ganzes Korn	11,2	61,4	1,6	**0,35**	0	**530**	4	25	95	5,0	312	1325
Weizenvollkornmehl/ Schrot Type 1700	11,7	60,4	2,0	**0,30**	0	**290**	2	40	–	3,0	323	1371
Roggenvollkornmehl/ Schrot Type 1800	10,4	61,6	1,4	**0,30**	0	**439**	2	23	83	4,0	311	1320
Weizenmehl, Type 1050	11,6	68,4	1,8	**0,22**	0	**203**	2	18	–	–	344	1461
Roggenmehl, Type 1150	8,0	70,8	1,4	**0,22**	0	**297**	1	20	–	–	337	1434
Roggenmehl, Type 815	7,5	75,7	1,1	**0,18**	0	**170**	1	20	26	2,1	342	1453
Weizenmehl, Type 550*)	10,9	72,6	1,1	**0,11**	0	**126**	3	16	–	2,0	347	1473
Weizenmehl, Type 405*)	10,6	73,7	1,0	**0,06**	0	**108**	2	15	–	1,1	347	1473

1 mg = 1/1000 g   E = Eiweiß   KH = Kohlenhydrate   F = Fett   Mg = Magnesium   – = nicht ermittelt

*) Weizenmehle der Typen 405 und 550 sind zwar die gebräuchlichsten, enthalten aber 60–80 % weniger Vitamin B$_1$ als Vollkornmehl!

90 | Die vollwertige, bilanzierte Ernährung

Fortsetzung Tabelle 37

a) Brote und andere Backwaren

Angaben pro 100 Gramm in	Grundnährstoffe			Vitamine		Mineralstoffe					Energie	
	E g	KH g	F g	B_1 mg	C mg	Kalium mg	Natrium mg	Calcium mg	Mg mg	Eisen mg	kcal	kJ
Weizenvollkornbrot	7,2	40,6	1,2	0,23	0	210	430	95	–	2,0	213	904
Knäckebrot*)	11,4	68,9	1,7	0,20	0	436	463	55	68	5,0	355	1506
Roggenmischbrot	7,0	46,4	1,4	0,18	0	230	400	23	–	2,3	233	988
Roggenvollkornbrot (Schwarzbrot)	6,8	40,8	1,2	0,18	0	291	424	56	–	3,0	213	904
Weizenmischbrot	7,5	46,8	1,5	0,14	0	210	400	26	–	1,7	236	1002
Weizenbrötchen (Semmel)	8,0	55,4	1,0	0,10	0	115	485	25	–	0,6	265	1124
Weizentoastbrot	8,5	49,2	3,9	0,08	0	130	380	25	–	0,9	268	1138
Sahnetorte**)	5,0	23,0	25,0	–	–	–	–	–	–	–	337	1415

1 mg = 1/1000 g   E = Eiweiß   KH = Kohlenhydrate   F = Fett   Mg = Magnesium   – = nicht ermittelt

*) Knäckebrot ist immer Vollkornbrot!

**) Sahnetorte, Kuchen etc. enthalten nur »leere Kalorien«!

Tabelle 38 Maximale Kochverluste der Vitamine

Vitamin C	100 %	Pantothensäure	50 %
Folsäure	100 %	Vitamin B$_6$	40 %
Vitamin B$_1$	80 %	Vitamin D	40 %
Vitamin B$_2$	75 %	Vitamin A	40 %
Biotin	60 %	Niacin	25 %
Vitamin E	55 %	Vitamin B$_{12}$	10 %

Die Bilanz der Mineralstoffe und Spurenelemente

Vorkommen und allgemeine Bedeutung

Mineralstoffe und Spurenelemente sind anorganische Stoffe, die im Körper weder produziert noch verbraucht werden, jedoch müssen Verluste über Schweiß, Harn und Stuhl in der Nahrung ausgeglichen werden. Von Mineralstoffen spricht man, wenn der tägliche Bedarf über 100 mg, von Spurenelementen, wenn er unter 100 mg liegt.

Mineralstoffe Bedarf: über 100 mg pro Tag

Da die **Mineralstoffe** meist als elektrisch geladene Teilchen (Ionen, Elektrolyte) im Organismus vorliegen, dienen sie u. a. der Aufrechterhaltung der elektrischen Stabilität an den Zellmembranen, der Aufrechterhaltung eines bestimmten osmotischen Druckes sowie der elektrischen Reizleitung. Sie bauen Puffersysteme gegen Säuren und Basen auf, aktivieren und hemmen bestimmte Enzyme, sind aber auch fester Bestandteil harter Gewebe wie von Knochen und Zähnen. Die wichtigsten spezifischen Aufgaben, Vorkommen und täglicher Bedarf können der Tab. 39 entnommen werden (siehe auch Abb. 32).

Ein Mangel an Mineralstoffen tritt bei zu niedriger Zufuhr oder erhöhter Ausscheidung im Schweiß, bei Erbrechen oder Durchfällen auf. Durch eine abwechslungsreiche, gemischte Kost ist der Mindestbedarf an Mineralstoffen meistens gedeckt. Beim Kochsalz übersteigt die Zufuhr (15–20 g pro Tag) jedoch bei weitem den täglichen Bedarf (3–5 g) des nicht Sport treibenden Menschen. Dadurch wird die Entstehung des hohen Blutdrucks in der Bevölkerung begünstigt. Durch die Verluste im Schweiß ist die Kochsalzbilanz beim Sportler jedoch ausgeglichen.

Spurenelemente Bedarf: unter 100 mg pro Tag

Über die Bedeutung der **Spurenelemente** wissen wir noch verhältnismäßig wenig. Die wichtigsten Spurenelemente sind Zink, Eisen, Mangan, Kupfer, Jod, Fluor und Selen (Abb. 33, Tab. 40). Man kann erwarten, dass die Forschung über die Spurenelemente in Zukunft noch sehr viel neue Erkenntnisse erzielen wird, wie es bei den Vitaminen in der Vergangenheit der Fall war. Im Allgemeinen ist die Versorgung mit Spurenelementen ausreichend, mit Ausnahme von Eisen, Jod und Selen. Die Eisenversorgung erreicht bei Frauen im gebärfähigen Alter bei normaler Ernährung häufig nur die unterste Grenze, da Frauen im Allgemeinen weniger essen als Männer, andererseits aber regelmäßig Eisen durch die Menstruation verlieren.

Vom Jod weiß man, dass Europa – und vor allem auch Deutschland – ein Mangelgebiet ist und zwar mit einem deutlichen Nord-Süd-Gefälle. Weniger bekannt ist,

Die vollwertige, bilanzierte Ernährung

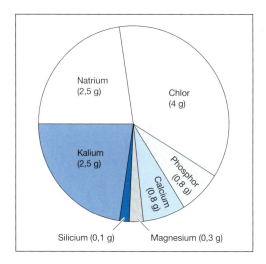

Abb. 32 Aufteilung der Mineralstoffe in der normalen Ernährung (nach KIEFFER).

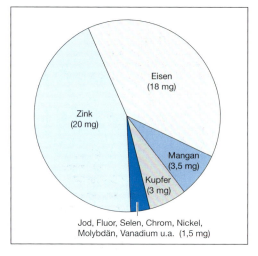

Abb. 33 Aufteilung der Spurenelemente in der normalen Ernährung (nach KIEFFER).

dass es beim Selen genauso ist. Selen ist aber, besonders auch für den Sportler, aus verschiedenen Gründen sehr wichtig: Es ist ein wichtiger Bestandteil der antioxidativen Schutzsysteme gegen freie Radikale (siehe S. 159 ff.). Selen spielt auch eine sehr wichtige Rolle bei der Funktion des Immunsystems und in der Vorbeugung gegen Krebserkrankungen. Mangel an Selen kann zu Schädigungen des Muskelgewebes, vor allem auch des Herzmuskels, führen. Im Sport kann Selen möglicherweise die Belastung induzierte Oxidation von Fetten in den Zellmembranen verhindern und auf diese Weise durch oxidativen Stress bedingten Membranschä-

Die Bilanz der Mineralstoffe und Spurenelemente | 93

digungen vorbeugen. Die tägliche Zufuhr durch die Nahrung liegt meist bei nur 30–50 µg, während in der präventiven Medizin eine Zufuhr von 100–200 µg empfohlen wird. Um diese Differenz auszugleichen, sollte man besonders auf Nahrungsmittel achten, die eine hohe Nährstoffdichte für Selen aufweisen – oder auch daran denken, Selen in einer sinnvollen Nahrungsergänzung zuzuführen. Selen ist vor allem enthalten in Weizenkeimen, Getreidevollkorn, Seefischen, Meeresalgen, Nüssen, Spargel und Sesamsamen.

Tabelle 39 Mineralstoffe: Bedeutung, Bestand und Verteilung im menschlichen Körper eines normalgewichtigen Erwachsenen sowie Vorkommen und täglicher Bedarf

Mineral-stoff	Bedeutung	Körperbestand und Verteilung	Vorkommen	Täglicher Bedarf in mg
Natrium (Na)	Osmotischer Druck (extrazellulär) Enzymaktivierung	100 g 60 % in extrazellulärer Flüssigkeit	Kochsalz, gesalzene und geräucherte Lebensmittel u. a.	2000–3000
Chlor (Cl)	Osmotischer Druck (extrazellulär) Magensalzsäurebildung	80–100 g 90 % in extrazellulärer Flüssigkeit	Kochsalz, gesalzene und geräucherte Lebensmittel u. a.	3000–5000
Kalium (K)	Osmotischer Druck (intrazellulär) Enzymaktivierung bioelektrisches Verhalten der Zellen	150 g 90 % in intrazellulärer Flüssigkeit	Pflanzliche Nahrungsmittel, u. a. Bananen, Tomaten, Fruchtsäfte, Trockenfrüchte	2000–3000
Phosphor (P)	Knochenaufbau, Bestandteil von Zellstrukturen, energiereiche Phosphate, Membrantransport	500–800 g 80 % im Skelett	Milch-, Fleisch- u. Fischprodukte, Eier, Getreide-erzeugnisse u. a.	700–1200
Calcium (Ca)	Knochenaufbau, neuromuskuläre Erregbarkeit, Muskelkontraktion, Blutgerinnung	1000–1500 g 99 % in Skelett und Zähnen 1 % in gelöster Form	Milch und Milch-produkte, Gemüse, Obst, Getreide u. Getreideprodukte	1000–1200
Magnesium (Mg)	Knochenaufbau, Enzymaktivierung	20–30 g 50 % im Skelett	Weizenkeime, Hülsenfrüchte, Geflügelfleisch, Fisch, Gemüse, Obst	300–400
Silicium (Si)	Knochenaufbau, Aufbau von Bindegewebe und Knorpelsubstanz, Arterienwände (?)	1,4 g	Pflanzenfasern, Kleie u. a.	100?

Die vollwertige, bilanzierte Ernährung

Bedeutung im Belastungsstoffwechsel

Im Sport gehen Mineralstoffe und Spurenelemente sowie auch andere Stoffe (wie Vitamin C) im Schweiß verloren, in einem Liter etwa 2,7–3 g (Tab. 41). Entsprechend den im Training üblichen Schweißverlusten von 2–5 Liter pro Tag oder mehr ist der Mineralstoff- und Spurenelementbedarf des Sportlers gegenüber dem des Nichtsportlers durchschnittlich verdreifacht (Tab. 42). Eine ausgeglichene Bilanz der

Tabelle 40 Die wichtigsten Spurenelemente der Nahrung: Bedeutung, Bestand und Verteilung im Körper eines normal gewichtigen Erwachsenen, Vorkommen, täglicher Bedarf

Spuren-element	Bedeutung	Körperbestand und Verteilung	Vorkommen	Täglicher Bedarf in mg
Zink (Zn)	Enzymbaustein, Enzymaktivierung, Bestandteil anti-oxidativer Enzyme	1–2 g davon 90 % in Erythrozyten	Grüne Erbsen, Käse, Eier, Leber, Fleisch, Fisch, Orangen, Salat	10–20
Eisen (Fe)	Enzymbaustein, Hämoglobin- und Myoglobinbaustein	4–5 g 64 % im Hämoglobin u. Myoglobin 16 % in Ferritin u. Hämosiderin 10 % in der Leber	Fleisch, Bierhefe, Schnittlauch, Weizenkeime, Vollkornprodukte, Hülsenfrüchte, Gemüse (Brokkoli, Rosenkohl), Petersilie, Pistazien	10 (Männer) 18 (Frauen)
Mangan (Mn)	Enzymaktivierung, Bestandteil anti-oxidativer Enzyme	10–40 mg Verteilung auf Skelett, Leber Hypophyse, Milchdrüse u. andere Organe	Getreideprodukte Spinat, Beerenfrüchte, Hülsenfrüchte	3–4
Kupfer (Cu)	Enzymbaustein, Blutbildung Elastinbildung	80–100 mg 45 % in Muskulatur, 20 % in Leber, 20 % im Skelett	Hülsenfrüchte, Leber, Nüsse	2–5
Jod (J)	Bildung der Schilddrüsen-hormone	10–15 mg 99 % in der Schilddrüse	Seefische, Eier, Milch	0,15–0,20
Fluor (F)	Kariesverhütung, Enzymhemmung	2–3 g 96 % im Skelett, Zähne	Fleisch, Eier, Obst, Gemüse	1,0
Selen (Se)	Bestandteil der antioxi-dativen Glutathionper-oxidase. Wirkt zusam-men mit Vitamin E	10–15 mg Verteilung auf Nieren, Schild-drüse und andere Organe	Weizenkeime, Vollkornprodukte, Seefische, Meeresal-gen, Nüsse, Spargel, Sesamsamen	0,1–0,2

Die Bilanz der Mineralstoffe und Spurenelemente | 95

Mineralstoffe und Spurenelemente ist für den optimalen Ablauf aller Stoffwechselprozesse, eine normale Muskelfunktion und eine normale Nervenleitung wichtig.
In den letzten Jahren erkennt man immer mehr die Bedeutung der Antioxidantien,
von denen wir bereits die Vitamine B_1, Pantothensäure, C und E kennen gelernt
haben. Bei den Spurenelementen sind in diesem Zusammenhang vor allem Zink
und Selen zu nennen. Das wichtigste biologische Antioxidans bei den Vitaminen
ist das Tocopherol (Vitamin E). Selen ist aber ein mindestens 1000-mal aktiveres
biologisches Antioxidans (siehe S. 159 ff.).

Antioxidantien

Tabelle 41 Zusammensetzung des menschlichen Schweißes

Anorganische Bestandteile	Gehalt in mg/l (ca.)	Organische Bestandteile	Gehalt in mg/l (ca.)
Natrium	1200	Lactat	
Chlorid	1000	(Milchsäure)	1500
Kalium	300	Harnstoff	700
Calcium	160	Ammoniak	80
Magnesium	36	Kohlenhydrate	
Sulfat	25	Vitamin C	50
Phosphat	15	Brenztraubensäure	40
Zink	1,2		
Eisen	1,2		
Mangan	0,06		
Kupfer	0,06		

Tabelle 42 Durchschnittlicher täglicher Bedarf an Mineralstoffen und Spurenelementen
für Nichtsportler, Ausdauer- und Schnellkraftsportler (nach Literaturangaben)

	Nichtsportler	Ausdauer-belastung	Kraft-Sehnellkraft-belastung
Mineralstoffe (in g)			
Kochsalz	5	15–25	15–20
Kalium	2–3	4–6	4–6
Magnesium	0,2–0,4	0,5–0,7	0,5–0,7
Calcium	0,7–1,5	1,8–2,0	2,0–2,5
Phosphor	0,7–2,0	2,0–2,5	2,5–3,5
Spurenelemente (in mg)			
Eisen	10–18	30–40	30 40
Zink	10–20	15–20	20–30
Selen	0,05–0,1	0,1–0,2	0,1–0,2

Schwachpunkte in der Versorgung des Sportlers
mit Mineralstoffen und Spurenelementen

Engpässe in der Versorgung mit Mineralstoffen treten beim Sportler vor allem
beim Kalium und Magnesium auf, in der Versorgung mit Spurenelementen häufig

96 | Die vollwertige, bilanzierte Ernährung

Versorgungs-engpässe beachten: Kalium, Magnesium, Eisen, Zink

beim Eisen, vermutlich auch bei Zink und Selen, sodass es gelegentlich zu Mangelerscheinungen folgender Art kommen kann:

Kaliummangelsyndrom: Schwäche der Muskulatur, manchmal sogar Lähmungen, allgemeine Unlust bis zur Apathie und Schläfrigkeit.

Magnesiummangelsyndrom: Muskelzuckungen und -krämpfe, Händezittern, Krampfanfälle des gesamten Körpers (normokalzämische Tetanie).

Eisenmangel: Vor allem bei weiblichen Ausdauersportlern, erniedrigter Eisenspiegel im Blut, Müdigkeit, verminderte Leistungsbereitschaft und Leistungsfähigkeit, bei stärkerer Ausprägung auch Blutarmut (Anämie).

Im Sport vor allem Verluste durch den Schweiß

Diese Mangelzustände haben bei Sportlern verschiedene Gründe:

1. Mit zunehmendem Trainingszustand wird der Schweiß zwar »dünner« (hypoton), d.h., die gesamte Menge an Mineralstoffen ist im Schweiß niedriger als im Blut, aber das trifft nicht für alle Mineralstoffe zu, besonders nicht für Kalium und Magnesium. Sie sind nämlich im Schweiß genauso konzentriert wie im Blut (Tab. 43). Trainierte Schweißdrüsen holen in ihren Ausführungsgängen Kochsalz aus dem Schweiß zurück, aber nicht Kalium und Magnesium. Daher sinkt mit zunehmendem Trainingszustand zwar der Kochsalzgehalt des Schweißes, aber nicht der an Kalium und Magnesium, sodass es bei großen Schweißverlusten häufig zu Mangelzuständen dieser beiden Mineralstoffe kommt. Ein weiterer Faktor liegt in der Einlagerung des Kaliums mit dem Glykogen in die Muskelzellen. Ein Gramm Glykogen bindet 0,5 mval Kalium (19,5 mg). Bei einer Glykogenmenge von 400–500 g sind das rund 8–10 g Kalium! Sportler sollten aus diesen Gründen besonders auf Nahrungsmittel achten, die reichlich Kalium (Tab. 44a) und Magnesium (Tab. 44b) enthalten.

2. Noch zu wenig bekannt ist, dass auch Eisen im Schweiß verloren geht. Gleichzeitig ist der Eisenbedarf durch die sportliche Aktivität selbst, aber auch durch den größeren Gehalt des Blutes an Blutfarbstoff (Hämoglobin) und der Muskulatur an Muskelfarbstoff (Myoglobin) erhöht. Dazu kommen noch die genannten Eisenverluste von Sportlerinnen durch die Menstruation. Daher sollten Sportler auch die wichtigsten eisenhaltigen Nahrungsmittel kennen (Tab. 40, S. 94, und 43c). Da freies Eisen die Entstehung von sehr aggressiven freien Hydroxylradikalen fördert, sollten Eisenpräparate nur bei einem im Labor tatsächlich festgestellten Eisenmangel zugeführt werden.

3. Außerdem sollte man wissen, dass neben Mineralstoffen und Spurenelementen auch Vitamin C im Schweiß verloren geht. Daher sollte man die Nahrung mit Vitamin-C-reichen Lebensmitteln (Tab. 34b, S. 87) anreichern.

Tabelle 43 Konzentration der Elektrolyte (mÄq/1) in Blutplasma und Schweiß (nach COSTILL)

	Natrium	Chlor	Kalium	Magnesium	total
Plasma	140	100	4	1,5	245,5
Schweiß	40–60	30–50	4–5	1,5–5	75,5–120

Die Bilanz der Mineralstoffe und Spurenelemente | 97

Tabelle 44 Nahrungsmittel mit hohem Gehalt an Kalium, Magnesium und Eisen (in mg/100 g des essbaren ungekochten Anteiles)

a) Kalium

Fleischextrakt	7200	Meerrettich	550
Steinpilze, getrocknet	2000	Aprikose, Pfirsich (getrocknet)	1340–1370
Sojamehl	1870	Weiße Bohnen	1300
Magermilchpulver	1600	Tomatenmark	1160
Bierhefe, getrocknet	1410	Pistazien	1020
Kakaopulver,		Kartoffelchips	1000
schwach entölt	1920	Petersilie	1000
Erbsen, reif	940	Gartenkresse	550
Weizenkeime	840	Roggenkorn	530
Mandeln	835	Weizenkorn	502
Erdnussmus	820	Avocado	500
Pflaumen, getrocknet	820	Fenchel	494
Linsen	810	Kartoffel	443
Feigen, getrocknet	800	Fisch	320–465
Weinbeeren, getrocknet	782	Fleisch	290–400
Esskastanie	707	Banane	393
Haselnuss	636	Tomate	300
Spinat	633	Aprikose	278

b) Magnesium

Kakaopulver, schwach entölt	414	Teigwaren	67
Erdnussbutter	410	Edamerkäse	59
Cashewnuss	267	Spinat	58
Fleischextrakt	264	Kohlrabi	43
Bierhefe, getrocknet	230	Roggenbrot	35
Sojabohnen	247	Erbsen, grün	33
Mandeln	170	Makrele	31
Erdnuss	163	Semmel	30
Haselnuss	156	Forelle	27
Reis, unpoliert (Naturreis)	157	Goudakäse	28
Roggen, ganzes Korn	140	Schweinefleisch	20
Haferflocken	139	Rindfleisch	19
Marzipan	120	Kalbfleisch	15
Erbsen, reif	116	Cornflakes	14
Milchschokolade	104	Hühnerei	12
Weizenvollkornbrot	92	Kuhmilch (3,5 % Fett)	12
Pumpernickel	80	Mandarine	11
Seezunge	73	Apfel	6

c) Eisen

Schweineleber	22	Leberpastete	6,4
Bierhefe, getrocknet	17,6	Bohnen, weiß	6,1
Kakaopulver	12,5	Haferflocken	4,6
Schweineniere	10,0	Aprikosen, getrocknet	4,5
Hirsekorn	9,0	Spinat	4,1
Sojabohne	8,6	Mandeln	4,1
Weizenkeime	8,0	Haselnuss	2,8
Petersilienblatt	8,0	Brunnenkresse	3,1
Kalbsleber	7,9	Feigen, getrocknet	3,3
Pistazienkerne	7,3	Weizenkorn	3,3
Rinderleber	7,1	Roggenvollkorn	3,3
Sonnenblumenkerne	7,0	Schokolade	3,2
Linsen	6,9	Rindfleisch, Kalbfleisch	3,0

Die vollwertige, bilanzierte Ernährung

Die Flüssigkeitsbilanz

Allgemeine Bedeutung

Flüssigkeitsverteilung im Organismus

Der Körper des Erwachsenen besteht zu 60% aus Wasser, das in verschiedenen Flüssigkeitsräumen verteilt ist. Zwei Drittel befinden sich innerhalb der Zellen (intrazelluläre Flüssigkeit), ein Drittel außerhalb der Zellen (extrazelluläre Flüssigkeit). Zur extrazellulären Flüssigkeit gehört das in den Blutgefäßen zirkulierende Flüssigkeitsvolumen (intravasale Flüssigkeit), die 5% des Körpergewichtes ausmacht, und die in den Zwischenräumen zwischen den Zellen befindliche Flüssigkeit (interstitielle Flüssigkeit), die 15% des Körpergewichtes beträgt (Abb. 34). Die wasserreichsten Organe sind Gehirn, Leber und Muskulatur (Abb. 35); daher sind diese Organe gegen Wasserverluste besonders empfindlich.

Die Verteilung des Wassers im Organismus wird durch osmotische Kräfte gesteuert, zu denen neben bestimmten Eiweißstoffen vor allem die Mineralstoffe und Spurenelemente gehören. Der Wasserhaushalt kann daher vom Mineralstoffhaus-

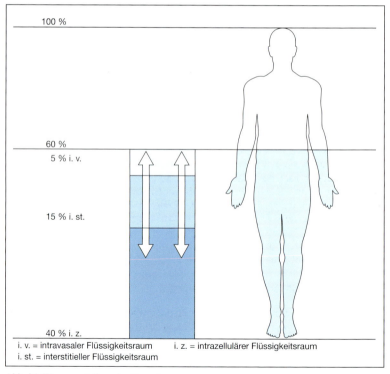

Abb. 34 Wasserverteilung im Organismus.

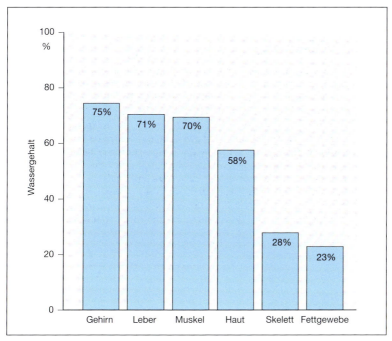

Abb. 35 Mittlerer Wassergehalt verschiedener Organe und Gewebe (nach KETZ).

halt nicht getrennt werden. Außerdem gehen Wasser und Mineralstoffe immer gemeinsam verloren. Das Wasser dient als Lösungs- und Transportmittel für alle wasserlöslichen Stoffe sowie als wichtigster Faktor der Wärmeregulation. Der Wasserbedarf richtet sich nach den Wasserverlusten, die über Schweiß, Harn, Stuhl, Haut und Lunge auftreten. Diese Verluste werden durch Zufuhr von außen (Getränke, Nahrung) und das im Stoffwechsel bei der Endoxidation der Energie liefernden Nährstoffe anfallende Wasser (Oxidationswasser) ausgeglichen (Abb. 36). Außerdem werden zum Aufbau von 1 g Glykogen 2,7 g Wasser benötigt. Unter diesen Umständen liegt der tägliche Mindestbedarf an Flüssigkeit bei Erwachsenen mit leichter körperlicher Tätigkeit bei ca. 2 Liter.

Bedeutung im Belastungsstoffwechsel

Große körperliche Leistungen gehen mit einer hohen Wärmeproduktion einher. Durch die Verdunstung von einem Liter Wasser werden ca. 580 kcal (2430 kJ) an Wärme abgegeben. Gewichtsverluste im Sport sind überwiegend Flüssigkeitsverluste (Tab. 45). Mit zunehmendem Trainingszustand können Sportler in der gleichen Zeit mehr schwitzen, weil die Schweißdrüsen sich vermehren und besser funktionieren. Untrainierte können etwa 0,8 l Schweiß pro Stunde produzieren,

Gewichtsverluste im Sport meist Flüssigkeitsverluste

Die vollwertige, bilanzierte Ernährung

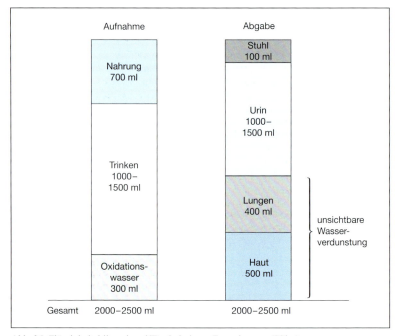

Abb. 36 Flüssigkeitsbilanz in ml/Tag bei einem Erwachsenen (70 kg).

Wärmeabgabe durch den Schweiß Voraussetzung für hohe Leistung

während Trainierte eine Schweißproduktion von 2–3 l pro Stunde haben können. Diese Fähigkeit ist geradezu die Voraussetzung für die zu erbringende Leistung, weil die mit zunehmender Leistung vermehrt produzierte Wärme abgegeben werden muss. Wenn der Organismus nicht fähig ist, die als Nebenprodukt der hohen Leistung entstehende hohe Wärme über den Schweiß abzugeben, dann kann er die entsprechende Leistung auf Dauer auch nicht erbringen. Trotzdem steigt auch bei gut Trainierten die Körpertemperatur nach sportlicher Belastung oft auf 38–40 °C und darüber an.

Tabelle 45 Gewichtsverluste im Sport (nach JAKOWLEW)

Sportart	Gewichtsverlust	Sportart	Gewichtsverlust
100-m-Lauf	ca. 0,15 kg	Basketball	ca. 1,7 kg
10 000-m-Lauf	1,5 kg	Fußball	3,0 kg
Marathonlauf	4,0 kg	Ringen (Mittelgewicht)	1,8 kg
Skilauf 10 km	1,0 kg	Boxen (Mittelgewicht)	1,6 kg
Rudern 2000 m	0,8 kg	Eishockey	1,8 kg
Fechten	1,0 kg		

Die Flüssigkeitsbilanz

Bei Wassermangel sinkt die Leistungsfähigkeit (Abb. 37). Jeder Wasserverlust des Körpers beeinträchtigt nämlich die Funktionsfähigkeit des Organismus (Abb. 38). Ein Wasserverlust bis zu 2% des Körpergewichtes vermindert normalerweise bereits die Ausdauerleistungsfähigkeit und erzeugt ein leichtes Durstgefühl, ein Verlust bis 4% vermindert außerdem auch die Kraftleistung. Ein Wasserverlust bis zu 6% des Körpergewichtes erzeugt starkes Durstgefühl, Schwäche, Reizbarkeit und Erschöpfung. Liegt der Wasserverlust über 6%, so verstärken sich diese Symptome; außerdem kommt es oft zu Übelkeit, psychischen Störungen und mangelhafter motorischer Koordination. Bei einem Wasserverlust von mehr als 10% des Körpergewichtes wird die lebensbedrohliche Grenze überschritten (Tab. 46). Aber schon bei einem Wasserverlust von nur 1% des Körpergewichtes kann die Ausdauerleistungsfähigkeit abnehmen, nämlich wenn sich der Flüssigkeitsverlust schnell einstellt. Wenn das Flüssigkeitsdefizit dagegen langsam entsteht, kann sogar bei einem Wasserverlust von 4% des Körpergewichtes eine Leistungsabnahme ausbleiben. Das bedeutet, dass bei heißem Wetter (schneller Wasserverlust) schon ein sehr geringer Flüssigkeitsverlust von 1% oder weniger die Ausdauer verringern kann. Bei kühlem Wetter dagegen (langsamer Flüssigkeitsverlust) wird die Leistung durch diesen mäßigen Flüssigkeitsmangel weniger beeinträchtigt.

Verschiedene Grade von Flüssigkeitsverlusten

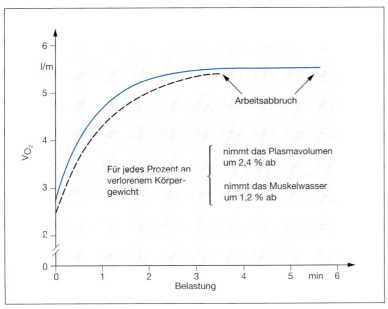

Abb. 37 Sauerstoffverbrauch bei Wassermangel. Unter Normalbedingungen kann die Belastung während 5 ½ Minuten durchgehalten werden. Bei Wassermangel (leichte Dehydratation) kann die gleiche Leistung dagegen nur während 3 ½ Minuten erbracht werden. Die Pfeile zeigen jeweils die maximale Arbeitsdauer an (nach MOESCH).

Die vollwertige, bilanzierte Ernährung

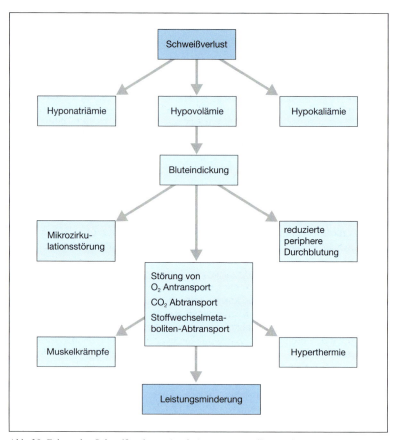

Abb. 38 Folgen des Schweißverlustes (nach ANDRZEJEWSKI/BURGER).

Wer mehr trinkt, schwitzt weniger

Es ist zwar so, dass Trainierte Wasserverluste besser vertragen als Untrainierte. So ist ein geringer bis mäßiger, relativ langsam entstehender Wasserverlust bis zu 3 % des Körpergewichtes durchaus noch mit körperlicher Höchstleistung vereinbar, wenn er sie auch nicht gerade begünstigt. Prinzipiell wird im Zustand einer guten sportlichen Form ein Wasserverlust mit geringerer Reaktion vertragen als bei schlechter körperlicher Verfassung. Trotzdem ist die frühere Meinung, ein guter Athlet dürfe nur wenig trinken, heute nicht mehr haltbar, obwohl sie manchmal noch vertreten wird. Es ist ein Trugschluss, die Schweißsekretion durch eine geringe Flüssigkeitszufuhr unterdrücken zu wollen. Denn gerade das Umgekehrte ist der Fall: Sportler, die mehr trinken, schwitzen weniger, da ihre Blutgefäße besser gefüllt sind und dadurch mehr Wärme abstrahlen, sodass weniger Wärme durch Schweißverdunstung abgegeben werden muss.

Tabelle 46 Wassermangel (in % des Körpergewichtes) (nach MOESCH)

1–5%	6–10%	11–20%
Durst	Schwindelgefühl	Delirium
Unbehagen	Kopfschmerzen	Krämpfe
Einschränkung der	Atemnot	Geschwollene Zunge
Bewegungen	Kribbeln in den Gliedern	Unfähigkeit zu schlucken
Appetitlosigkeit	Vermindertes Blutvolumen	Schwerhörigkeit
Hautröte	Erhöhte Blutkonzentration	Verschleiertes Sehen
Ungeduld	Ausbleiben der	Runzlige Haut
Müdigkeit	Speichelbildung	Schmerzhaftes
Erhöhte Herzfrequenz	Cyanose	Harnlassen
Erhöhte Rektaltemperatur	Sprechschwierigkeiten	Empfindungslose Haut
Übelkeit	Gehunfähigkeit	Anurie

Und trotzdem hatten in früheren Zeiten gut austrainierte Sportler, z. B. Straßenrad- **Schweißver-**
rennfahrer, Recht, wenn sie die Annahme von Flüssigkeit möglichst lange verwei- **luste sind**
gerten. Denn damals gab es keine Mineralstoffgetränke. Auch heute noch ist es ein **immer Flüssig-**
Fehler, die Schweißverluste, die ja immer Wasser- *und* Mineralstoffverluste sind, **keits- und**
nur durch die Zufuhr reinen Wassers ersetzen zu wollen; denn im Organismus ste- **Mineralstoff-**
hen Salzgehalt und Flüssigkeitsmenge in einem festen Verhältnis zueinander, so- **verluste**
dass reines Wasser nicht im Körper gebunden werden kann, wenn die zu seiner
Bindung notwendigen Mineralstoffe nicht mitgeliefert werden. Das Wasser wird
dann über die Nieren wieder ausgeschieden, wobei es weitere Mineralstoffe mit-
nimmt, sodass sich die Situation noch verschlechtert. Das wussten und spürten die
früheren Athleten aus eigener Erfahrung. Im Extremfall, z. B. bei Verdurstenden in
der Wüste, denen man reines Wasser in größeren Mengen verabreichte, kam es
sogar zu einer sog. »Wasservergiftung« mit Verschlechterung des gesamten Zu-
standsbildes. Auch Limonaden, Coca-Cola und Tee liefern fast nur reines Wasser
und sind nicht geeignet, die aufgetretenen Wasser- und Mineralstoffverluste auszugleichen. Während der Belastung verliert man vor allem Kochsalz. Obwohl im
Schweiß auch Kalium verloren geht, sinkt der Kaliumgehalt des Blutes so lange
nicht ab, wie dem Organismus Glykogen zur Verfügung steht, weil durch Abbau
von Glykogen Kalium freigesetzt wird (siehe S. 60). Nach der Belastung, wenn die
Glykogenvorräte wieder aufgebaut werden, muss zum Ausgleich der Flüssigkeitsverluste vor allem auch reichlich Kalium (z. B. in Obstsäften und Trockenfrüchten)
zugeführt werden. Empfehlenswert sind auch wasserreiche Früchte wie Äpfel,
Orangen, Melonen u.a., die teilweise über 90 % Flüssigkeit und gleichzeitig wichtige Mineralstoffe (Kalium, Magnesium) enthalten (siehe S. 126). Bier ist zwar
durstlöschend und durch seine Bitterstoffe appetitanregend, aber es ist nicht geeignet, die Mineralstoffverluste im Schweiß auszugleichen. Zudem wird ab 15 g Alkohol (ca. 0,5 l Bier) die Bildung des männlichen Keimdrüsenhormons gehemmt.
Außerdem blockiert Alkohol die Regenerationsfähigkeit und setzt so den Trai-
ningseffekt herab. Wenn man also nach der Leistung Bier trinken möchte, sollte
man es bei einem kleinen Bier belassen.

104 | Die vollwertige, bilanzierte Ernährung

Prinzipiell sollte man Getränke weder zu heiß noch zu kalt zu sich nehmen, da sie sonst zu lange im Magen verweilen. Zu kalte Getränke fördern zudem Halsentzündungen und Durchfallerkrankungen. Während längerer Belastungen sollte der Sportler bereits Getränke zu sich nehmen, besonders bei hohen Außentemperaturen, *bevor* das Durstgefühl so richtig spürbar wird.

Falls bei großen Flüssigkeitsverlusten beim Schwitzen oder bei Durchfallerkrankungen, z.B. in tropischen Ländern, keine geeigneten Mineralstoffgetränke zur Verfügung stehen, kann man auf folgendes bewährtes Rezept zurückgreifen, das sich sogar bei den wässrigen Durchfällen der Cholera bewährt hat:

Wichtiges Rezept für Auslandsreisen

Oral Rehydration Salt (ORS) Solution
3,5 g Kochsalz 1,5 g Kaliumchlorid 2,5 g Natriumbikarbonat 20,0 g Traubenzucker aufgelöst in einem Liter Wasser.

Diese Bestandteile sind auf der ganzen Welt in jeder Apotheke erhältlich.

Die sekundären Pflanzenstoffe

Allgemeine Bedeutung

Unsere Nahrungsmittel bestehen nicht nur aus Kohlenhydraten, Fetten, Eiweiß, Mineralstoffen, Spurenelementen und Flüssigkeit – sondern enthalten auch andere Stoffe, die aber nicht »sekundär«, sondern genauso wichtig sind. Während man die Bedeutung der Ballaststoffe schon seit längerer Zeit erkannt hat, entwickeln sich unsere Kenntnisse über die eigentlichen sekundären Pflanzenstoffe erst allmählich. Man meint damit vor allem die in den Pflanzen enthaltenen Farbstoffe (Pflanzenfarbstoffe) und bezeichnet sie manchmal sogar als »Phytochemicals«, weil sie nicht nur als Schutzstoffe, sondern manchmal fast wie Medikamente pharmakologisch wirken. Öffentlich aufmerksam auf die sekundären Pflanzenstoffe wurde man erst so richtig durch das so genannte »Französische Paradoxon«, bei dem durch Studien die vor Arteriosklerose und Krebs schützenden Wirkungen der sekundären Pflanzenstoffe in Rotwein und Olivenöl nachgewiesen wurden.

Tabelle 47 Nahrungsmittel mit hohem Gehalt an sekundären Pflanzenstoffen

Beta-Karotin und Carotinoide
Karotten, Tomaten, Aprikosen, Hagebutten, Spinat, Rote Beete, Grünkohl, Brokkoli, Fenchel, Feldsalat, Mangold, Endiviensalat, Honigmelone, Mango, Khaki, Kürbis u.a.

Phenole, Polyphenole, Flavone, Flavonoide, Catechine, Tannine
Schwarzer Tee, Grüner Tee, Heilkräutertees, Kakao, Kakaoprodukte (zum Beispiel Bitterschokolade), Kaffee, Rotwein, roter Traubensaft, Johannisbeersaft, Olivenöl, farbige Früchte und Gemüse u.a.

Anthocyane
Heidelbeeren, schwarze Holunderbeeren, schwarze Johannisbeeren, Brombeeren, blaue Traubensorten, Rotkohl u.a.

Sekundäre Pflanzenstoffe haben vielfältige Wirkungen: Sie verstärken und potenzieren die antioxidative Wirkung von Vitaminen und Spurenelementen, sind also sehr starke Antioxidantien, unterstützen das Immunsystem und wirken vorbeugend gegen Krebserkrankungen. Die Zusammensetzung der sekundären Pflanzenstoffe ist sehr komplex, wahrscheinlich gibt es mehr als 50000 verschiedene, sich gegenseitig ergänzende Arten von sekundären Pflanzenstoffen. Die bisher bekannten Hauptgruppen sind: Carotinoide, Phytosterine, Glucosinolate, Flavonoide, Phenole, Protease-Inhibitoren, Monoterpene, Phytoöstrogene und Sulfide.

Fünfmal am Tag Obst und Gemüse

Bei der Komplexität und Vielzahl der sekundären Pflanzenstoffe sollte man sie durch natürliche Nahrungsmittel zu sich nehmen. Man kann sich dabei an Tabelle 47 orientieren und sich ganz allgemein pflanzliche Nahrungsmittel in einer möglichst farbenfrohen Auswahl für die tägliche Nahrung zusammenstellen. Hilfreich ist dabei auch die Empfehlung der Deutschen Gesellschaft für Ernährung (DGE), die unter dem Slogan »Five a Day« empfiehlt, täglich fünf Portionen Gemüse und Obst zu sich zu nehmen, und zwar täglich mindestens 400 g Gemüse und 300 g Obst.

Bedeutung für den Sportler

Gerade für Sport treibende Menschen ist diese Empfehlung besonders wichtig, denn durch verstärkte körperliche Aktivität steigt die Sauerstoffaufnahme und damit als Nebenprodukt auch die Erzeugung freier Sauerstoffradikale im Körper. Wer Sport treibt, sollte auch diesen Gesichtspunkt beachten (siehe S. 159 ff.). Vielleicht findet so die Tradition, beim Wasa-Lauf in Schweden Blaubeersuppe zu reichen, ihre wissenschaftliche Erklärung. Es braucht eben alles seine Zeit. Man sieht auch an diesem Beispiel, wie intuitives Gespür oft dem Intellekt (Logik, Vernunft) in der Erkenntnisfähigkeit vorauseilt.

Die sog. Ballaststoffe

Allgemeine Bedeutung

Früher glaubte man, unverdauliche Nahrungsbestandteile hätten keine besondere Funktion. Daher wurden diese Stoffe als »Ballast« bezeichnet. Inzwischen gehören diese aus Pflanzenfasern bestehenden Stoffe in einer Menge von ca. 20 g pro Tag zu den notwendigen Bausteinen einer gesunden Ernährung. Wenn die Nahrung weniger Pflanzenfasern enthält, nimmt das Stuhlgewicht deutlich ab, und es kann zu einer chronischen Verstopfung (Obstipation) kommen. Diese fördert z. B. einen Zwerchfellbruch, Hämorrhoiden, sackartige Ausstülpungen der Dickdarmwand (Colondiverticulose) und vermutlich sogar die Entstehung des Dickdarmkrebses, wenn die in den Darm ausgeschiedenen Gallensäuren nicht ausreichend durch

Faserstoffe sind keine Ballaststoffe, sondern wichtige Nahrungsbestandteile

106 | Die vollwertige, bilanzierte Ernährung

Pflanzenfasern aufgesaugt, länger im Darm verweilen und in Krebs erregende Stoffe umgewandelt werden. Durch eine ballaststoffarme Ernährung werden auch Stoffwechselerkrankungen wie die Zuckerkrankheit, die Arteriosklerose, das Gallensteinleiden und die Fettsucht gefördert.

Ballaststoffreiche Lebensmittel sind insbesondere Hülsenfrüchte, Getreidekörner, Vollkornprodukte, Gemüse (Rosenkohl, Radieschen, Kohl) und Trockenobst. Durch Zugabe von Kleie kann man den Ballaststoffgehalt einer ballaststoffarmen Ernährung erhöhen. Man muss dann aber auch ausreichend trinken, um die Kleie zum Quellen zu bringen. Manche verwechseln Weizen*kleie* und Weizen*keime* – Leser dieses Buches aber wohl nicht ...

Bedeutung für den Sportler

Je geringer das Nahrungsvolumen, desto mehr auf Ballaststoffe achten

Breiten- und Gesundheitssportler benötigen ausreichend Ballaststoffe in ihrer Ernährung. Sie sollten sich ihre Nahrungsmittel nach ihrer Vollwertigkeit und auch nach ihrem Ballaststoffreichtum auswählen. Leistungs- und Hochleistungssportler dagegen verbrauchen in ihrem intensiven und umfangreichen Training so viel Energie, dass das notwendige Nahrungsvolumen sehr groß wird. Sie müssen zwar ebenfalls vollwertige Nahrungsmittel auswählen, da sie für eine Leistungskost unbedingt notwendig sind, ausgesprochen ballaststoffreiche Nahrungsmittel können für sie aber eher hinderlich sein, da sie das große Nahrungsvolumen (über 5000 kcal/21 000 kJ) noch mehr vergrößern. In der für diese Leistungsgruppe notwendigen Nahrungsmenge sind außerdem immer genügend Ballaststoffe enthalten.

4 Verdauung und Leistung

Die Funktion des Verdauungssystems

Das Verdauungssystem besteht aus dem Mund- und Rachenraum mit den Mundspeicheldrüsen, der Speiseröhre, dem Magen, dem Zwölffingerdarm, dem Dünndarm, dem Dickdarm und dem Mastdarm sowie den beiden großen Verdauungsdrüsen, der Leber mit der Gallenblase und der Bauchspeicheldrüse (Abb. 39). Die Verdauung beginnt bereits im Mund, nämlich durch das Enzym Amylase, das die Stärke verdaut. Daher sollte jeder Bissen gut gekaut und mit Speichel durchmischt werden. Über die Speiseröhre gelangt der Speisebrei in den Magen, der ihn mit bestimmten Bewegungen (Peristaltik) durchmischt. Wenn der Verdauungsvorgang im Magen ein bestimmtes Stadium erreicht hat, wird der Mageninhalt in den Zwölffingerdarm und von dort in den Dünndarm befördert. Der Magensaft dient vor allem der Eiweißverdauung.

Beginn der Verdauung bereits im Mund

Im Dünndarm werden die Speisen weiterverarbeitet und aufgespalten, schließlich werden die entstandenen einfachen Bausteine der Nährstoffe resorbiert. Im Dickdarm geht noch eine gewisse Nachverdauung vor sich, hauptsächlich wird aber Wasser zurückresorbiert. Die Nachverdauung im Dickdarm wird durch Bakterien der Darmflora bewerkstelligt, während Magen und Dünndarm fast frei von Bakterien sind. Die Dickdarmbakterien zersetzen nicht vollständig verdaute Nahrungsreste, wobei es bei Eiweißspaltprodukten zu Fäulnisprozessen und bei Kohlenhydratbestandteilen zu Gärungsprozessen kommt mit Bildung von Fäulnis- und Gärungsgasen. Bei Fäulnisprozessen entstehen manchmal auch giftige Produkte (Ammoniak, Kadaverin u.a.), die die Darmwand durchdringen, normalerweise werden sie aber in der Leber entgiftet. Gärungsprozesse scheinen für den Menschen prinzipiell günstiger zu sein als Fäulnisprozesse. Die tägliche Stuhlmenge besteht zu 75%–80% aus Wasser und zu 20–25% aus festen Bestandteilen (Zellulose, Bakterien, abgeschilferte Darmzellen u.a.). Die Stuhlfarbe ist durch die zersetzten Gallenfarbstoffe bestimmt.

Fäulnis gefährlicher als Gärung

Die Magenverweildauer der Speisen

Da man sportliche Belastungen nicht mit vollem Magen antreten soll, ist es wichtig zu wissen, wie lange die aufgenommenen Speisen im Magen verweilen. Bei durchschnittlicher Kost beträgt die Verweildauer im Magen etwa drei Stunden. Die Länge der Magenverweildauer kann als Gradmesser für die Verdaulichkeit der Nahrungsmittel benutzt werden. Wenn die Entleerung des Magens durch Störungen der Beweglichkeit des Magenpförtners oder durch schwer verdauliche Speisen verzögert ist, kann es zu einer Übersäuerung durch Magensaft kommen, die sich manchmal als »Sodbrennen« äußert.

Magenentleerung und Verdaulichkeit

108 | Verdauung und Leistung

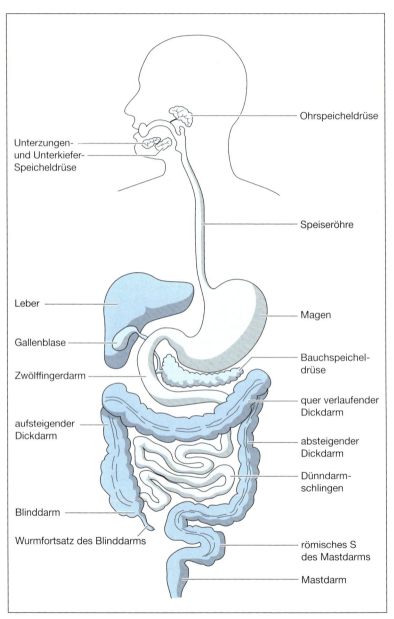

Abb. 39 Magen-Darm-Trakt.

Die Magenverweildauer der Speisen | 109

Für die Magenentleerungszeit gelten prinzipiell folgende Gesetzmäßigkeiten:

1. Je weniger die Nahrung beim Kauen zerkleinert wird, desto länger bleibt sie im Magen liegen.
2. Je fetter die Nahrung, desto länger ist die Magenverweildauer.
3. Tierische Nahrungsmittel verbleiben im Allgemeinen länger im Magen als pflanzliche, aber:
4. Nahrungsmittel mit schwer verdaulicher Gerüstsubstanz bleiben länger im Magen (z.B. Gurkensalat).
5. Konzentrierte Süßspeisen (Zucker, hochprozentige Glucoselösungen, Schokolade) verzögern die Magenentleerung. Bei isotonen Lösungen (z.B. 5%ige Glucoselösung) entleert sich der Magen am schnellsten.
6. Sehr kalte und sehr heiße Getränke oder Speisen bleiben länger im Magen als körperwarme.
7. Der Magenausgang ist nach rechts vorne gerichtet. Daher entleert sich der Magen am schnellsten, wenn man nach der Nahrungsaufnahme auf der rechten Körperseite liegt.

Faktoren für die Magenverweildauer

Die Magenverweildauer und damit die Verdaulichkeit hängen von der Art der Speisen und von ihrer Zubereitungsart ab (Tab. 48). Die gleiche Menge von Eiern (100 g) bleibt z. B. eine Stunde und 45 Minuten im Magen, wenn sie 3 Minuten gekocht sind, zwei Stunden 15 Minuten, wenn sie roh sind, zweieinhalb Stunden, wenn sie als Rührei mit Butter zubereitet wurden und gar drei Stunden, wenn die Eier hart gekocht oder als Eierkuchen genossen werden. Auch das Nahrungsvolumen spielt eine Rolle: Wasser verweilt z.B. zwei bis drei Stunden im Magen, wenn man 0,3–0,5 l trinkt. Während 0,1–0,2 l schon nach einer Stunde den Magen verlassen haben. Das bedeutet, dass mehrere kleine Mahlzeiten günstiger sind als wenige große und dass beim Flüssigkeitsersatz häufigere kleine (körperwarme) Portionen schneller aufgenommen werden als vereinzelte große.

Tabelle 48 Durchschnittliche Magenverweildauer verschiedener Speisen
(nach DONATH/SCHÜLER)

Verweildauer im Magen (Stunden)	Speisen
1–2	Wasser, Kaffee, Tee, Kakao, fettarme Fleischbrühe, Bier, weiche Eier, gekochter Reis, Süßwasserfische (gekocht)
2–3	Gekochte Milch, Kaffee mit Sahne, Kakao mit Milch, Kartoffeln, Kartoffelbrei, zarte Gemüse, Obst, Weißbrot, rohe Eier, gekochte Eier (3 Minuten), Seefisch, Kalb
3–4	Schwarzbrot, Vollkornbrot, Bratkartoffeln, Kohlrabi, Karotten, Radieschen, Spinat, Äpfel, gegrilltes Filet, Schinken, Huhn (gekocht), Rührei, Omelette
4–5	Hülsenfrüchte, Geflügel (gebraten), Wild, Rauchfleisch, Rind (gebraten), Gurkensalat, in Fett Gebackenes
6–7	Speck, Heringssalat, Pilze, Thunfisch in Öl
7–8	Gänsebraten, Ölsardinen, fettes Fleisch (z.B. Schweinshaxe), Grünkohl

Verdauung und Leistungsfähigkeit

Verdauungsstörungen beeinträchtigen die Leistung

Eine gesunde Verdauung ist wichtiger als große Muskelkraft. Das kann jeder Athlet bestätigen, der unter Verdauungsstörungen oder gar unter einer Durchfallerkrankung gelitten hat; dann geht nämlich die ganze, mühsam erworbene Form verloren. Sportliche Belastung und Verdauung stehen von der nervalen Steuerung her in einem gewissen Gegensatz: Die Leistung wird gefördert durch das sympathische Nervensystem, die Verdauung dagegen durch das parasympathische Nervensystem. Obwohl während der Belastung das sympathische Nervensystem dominiert, laufen die Verdauungsvorgänge weiter, sodass auch während großer körperlicher Belastungen die Aufnahme von Nährstoffen durch die Darmwand möglich ist. Dennoch sollte man berücksichtigen, dass die Verdauungstätigkeit nicht so optimal wie bei körperlicher Ruhe funktioniert. Deshalb sollte man vor und während einer Belastung nur leicht verdauliche Nahrung in geringen Mengen zu sich nehmen, die letzte größere Mahlzeit am besten zwei bis drei Stunden vor dem Start.

Verdauungsarbeit verbraucht Energie

Nicht eindeutig abzuschätzen ist die durch die Verdauungsarbeit verbrauchte Energie; sie geht auf jeden Fall dem Leistungsstoffwechsel verloren. Außerdem sammelt sich bei erhöhter Verdauungstätigkeit vermehrt Blut in den Verdauungsorganen, das dann der arbeitenden Muskulatur fehlt. Die größte Kreislaufbelastung durch die Verdauungsarbeit findet ca. 90 Minuten nach Kohlenhydratmahlzeiten, aber erst vier bis fünf Stunden nach großen Eiweißmahlzeiten statt. Ein überfülltes und überlastetes Verdauungssystem ist also auf jeden Fall ungünstig für die Entfaltung der sportlichen Leistungsfähigkeit.

Aber auch das Gegenteil ist ungünstig, nämlich mit vollkommen leerem Magen an den Start zu gehen. Es kann dann zu krampfartigen Schmerzen, Übelkeit und einem Leeregefühl in der Magengegend kommen. Die genaue Ursache für solche unangenehmen Empfindungen ist noch nicht sicher bekannt. Es könnte sich aber um sog. »Hungerkontraktionen« des Magens handeln, möglicherweise verbunden mit einem Absinken des Blutzuckers (Hypoglykämie).

Verdauungssystem nach körperlicher Belastung schonen

Nach der körperlichen Belastung bleibt das sympathische Nervensystem noch mehr oder minder lange dominierend, je nachdem, wie intensiv und erschöpfend die Belastung war. Der Organismus bleibt im »Alarmzustand«, das Verdauungssystem ist noch weitgehend ruhig gestellt. Die Verdauungssäfte werden nur in geringen Mengen produziert, der Mund ist trocken. Der Speichelfluss hat noch nicht eingesetzt. Auch der Appetit kommt erst langsam. Wenn man jetzt schon eine große Mahlzeit zu sich nehmen würde, wäre die Verdauung noch nicht optimal vorbereitet, sodass es leichter zu Verdauungsstörungen kommen könnte. Auch sollte man wissen, dass der Magen nach Belastungen besonders empfindlich gegen kalte Getränke und Speisen ist.

Faktoren für eine »gesunde Verdauung«

Ideal zur Essensaufnahme ist eine ruhige Atmosphäre, eine gewisse innere Ruhe, welche signalisiert, dass das parasympathische Nervensystem den regenerativen Stoffwechsel steuert. Eine innere harmonische Einstellung, bewusstes Essen, gründliches Kauen und die richtige Auswahl der Nahrungsmittel sind die besten Voraussetzungen für die nachfolgende gesunde Verdauung. Was versteht man aber unter einer gesunden Verdauung, wann ist das Verdauungssystem gesund? Diese Frage ist gar nicht so leicht zu beantworten. Medizinisch gesehen ist die Verdau-

Verdauung und Leistungsfähigkeit | 111

ung normal, wenn im Stuhl keine verdaulichen Nahrungsreste erscheinen. Eine gesunde Verdauung ist aber mehr. In der Naturheilkunde werden viele Krankheiten auf eine schlechte Verdauung zurückgeführt, die sich nicht unbedingt in Verstopfung oder fassbaren Verdauungsstörungen äußern muss. Auch im Volksmund sagt man, dass z. B. »unreine Haut« die Folge einer schlechten Verdauung sei. Was ist aber eine schlechte Verdauung? Es kann z. B. Fäulnis, also die bakterielle Zersetzung von Eiweißstoffen im Darm – wenn es sich um Fleisch handelt, kann man sogar von einer »inneren Verwesung« sprechen – bei Menschen mit einer schweren Lebererkrankung (Leberzirrhose) zu gefährlichen Vergiftungserscheinungen führen, weil die kranke Leber die bei der Fäulnis entstehenden giftigen Produkte nicht verarbeiten kann. Eine gesunde Leber kann das schon – aber es ist leicht vorstellbar, dass diese Mehrarbeit für ein an der Grenze seiner Stoffwechselleistung arbeitendes Organ nicht gerade leistungsfördernd wirkt. Prinzipiell scheinen Gärungsvorgänge, also die bakterielle Zersetzung von Kohlenhydraten, den Organismus weniger zu belasten als die giftigen Fäulnisprodukte.

Aus diesen Gründen wird schon seit vielen tausenden von Jahren z. B. in der Yogalehre in gewissen Abständen eine regelmäßige Darmreinigung empfohlen, die zur Verjüngung des gesamten Organismus führt. Sicherlich wäre eine solche Maßnahme auch für Sportler empfehlenswert, vielleicht zweimal im Jahr, z. B. im Frühjahr und Herbst, wenn sich der Organismus im Training und in der Lebensweise umstellt. Auf einfache Weise kann man den Darm reinigen, indem man z. B. 50 g Natriumsulfat (Glaubersalz, Karlsbader Salz) oder Magnesiumsulfat (Bittersalz) in 1,5–2 l lauwarmem Wasser auflöst und in kleinen Schlucken trinkt. Nach eineinhalb bis zwei Stunden erfolgt eine ausgiebige Darmentleerung und Darmreinigung. Danach sollte man ruhen und eine Portion Naturreis mit reichlich Butter essen. In den folgenden Tagen sollte man sich überwiegend von Obst, Gemüse und Getreideprodukten ernähren. Diese Prozedur sollte man natürlich nicht in der Wettkampfphase durchführen, sondern in einer Zeit, in der man auch einmal mit dem Training ein oder zwei Tage aussetzen kann. Denn wie gesagt: Eine gesunde Verdauung ist oft wichtiger als große Muskelkraft.

Bedeutung der Darmreinigung

5 Ernährungsstrategie in der Praxis

Die Bedeutung der an den tatsächlichen Bedarf angepassten Ernährung

Die motorischen Hauptbeanspruchungsformen bestimmen die Nährstoffrelation

Ein Marathonläufer ernährt sich anders als ein Gewichtheber. Der magere Marathonläufer isst zunächst einmal weniger als ein Gewichtheber, zumindest als einer aus den höheren Gewichtsklassen. Aber auch die Nahrungszusammensetzung ist völlig verschieden: Der Marathonläufer wird sich von sehr viel Kohlenhydraten, Obst, Gemüse und wenig Fleisch ernähren, während der Gewichtheber den Schwerpunkt der Ernährung auf Eiweißlieferanten wie Milch, Quark und Fleisch legen wird. Würde man dem Marathonläufer die Kost eines Gewichthebers anbieten und umgekehrt dem Gewichtheber die eines Marathonläufers, so würde die sportartspezifische Leistungsfähigkeit bei beiden deutlich zurückgehen. Die Art der Belastungsanforderung bestimmt also die Qualität der Nahrungszusammensetzung, insbesondere das Verhältnis der Energie liefernden Hauptnährstoffe Kohlenhydrate, Fette und Eiweiß. Insgesamt gibt es fünf motorische Hauptbeanspruchungsformen:

- Koordination (Technik)
- Flexibilität (Gelenkigkeit)
- Kraft
- Schnelligkeit und
- Ausdauer

Anpassung der Ernährung an ein wechselndes Belastungsprofil

Diese Beanspruchungsformen kombinieren sich in jeder Sportart zu einem bestimmten Belastungsprofil. So trainiert der Ausdauersportler in seinen verschiedenen Trainingseinheiten nicht nur Grundlagenausdauer und wettkampfspezifische Ausdauer, sondern je nach der Länge seiner Wettkampfstrecke auch Kraft und Schnelligkeit (Abb. 40). Diesen wechselnden Anforderungen im Training muss sich auch die Ernährung anpassen, denn man ist zu der Erkenntnis gekommen, dass eine bedarfsgerechte Ernährung die Leistung am besten fördert. Das wäre die ideale, optimale Ergänzung eines optimalen Trainings, worunter man das Training versteht, bei dem man mit dem geringsten Aufwand den größten Effekt erzielt. Dazu muss neben der Qualität auch die Quantität der Nahrung dem tatsächlichen Bedarf entsprechen, hat es sich doch gezeigt, dass weder eine Über- noch eine Unterernährung die Leistung verbessern.

Die optimale, leistungsfördernde Ernährung muss also quantitativ und qualitativ möglichst genau dem tatsächlichen Bedarf angepasst werden – und soll dabei trotzdem vollwertig bleiben, damit die größtmögliche Leistungssteigerung erzielt wird. Dazu muss man die Ernährung flexibel gestalten, richtig variieren und in den Trainingsprozess integrieren.

Die Bedeutung der angepassten Ernährung | 113

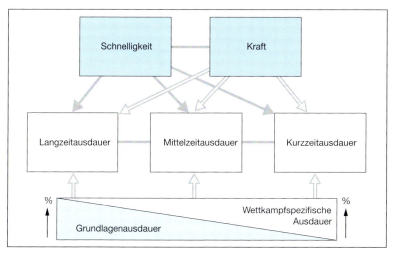

Abb. 40 Beispiel für das Zusammenwirken verschiedener motorischer Hauptbeanspruchungsformen im Rahmen von Langzeit-, Mittelzeit- und Kurzzeitausdauer (nach HARRE).

Grundlagen der Leistungskost

Unter einer vollwertigen Leistungskost versteht man eine Ernährungsweise, bei der alle fünf Ernährungsbilanzen mit vollwertigen Nahrungsmitteln ausgeglichen werden. Dabei gelten folgende Grundsätze: **Die fünf Ernährungsbilanzen**

1. Bedarfsgerechte Energieaufnahme zur Sicherung einer sportartspezifischen ausgeglichenen Energiebilanz.
2. Bedarfsgerechte Aufnahme hochwertiger Energie liefernder Grundnährstoffe (Kohlenhydrate, Fette, Eiweiße) in einem optimalen Verhältnis zur Sicherung des für die jeweilige Sportart richtigen Aufbau- und Belastungsstoffwechsels.
3. Bedarfsgerechte Aufnahme aller erforderlichen Vitamine zur Sicherung eines optimalen Stoffwechselablaufes.
4. Bedarfsgerechter Ersatz von Mineralstoffen und Spurenelementen zur Regulation des hohen Stoffwechselumsatzes.
5. Bedarfsgerechte Flüssigkeitsaufnahme zur Sicherung der Flüssigkeitsbilanz bei vermehrter Beanspruchung des Wasser- und Säure-Basen-Haushaltes sowie der Wärmeregulation.

Sportartengruppen mit qualitativ ähnlichen Ernährungsanforderungen

Man kann und muss nicht für jede Sportart einen eigenen Ernährungsplan aufstellen. Das würde die Freiheit und die Freude bei der Auswahl der Nahrungsmittel nur beeinträchtigen. Es genügt, die *Grundprinzipien* zu kennen, die durch die Qualität

114 | Ernährungsstrategie in der Praxis

**Kenntnis der
Grundprinzipien
ausreichend**

der Belastungsstruktur bestimmt werden. Dazu kann man die große Zahl von Sportarten in Sportartengruppen zusammenfassen, die in ihrer Belastungsstruktur sowohl im Training als auch im Wettkampf ähnlich sind (Tab. 49). Die beiden Extreme Kraftsportarten und Ausdauersportarten trainieren vorwiegend Kraft und Ausdauer. Die Gruppe der Schnellkraftsportarten muss in verschiedenen Trainingseinheiten Schnelligkeit, Kraft und auch Ausdauer einzeln trainieren, um schließlich die sportartspezifische Eigenschaft Schnellkraft oder Schnellkraftausdauer zu erzielen. Schwierig ist auch die Kombination von Kraft und Ausdauer in den Kraftausdauersportarten, die ebenfalls einzeln und in Kombination trainiert werden müssen, um schließlich die sportartspezifischen Eigenschaften zur Vollkommenheit zu entwickeln. So ergeben sich bei den Ausdauersportarten mit hohem Krafteinsatz, den Kampfsportarten und den Spielsportarten ganz spezifische Probleme, die durch eine leistungsfordernde, sportartspezifische Ernährung gelöst werden müssen.

Tabelle 49 Einteilung in Sportartengruppen mit qualitativ ähnlicher Belastungsstruktur

1. Kraftsportarten → Seite 156
2. Schnellkraftsportarten → Seite 151
3. Kraftausdauersportarten → Seite 143
   a) Ausdauersportarten mit hohem Krafteinsatz
   b) Kampfsportarten
   c) Spielsportarten
4. Ausdauersportarten → Seite 136
5. Sonstige Sportarten → Seite 158

Ernährungsphasen innerhalb der verschiedenen Sportartengruppen

**Ganzjährige
Trainings- und
Ernährungs-
planung**

Sportler erleben das Jahr in seinen vier Jahreszeiten viel bewusster als Nichtsportler. Zusätzlich unterteilen ernsthaft trainierende Sportler ihr Trainingsjahr ebenfalls in vier Abschnitte:

- Vorbereitungsperiode, deren erster Abschnitt sich bei Sommersportarten über den Winter und deren zweiter Abschnitt sich über das Frühjahr erstreckt,
- Wettkampfperiode im Sommer und
- Übergangsperiode im Herbst.

Diese Einteilung mag für den Breiten- und Leistungssportler genügen, der Hochleistungssportler muss jedoch seine Planung noch genauer ausarbeiten, indem er seine Trainingsbelastungen in Belastungszyklen unterteilt (Abb. 41). Wenn man sich eine solche Belastungsdynamik in einem Jahreszyklus vergegenwärtigt, wird man ohne weiteres verstehen, dass einem solchen Sportler mit starren Speiseplänen wenig gedient ist. Hier kommt das natürliche Gespür des Athleten zu Hilfe, das sich gleichzeitig mit dem zunehmenden Trainingszustand entwickelt (siehe S. 181). Trotzdem hat es sich für die sich im Trainingsprozess entwickelnden Sportler aller Sportkategorien – Gesundheits- und Breitensport, Leistungs- und Hoch-

Die Bedeutung der angepassten Ernährung | 115

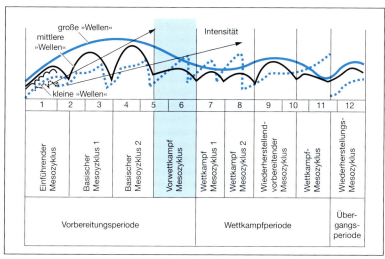

Abb. 41 Belastungsdynamik in einem Jahreszyklus (nach BERGER).

leistungssport – bewährt, in der Ernährung folgende grobe Unterteilung in bestimmte Ernährungsphasen zu treffen:

1. Trainings-Aufbauphase (Basisernährung),
2. Vorwettkampfphase,
3. Wettkampfphase
   a) vor dem Start,
   b) während des Wettkampfes,
4. Nachwettkampfphase.

Am wichtigsten ist natürlich die Ernährung in der **Trainings-Aufbauphase,** da sie den längsten und wichtigsten Abschnitt des Trainingsjahres umfasst und daher auch als Basisernährung bezeichnet wird. Hier geht es darum, die unterschiedlichen Trainingsbelastungen durch die richtige Ernährung zu fördern und in ihrem Effekt zu verbessern. Dazu sollen die besten Nahrungsmittel zur Auswahl angeboten werden. In der **Vorwettkampfphase** geht es darum, die besten Voraussetzungen für den Wettkampf zu schaffen. In der **Wettkampfphase** sollten Ernährungsfehler vermieden werden, damit nicht die in das Training investierte Mühe zunichte gemacht wird. Auch in der **Nachwettkampfphase** sollte man nicht alle Grundsätze der leistungsgerechten Ernährung vergessen, um möglichst rasch und mit voller Kraft wieder in die Basisernährung der Trainings-Aufbauphase überzuleiten.

Flexible Speisepläne durch Kenntnis der Grundstrategie

Die Kenntnis der Grundprinzipien der Ernährung in den verschiedenen Ernährungsphasen ist für alle Sportarten von großem Nutzen, nicht nur im Bereich des Leistungs- und Hochleistungssportes, sondern auch im Breiten- und Gesundheitssport, da hier die gleichen Prinzipien gelten, auch wenn keine Wettkämpfe durchgeführt werden.

Die vollwertige Leistungskost in der Trainings-Aufbauphase (Basisernährung)

Minderwertige Nahrungsmittel eliminieren, hochwertige Nahrungsmittel bevorzugen

Breiten- und Gesundheitssportler ernähren sich richtig, wenn sie die Richtlinien einer gesunden Ernährung beachten. Sie können aber ihr Wohlbefinden und den Effekt ihres Trainings noch weiter steigern, wenn sie die im Folgenden angegebenen richtigen Nahrungsmittel auswählen und sich von jenen Nahrungsmitteln trennen, welche auf Dauer einer optimalen Leistungsfähigkeit nicht förderlich sind. Leistungs- und Hochleistungssportler investieren die meiste Zeit und Nervenkraft in die Trainings-Aufbauphase, wobei sie vorwiegend die Hauptbeanspruchungsformen Kraft, Schnelligkeit und Ausdauer trainieren und gleichzeitig ihre Gelenkigkeit (Flexibilität) und Technik (Koordination) verbessern. Für sie ist die Auswahl der richtigen Nahrungsmittel besonders wichtig, da sie bei einer täglichen Energieaufnahme von mehr als 5000 kcal/21 000 kJ jeden Monat etwa eine Nahrungsmenge in der Größenordnung ihres eigenen Körpergewichtes durch den Organismus schleusen. Durch eine falsche Nahrungszusammensetzung mit einem zu großen Anteil an minderwertigen Nahrungsmitteln kann die durch das Training erstrebte Leistungssteigerung ausbleiben.

Vermeidung der falschen Nahrungsmittel

Leere Kalorienträger meiden

Sie haben vollkommen recht, wenn Sie sagen, es gibt keine ausgesprochen »richtigen« oder »falschen« Nahrungsmittel – aber es ist falsch, wie ein Weltmeister zu trainieren und sich gleichzeitig wie eine Kaffeetante zu ernähren. Man kann weder mit Schweinebraten noch mit Torte seine Leistung auf Dauer optimal entfalten. Damit soll gesagt werden, dass zum richtigen Training auch die richtigen Nahrungsmittel gehören. Um für diese jedoch Platz im Speiseplan zu schaffen, muss man zunächst die für die sportliche Leistungsfähigkeit weniger günstigen Nahrungsmittel weglassen. Nahrungsmittel, die nur überwiegend »leere Kalorien« liefern und die wir schon weiter oben kennen gelernt haben, sind:

- **Zucker, zuckerhaltige Speisen und Getränke**
  - Monosaccharide (Traubenzucker)
  - Disaccharide (Rübenzucker, Rohrzucker)
  - Süßwaren (Bonbons, Pralinen, Schokolade, Nougatcreme, Marmelade, Torte)
  - Zuckerhaltige Getränke (Limonaden, Coca-Cola)
- **Produkte aus stark ausgemahlenen Mehlen (Weißmehlprodukte)**
  - Weißbrot, Brötchen, Toast, Kuchen, Kekse u. a.
- **Polierter Reis**
- **Fett, stark fetthaltige und mit viel Fett zubereitete Speisen**
  - Panierte Speisen (Schnitzel u. a.)
  - Rohrnudeln
  - Pfannkuchen
  - fette Wurst, fetter Schinken
  - Eigelb (Fett, Cholesterin!) u. a.
- **Alkohol**

Jetzt möchte so mancher Nichtsportler seinen Sport gar nicht beginnen, wenn er sieht, welch schmackhafte Gerichte er aus seinem Speiseplan entfernen soll. Wir wollen aber keine fanatischen Asketen ohne Lebensfreude heranbilden, sondern nur Hinweise geben, welche Nahrungsmittel auf die Dauer und in zu großen Mengen das harmonische Gleichgewicht einer hochwertigen Leistungskost stören. Es kommt durchaus vor, dass auch ein hochtrainierter Sportler zwischendurch einmal sechs Stück Torte verdrückt – aber dann sollte er doch wieder zu seiner langfristig sportgerechten Basisernährung zurückkehren. Wenn man sich diese Negativliste in das Unterbewusstsein einprägt, wird ein Selbststeuerungsprozess in Gang gesetzt, der einen in die richtige Richtung lenkt. Dazu kommt noch, dass durch regelmäßige sportliche Betätigung der Appetit ganz natürlich normalisiert wird, sodass man sich von selbst vollwertigeren Nahrungsmitteln zuwendet.

Auswahl der richtigen Nahrungsmittel

Die Sportler der verschiedenen Sportartengruppen müssen jeweils einen bestimmten Anteil an Kraft, Schnellkraft, Kraftausdauer und Ausdauer trainieren. Ausdauersportler müssen zusätzlich zur Ausdauer aber auch Schnellkraft und Kraftausdauer je nach Länge ihrer Wettkampfstrecke in den Trainingsplan einbeziehen; umgekehrt müssen Schnellkraft- und Kraftausdauersportler auch eine große Anzahl an Trainingseinheiten mit Ausdauerbelastungen durchführen. Für diese wechselnden Beanspruchungen sind jeweils bestimmte Nährstoffrelationen am günstigsten (Abb. 42), wobei die angeführten Prozentzahlen als Durchschnittsangaben

Nährstoffrelation und Vollwertigkeit der Nahrungsmittel beachten

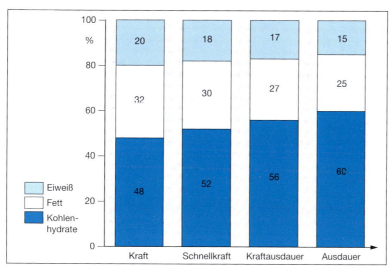

Abb. 42 Optimale Nährstoffrelation für die verschiedenen Sportartengruppen. Angaben in Energie % (kcal/% bzw. kJ/%) des Tagesenergiebedarfs.

118 | Ernährungsstrategie in der Praxis

Baukasten-system der wichtigsten Nahrungsmittel-gruppen

für die Basisernährung von Hochleistungssportlern aufzufassen sind. So sollte die Ernährung des Ausdauersportlers, der Kraftausdauer trainiert, vorübergehend die Nährstoffrelation dieser Sportartengruppe anstreben. Genauso sollten z.B. Schnellkraftsportler, die Ausdauertrainingseinheiten trainieren, auch die Nährstoffrelation von Ausdauersportlern kurzfristig übernehmen. Wenn man überwiegend Ausdauer trainiert, muss man den Anteil der Kohlenhydrate erhöhen; trainiert man Ausdauer mit sehr hoher Intensität oder vorwiegend Kraft und Schnelligkeit, so muss man den Eiweißanteil steigern. Immer sollte die Ernährung aber so fettarm wie möglich bleiben, wobei trotzdem die lebensnotwendigen (essenziellen) mehrfach ungesättigten Fettsäuren in der Nahrung enthalten sein sollten.

Über allen diesen Gesichtspunkten darf man weiter nicht vergessen, dass der Körper neben den Energie liefernden Grundnährstoffen im richtigen Verhältnis auch ausreichend Vitamine, Mineralstoffe, Spurenelemente und Flüssigkeit benötigt. Untersuchungen an Sportlern verschiedener Sportdisziplinen haben gezeigt, dass sie durchaus in der Lage sind, durch Gespür und Gefühl alle diese Anforderungen richtig zu erfüllen und aus dem Kreis der Lebensmittel (Abb. 43) diejenigen Nahrungsmittel auszuwählen, die für sie am günstigsten sind. Es empfiehlt sich dabei, die besten Nahrungsmittel mit einer hohen Nährstoffdichte auszuwählen und sie nach Art eines Baukastensystems in Gruppen zu ordnen:

1. **Kohlenhydratreiche Nahrungsmittel,** die vorwiegend aus **Polysacchariden** (Stärke) bestehen und gleichzeitig die zu ihrer Verarbeitung notwendigen Vitamine, Mineralstoffe und Spurenelemente enthalten.
2. **Eiweißreiche Nahrungsmittel,** die reichlich biologisch hochwertiges Eiweiß liefern und gleichzeitig nur wenig Fett enthalten.
3. **Hochwertige Fette** mit einem hohen Anteil von einfach (Olivenöl) und mehrfach ungesättigten Fettsäuren (pflanzliche Keimöle).
4. **Gemüse, Obst, Trockenobst und Obstsäfte** als wichtige Lieferanten von Vitaminen, Mineralstoffen, Spurenelementen, Flüssigkeit, sekundären Pflanzenstoffen und Ballaststoffen.

1. Gruppe

Ökonomische Energiespender plus Vitamine, Mineralstoffe und Spuren-elemente

Kohlenhydratreiche, stärkehaltige Nahrungsmittel (Tab. 50a):
- Getreidekörner (Weizen, Roggen, Hafer, Buchweizen, Gerste, Hirse); Naturreis
- Vollkornprodukte (Vollkornbrot, Vollkornkekse, Haferkekse, Vollkornpfannkuchen u.a.)
- Weizenkeime
- Frühstücksflocken (ohne Zucker)
- Haferflocken, Weizenflocken, Müsli, Cornflakes u.a.
- Teigwaren (Spaghetti, Makkaroni, andere Nudeln)
- Kartoffeln
- Hülsenfrüchte (Erbsen, Bohnen, Linsen) (Tab. 50b)
- Bierhefe

Die vollwertige Leistungskost in der Trainings-Aufbauphase

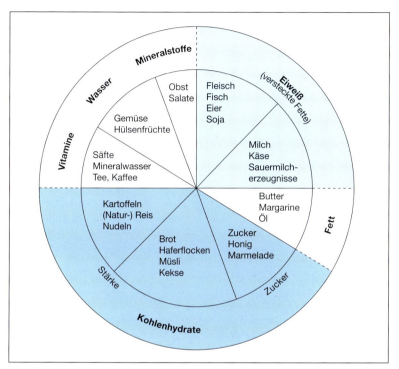

Abb. 43 Zusammenhang zwischen Nährstoffgruppen und Lebensmittelgruppen (nach HAMM).

2. Gruppe

Eiweißreiche, fettarme Nahrungsmittel
- Fettarme Milch und fettarme Milchprodukte
- Magermilch, fettarme Milch
  Joghurt, fettarm
- Käse, fettarm (Harzer, Limburger, Romadur u.a.)
- Speisequark, mager
- Hüttenkäse
- Mageres Fleisch (Kalb, Rind), Wild (Hase, Reh u.a.)
- Geflügel (Huhn, Truthahn)
- Fisch (Kabeljau, Flunder, Scholle, Seezunge, Forelle; außerdem die EPA-reichen Makrelen, Hering und Seelachs)
- Schalentiere (Hummer, Krabben, Austern, Muscheln)
- Hühnereiklar (Flüssigeiweiß – nicht das fett- und cholesterinreiche Eigelb!)

Baustoffe für Muskulatur, Enzyme und Hormone

120 | Ernährungsstrategie in der Praxis

Tabelle 50 Nährmittel, Hülsenfrüchte, Nüsse und Samen, Trockenobst und ihre wichtigsten Inhaltsstoffe

Angaben pro 100 Gramm in	Energie		Grundnährstoffe			Vitamine		Mineralstoffe				
	kcal	kJ	E g	KH g	F g	B₁ mg	C mg	Kalium mg	Natrium mg	Calcium mg	Mg mg	Eisen mg
a) Nährmittel												
Weizenkeime	373	1567	26,6	46,0	9,2	**2,0**	0	**837**	5	69	–	**8,1**
Weizengrieß	344	1481	10,8	71,5	1,0	**0,12**	0	**112**	1	17	–	**1,0**
Gerstengraupen	350	1470	10,4	74,0	1,4	**0,10**	0	**190**	5	14	125	**2,0**
Hirse, Korn	362	1510	10,6	71,0	3,9	**0,26**	0	**–**	3	–	170	**9,0**
Haferflocken	365	1530	14,0	66,0	7,0	**0,40**	0	**360**	3	65	80	**3,6**
Cornflakes	373	1567	8,0	84,0	0,6	**–**	–	**140**	915	13	–	**2,0**
Eier – Teigwaren (Nudeln)	367	1541	13,0	72,0	3,0	**0,20**	0	**155**	7	20	–	**2,1**
Spaghetti, eifrei	362	1520	12,5	75,2	1,2	**0,09**	0	**–**	5	22	–	**1,5**
Reis, Korn, unpoliert	351	1474	7,4	75,4	2,2	**0,41**	0	**150**	10	23	120	**2,6**
Reis poliert (Weißreis)	348	1462	7,0	78,7	0,6	**0,06**	0	**103**	6	6	30	**0,6**
b) Hülsenfrüchte												
Bohnen, weiß, getrocknet	330	1386	**21,3**	57,6	1,6	**0,46**	2,0	**1310**	2	106	**132**	**6,1**
Erbsen, gelb, geschält	347	1457	**23,0**	60,7	1,4	**0,71**	1,0	**944**	30	45	**125**	**5,2**
Linsen, getrocknet	331	1390	**23,5**	56,2	1,4	**0,43**	–	**810**	4	74	–	**6,9**
Sojabohnen, getrocknet	418	1756	**37,0**	27,0	18,0	**1,0**	+	**1740**	4	257	**247**	**8,6**

Fortsetzung Tabelle 50

Angaben pro 100 Gramm in	Energie		Grundnährstoffe			Vitamine		Mineralstoffe				
	kcal	kJ	E g	KH g	F g	B₁ mg	C mg	Kalium mg	Natrium mg	Calcium mg	Mg mg	Eisen mg
c) Nüsse und Samen												
Cashew-Nuss	600	2520	17,2	29,3	46,0	0,43	–	460	15	40	270	3,8
Erdnuss, frisch	333	1399	15,0	12,0	25,0	0,50	10,0	–	–	30	50	1,5
Erdnuss, geröstet	629	2642	26,0	21,0	49,0	0,32	–	740	3	75	180	2,3
Marone, Esskastanie	215	903	3,4	46,0	1,9	0,23	6,0	410	2	46	42	1,4
Kokosnuss	367	1541	4,2	11,0	34,0	0,05	–	–	–	10	–	2,0
Mandel	640	2688	19,0	19,5	54,0	0,25	+	690	3	234	252	4,7
Haselnuss	656	2755	13,0	13,7	61,0	0,40	3,0	630	2	225	150	3,8
Paranuss	703	2953	14,0	11,0	67,0	1,00	2,0	670	2	130	225	2,8
Walnuss	690	2898	15,0	13,5	64,0	0,35	15,0	570	5	70	135	2,1
Pistazienkern	638	2679	19,0	19,0	54,0	0,65	–	970	–	130	160	7,3
Sesam-Samen	594	2495	20,0	16,0	50,0	1,00	–	–	–	1500	–	10,0
Sonnenblumenkerne, geschält	524	2201	27,0	23,0	36,0	1,9	–	–	–	100	–	7,0

122 | Ernährungsstrategie in der Praxis

- Hülsenfrüchte (Erbsen, Bohnen, Linsen; Sojabohnen)
- Bierhefe
- Nüsse (Cashewnüsse, Erdnüsse, Haselnüsse, Kokosnüsse, Mandeln, Paranüsse, Pistazien, Walnüsse) und Samen (Kürbiskerne, Sesamkerne, Sonnenblumenkerne) – in geringen Mengen, ca. 30–50 g, da relativ fettreich (Tab. 50c).

3. Gruppe

Konzentrierte Energiespender plus fettlösliche Vitamine

Hochwertige Fette

Pflanzliche Fette mit hohem Anteil an einfach ungesättigten Fettsäuren:

– Olivenöl	– Rapsöl

Pflanzliche Fette mit hohem Anteil an mehrfach ungesättigten Fettsäuren:

– Distelöl (Safloröl)	– Sojaöl
– Sonnenblumenöl	– Maiskeimöl

Tierische Fette mit hohem Anteil an mehrfach ungesättigten Fettsäuren:
- Makrelen und Seelachs (enthalten die gegen Arteriosklerose wirksame mehrfach ungesättigte Eikosapentaensäure [EPS], Omega-3-Fettsäuren)

4. Gruppe

Vitamine, Mineralstoffe, Spurenelemente plus Ballaststoffe

Gemüse

– Artischocken	– Rosenkohl
– Auberginen	– Sellerie
– Blattgemüse (Salat, Spinat, Kohl)	– Spargel
– Blumenkohl	– Tomaten
– Brokkoli	– Tomatenmark (sehr reich an Kalium!)
– Chicorée	
– Chinakohl	– Zucchini
– Endivien	– Zwiebeln
– Feldsalat	– Knoblauch
– Fenchelknollen	– Schnittlauch
– Petersilie	– Brunnen- und Gartenkresse
– Hülsenfrüchte (Erbsen, Bohnen, Linsen)	– Meerrettich
	– Möhren (Karotten)
– Kürbis	– Paprikafrüchte u. a.

Obst

– Äpfel	– Acerola-Kirschen (enthalten am meisten Vitamin C!)
– Aprikosen	
– Birnen	– Ananas
– Citrusfrüchte (Orangen, Mandarinen, Zitronen, Grapefruits)	– Bananen
	– Kaki

Die vollwertige Leistungskost in der Trainings-Aufbauphase | 123

– Kirschen
– Pfirsiche
– Pflaumen
– Beerenobst (Brombeeren, Erdbeeren, Heidelbeeren, Himbeeren, rote und schwarze Johannisbeeren, Preiselbeeren, Stachelbeeren, Weintrauben

– Kiwi
– Melonen
– Papaya u. a.

Vitamine, Mineralstoffe, Spurenelemente, Flüssigkeit

Trockenobst (sehr reich an Kalium und Magnesium!) (Tab. 50d)
– Rosinen
– Aprikosen

– Feigen
– Pflaumen u. a.

Das bei der Konservierung von Trockenfrüchten verwendete Schwefeldioxid (SO_2) soll aus Gründen der Schönheit die enzymatische Bräunung der Früchte verhindern, die eigentlich völlig unbedenklich wäre. Schwefeldioxid ist jedoch ein Enzymblocker, ein Vitamin-B_1-Zerstörer und kann bei empfindlichen Personen Kopfschmerzen auslösen. Deshalb *ungeschtwefelte Trockenfrüchte* verwenden!

»Natürliche Konserven« mit konzentriertem Angebot an Mineralstoffen (Kalium!) und Fruchtzucker

Obstsäfte (Tab. 51)
– Apfelsaft
– Orangensaft, Grapefruitsaft
– Traubensaft

– Karottensaft
– Tomatensaft
– Schwarzer Johannisbeersaft u. a.

Flüssigkeit mit Mineralstoffen, Spurenelementen und Vitaminen

Was in Bezug auf die Nährstoffrelation die Umstellung von unserer üblichen Zivilisationskost auf die in der Leistungskost vorzuziehenden Nahrungsmittel bedeutet, kann in einem Beispiel einfach gezeigt werden, indem man einem gewöhnlichen Hotelfrühstück ein einfaches Vollkornmüsli mit Milch und Obst gegenüberstellt (nach R. BREUER):

Hotelfrühstück:
Zwei Brötchen mit 25 g Butter und zwei Scheiben Käse (45 % Fett i.Tr.)

Nährstoffanalyse:

Kohlenhydrate	61 g	= 30 kcal/kJ%
Eiweiß	32 g	= 15 kcal/kJ%
Fett	50 g	= 55 kcal/kJ%
Energie	844 kcal/3533 kJ	

Beispiel für eine prinzipielle Ernährungsumstellung in der Praxis

Viele beginnen also den Tag bereits mit einem Fettüberschuss von 55 kcal/kJ% und einem viel zu niedrigen Kohlenhydratanteil von 30 kcal/kJ%, sodass es im weiteren Tagesablauf schwierig wird, diese ungünstige Nährstoffrelation in die für die Sporternährung optimale zu verändern. Wenn man sein Frühstück jedoch aus vollwertigen und fettarmen Nahrungsmitteln zusammenstellt (z. B. Vollkorn-Müsli, S. 126), sieht die Nährstoffrelation sofort viel günstiger aus.

124 | Ernährungsstrategie in der Praxis

Fortsetzung Tabelle 50

Angaben pro 100 Gramm in	Energie		Grundnährstoffe			Vitamine		Mineralstoffe				
	kcal	kJ	E g	KH g	F g	B₁ mg	C mg	Kalium mg	Natrium mg	Calcium mg	Mg mg	Eisen mg
d) Trockenobst												
Apfel, getrocknet	286	1197	1,2	66,8	1,6	0,08	11	596	5	31	–	1,4
Aprikose, getrocknet	292	1222	5,0	66,9	0,5	0,01	12	1175	19	75	50	5,0
Banane, getrocknet	371	1552	4,4	86,6	0,8	0,20	7	1477	4	32	–	2,8
Birne, getrocknet	273	1142	3,1	61,1	1,8	0,01	7	573	7	35	–	1,3
Datteln, getrocknet	300	1255	2,0	71,9	0,5	0,07	2	649	18	61	50	2,5
Feige, getrocknet	277	1159	3,9	62,5	1,3	0,11	0	745	37	160	70	3,2
Korinthen, getrocknet	243	1039	1,7	63,1	–	0,03	0	710	20	95	36	1,8
Pfirsich, getrocknet	281	1176	3,1	65,6	0,7	0,01	17	1145	13	46	–	6,5
Pflaumen, getrocknet	291	1222	2,3	69,4	0,6	0,20	4	824	8	41	–	2,3
Rosinen	246	1049	1,1	64,4	–	0,10	0	860	52	61	42	1,6
Zum Vergleich Frischobst												
Apfel	60	251	0,2	13,5	0,6	0,03	4	110	1	7	–	0,3
Banane	96	402	1,1	22,5	0,2	0,05	11	382	1	8	36	0,7
Birne	60	251	0,6	13,4	0,4	0,03	4	128	2	9	8	0,3
Trauben	73	305	0,7	16,9	0,3	0,05	4	183	3	15	9	0,5

1 mg = 1/1000 g   KH = Kohlenhydrate   F = Fett   Mg = Magnesium
– = nicht ermittelt   E = Eiweiß   + = nur in Spuren vorhanden

Fortsetzung Tabelle 50 Obst- und Gemüsesäfte (nach HAMM/NILLES)

Getränke-Sorte je 200 ml = 1 Trinkglas	Energie		Kohlen-hydrate	Vitamine		Mineralstoffe/Elektrolyte			
	kcal	kJ	g mg	B₁ mg	C mg	Kalium mg	Natrium mg	Mg mg	Eisen mg
Ananassaft in Büchsen	110	460	27	0,1	14	**280**	2	30	1,0
Apfelsaft, Handelsware	094	394	23	0,02	2	**200**	4	10	1,2
Aprikosennektar, 40 % Fruchtant.	120	502	29	0,02	6	**302**	+	–	0,4
Birnennektar, 40 % Fruchtanteil	110	460	26	+	+	**78**	2	–	0,2
Grapefruitsaft, Handelsware	78	326	18	0,08	80	**258**	4	–	0,6
Grapefruitsaft, frisch	82	340	20	0,06	90	**300**	4	24	0,8
Johannisbeersaft, rot	100	418	24	+	12	**220**	+	–	0,6
Johannisbeersaft, schwarz	108	452	26	+	60	**196**	10	–	0,6
Karottensaft, frisch	46	200	13	–	8	**438**	104	–	–
Orangensaft, frisch	94	394	21	0,2	104	**314**	2	24	0,4
Orangensaft, Handelsware	98	410	22	0,16	82	**344**	3	24	0,5
Traubensaft	138	578	34	0,08	2	**264**	6	18	0,8
Tomatensaft, ungesalzen	36	150	7	0,1	32	**460**	10	14	1,8
Zitronensaft, frisch	70	292	16	0,08	102	**284**	4	2	0,4

1 mg = 1/1000 g   Mg = Magnesium
– = nicht ermittelt   + = nur in Spuren vorhanden

126 | Ernährungsstrategie in der Praxis

Vollkorn-Müsli:
Vier bis fünf Esslöffel Vollkornflocken (40 g), ein Apfel, eine Banane, zwei Esslöffel Rosinen, ein Esslöffel Zitronensaft, eine Tasse Milch

Nährstoffanalyse:

Kohlenhydrate	100 g	= 84 kcal/kJ%
Eiweiß	12 g	= 10 kcal/kJ%
Fett	3 g	= 6 kcal/kJ%
Energie	487 kcal/2040 kJ	

Auswahl der richtigen Getränke

Obst, Obstsäfte und Trockenfrüchte zum Ausgleich von Schweißverlusten mit einbeziehen

Wenn man häufig trainiert, vielleicht sogar täglich oder gar zwei bis drei Trainingseinheiten am Tag absolviert, wenn die Außentemperatur auf über 25° C ansteigt oder wenn man lange Wettkämpfe (Turniere) bestreitet, z. B. im Tennis, oder Etappenradrennen in der Hitze fahren muss und überhaupt in allen Situationen, bei denen der Körper viel Flüssigkeit durch Schwitzen verliert, sollte man sich bewusst machen, dass der verlorene Schweiß nicht nur Wasser, sondern auch Kochsalz, Kalium, Magnesium, Eisen und Vitamin C enthält. Deshalb ist es ratsam, bei großen Schweißverlusten niemals nur Wasser, mineralstofffreie Getränke (Limonaden, Coca-Cola, Tee) zu trinken, sondern auch daran zu denken, dass flüssigkeitsreiches Obst (Äpfel, Birnen, Orangen, Melonen usw.) neben Wasser auch Mineralstoffe und Spurenelemente liefert. Je größer und regelmäßiger der Schweißverlust ist, desto mehr ist darauf zu achten, die richtigen Getränke auszuwählen. Sie sollten vor allem auch Kochsalz (1–2 g/l) enthalten.

Wasser ist aus bereits mehrfach genannten Gründen nur teilweise für den Ersatz der Schweißverluste geeignet, da mit dem Schweiß auch immer Mineralstoffe (vor allem Kochsalz) und Spurenelemente verloren gehen. In kleinen Mengen stört dies das innere Gleichgewicht des Organismus sicherlich noch nicht derart, dass es zu einem Leistungsabfall kommt, aber nach größeren Schweißverlusten müssen einfach auch die verlorenen Mineralstoffe in Nahrung und Getränken enthalten sein, da es sonst zu einem Mineralstoffmangelsyndrom (siehe S. 95) kommt mit Leistungsabfall, Verspannung der Muskulatur, erhöhter Verletzungsanfälligkeit und Muskelkrämpfen. Teilweise bringt die Zufuhr isotonischer Mineralstoffgetränke (siehe S. 174) sicherlich Vorteile, da sie in Ergänzung zu mineralstoffarmen Getränken die Leistungsfähigkeit aufrechterhalten können. Auch Trockenobst kann in Kombination mit mineralstoffarmen Getränken durchaus die bedarfsgerechte Zufuhr von Flüssigkeit, Mineralstoffen und Spurenelementen sichern.

Oftmals wird nach anstrengenden Belastungen mit hohen Schweißverlusten auch eine gesalzene Ochsenschwanzsuppe empfohlen, da sie warm ist, reichlich Kochsalz enthält und zudem appetitanregend wirkt. Beim Flüssigkeits- und Mineralstoffausgleich sollte man jedoch daran denken, dass beim Abbau von Glykogen Kalium frei wird (siehe S. 58) und beim Wiederaufbau von Glykogen nach der Belastung wieder in die Muskelzellen zusammen mit dem Glykogen eingebaut wird. Das heißt: Während der Belastung verliert man zwar Kalium über den Schweiß, aber der Kaliumspiegel im Blut sinkt so lange nicht ab, so lange dem Körper Glykogen zum Abbau zur Verfügung steht. Während der Belastung sollte man also eher auf den Ersatz von Kochsalz achten. Ein altes Rezept aus dem Radsport ist zum Beispiel: 0,5 l Grüner Tee mit Honig und einer Prise Meersalz.

Anders ist die Situation nach der Belastung: Jetzt baut der Organismus das Muskelglykogen wieder auf und für jedes Gramm Muskelglykogen gleichzeitig fast 20 mg Kalium in die Muskelzellen ein. Beim Aufbau von zum Beispiel 300 g Muskelglykogen entsteht so gleichzeitig ein Kaliumbedarf von 6 Gramm! Man muss also nach der Leistung außer der Flüssigkeit vor allem auch Kohlenhydrate und Kalium zuführen. Das gelingt am besten, wenn man seinen Durst nach der Belastung mit Obstsäften stillt oder mit anderen Flüssigkeiten zusammen mit Trockenfrüchten (siehe Tab. 50, S. 124). Obstsäfte enthalten nämlich sehr viel Kalium (Apfelsaft, roter Traubensaft, Tomatensaft) und Magnesium (Orangensaft, roter Traubensaft, Tomatensaft). Tomatensaft enthält außerdem meistens noch reichlich Kochsalz. Wegen des hohen Fruchtzuckergehaltes sollte man Obstsäfte im Verhältnis 1:1 mit Mineralwasser verdünnen, damit eine isotonische »Lösung« entsteht, die das Magen-Darm-System auch besser verträgt.

Richtige Verteilung der Mahlzeiten

Die Wirkung der leistungsfördernden Nahrungsmittel kann man noch vergrößern, indem man sie nicht gedankenlos hinunterschlingt, sondern mit Ruhe und Bewusstheit gründlich kaut und in sich aufnimmt. Häufigere kleinere Mahlzeiten sind grundsätzlich günstiger als wenige große, da der menschliche Organismus kleinere Mahlzeiten viel besser und ökonomischer verwertet. Man sollte auch niemals mit vollem Magen intensiv trainieren, denn Verdauungsarbeit, verminderte Zwerchfellbeweglichkeit und Ruhebedürfnis des Körpers behindern die Entfaltung der körperlichen Leistung. Auch ist ein Training mit vollem Magen nicht ungefährlich und kann, besonders bei heißer Witterung, zu Herz-Kreislauf-Störungen, bei älteren Sportlern sogar zu Herzinfarkten führen. Daher sollte man niemals früher als 1 1/2–2 Stunden nach einem Essen trainieren. Opulente Mahlzeiten sind vor einem Wettkampf oder dem Training überhaupt zu vermeiden. Empfehlenswert ist es auch, den größten Teil der Nahrungsenergie bereits in der ersten Tageshälfte zu sich zu nehmen, da zu Beginn des Tages aufgenommene Nahrungsmittel die Leistungsfähigkeit fördern und weniger in Fett umgewandelt werden als die am Abend aufgenommenen Speisen.

Den Umgang mit dem Verdauungssystem lernen

Zum **Frühstück** sollten daher ca. 30% der gesamten Nahrungsenergie des Tages aufgenommen werden. Es sollte kohlenhydratreich sein, aber auch das Eiweiß darf nicht fehlen, wobei magere Eiweißspender (fettarme Milch, Magerquark, fettarmer Joghurt, magerer Käse, mageres Fleisch oder magere Wurst) zu wählen sind. Es ist manchmal besser, die Nahrungsenergie des Frühstückes aufzuteilen und zum ersten Frühstück 25%, zum zweiten 5% der für den Tag vorgesehenen Gesamtenergie aufzunehmen (Tab. 51).

Das **Mittagessen** sollte ca. 20–25% der Nahrungsenergie enthalten und je nach der im Nachmittagstraining vorgesehenen Belastungsanforderung eiweiß- oder kohlenhydratreich gestaltet werden. Eine Zwischenmahlzeit am Nachmittag, z. B. mit

128 | Ernährungsstrategie in der Praxis

überwiegend Kohlenhydraten, ist vorteilhaft. Sie kann ungefähr 10% des Tages-energiebedarfes betragen.

Am **Abend** bleiben dann noch 25% der Gesamtenergie, die durch eine kohlenhy-drat- oder eiweißreiche Ernährung aufgenommen werden muss, je nachdem, ob vorwiegend Kraft oder Ausdauer trainiert wurde. Die ersten Stunden nach Belas-tungsende sind der günstigste Zeitraum für die Wiederauffüllung der erschöpften Glykogenvorräte und für die Zufuhr von Eiweiß, da der Organismus keine Ei-weißspeicher besitzt. Das Abendessen kann man sich ebenfalls noch aufteilen, z. B. in die eigentliche Abendmahlzeit (ca. 20% der Energie) und eine Spätmahlzeit (ca. 15% der Energie). Die Spätmahlzeit sollte man aber nicht zu spät einnehmen, da es sonst zu Schlafstörungen kommen kann.

Tabelle 51 Optimale Verteilung der Energiezufuhr in der Basisernährung bei Hochleis-tungssportlern auf die verschiedenen Mahlzeiten (nach A. Berg)

Mahlzeit	Prozent der gesamten Energie	Ausdauersportarten	Kraftsportarten
1. Frühstück	25 %	1125 kcal	1250 kcal
2. Frühstück	5 %	225 kcal	250 kcal
Mittagessen	25 %	1125 kcal	1250 kcal
Nachmittag	10 %	450 kcal	500 kcal
Abendessen	20 %	900 kcal	1000 kcal
Spätmahlzeit	15 %	675 kcal	750 kcal
Gesamt	100 %	4500 kcal	5000 kcal

Zeitpunkt, Qualität und Quantität des Trainings bestimmen Essen und Trinken

Die angegebene Verteilung der Mahlzeiten stellt lediglich eine Richtlinie dar und gibt Anhaltspunkte für die eigene Essensgestaltung. Es kommt nämlich ganz dar-auf an, zu welcher Tageszeit welche Trainingseinheit absolviert wird. Wer z. B. am Vormittag trainiert, sollte das erste Frühstück und das Mittagessen reichlicher ge-stalten, wer nachmittags oder gegen Abend trainiert, dagegen mehr die Abend-mahlzeit. Auf Kraft trainierende Sportler sollten Eiweiß schwerpunktmäßig in den Mahlzeiten zu sich nehmen, die dem Training folgen. Das gilt auch für den Einsatz von Proteinkonzentraten. Sportler, die überwiegend Ausdauer trainiert haben, soll-ten die dem Training folgende Mahlzeit überwiegend kohlenhydratreich gestalten, da die rasche Phase der Glykogenspeicherung in den ersten Stunden nach Belas-tungsende abläuft.

Nach sehr intensiven Belastungen wollen Sportler oft zunächst gar keine festen Speisen zu sich nehmen, sondern eher flüssige Kost, Obst, Fruchtspeisen, Joghurt, Quark mit Obstsalat und dergleichen. Der Körper hat dann einen physiologischen Appetit auf Kohlenhydrate und Flüssigkeit, den man auf jeden Fall respektieren sollte. Nach großen Schweißverlusten ist nämlich die Sekretion der Verdauungs-säfte herabgesetzt, sodass die Verdauung der Speisen zu diesem Zeitpunkt noch nicht optimal wäre. Daher ist die teilweise Auffüllung der Flüssigkeitsverluste in dieser Zeit sinnvoll, ohne jedoch den Magen zu überfüllen, damit später noch Platz für die Aufnahme fester Speisen bleibt. Am besten trinkt man kleine Portionen in größeren Abständen. Dann entleert sich die Flüssigkeit auch schneller aus dem Magen (siehe S. 107) und steht dem Organismus schneller zur Verfügung.

Viele Sportler sind an Arbeitstagen auf Kantinenessen angewiesen, das infolge gut ausgebildeter Köche und Diätassistentinnen heutzutage meistens eine recht gute Qualität aufweist. Trotzdem ist aus Gründen der Schmackhaftigkeit und Gewohnheit der Fettanteil manchmal recht hoch. Außerdem lässt es sich nicht ganz verhindern, dass durch die längere Warmhaltung der Speisen ein großer Teil der hitzelabilen Vitamine verloren geht. Daher sollten Sportler, die überwiegend auf Kantinenessen angewiesen sind, auf mögliche Mangelzustände und Fehlernährung achten und diese dann durch eigene hochwertige Zwischenmahlzeiten ausgleichen. Insbesondere sollte die zu Hause eingenommene Abendmahlzeit die überwiegend genannten leistungsfördernden Nahrungsmittel enthalten. Wenn vorübergehend unüberwindbare Engpässe in der Versorgung mit bestimmten Stoffen, z. B. mit Proteinen oder Mineralstoffen, auftreten, ist es vorteilhaft, entsprechende Nahrungskonzentrate (siehe S. 171 ff.) einzusetzen, ohne jedoch auf Dauer die leistungsfördernde Basisernährung zu vernachlässigen.

Richtige Ernährung in der Vorwettkampfphase

Bedeutung für die verschiedenen Sportartengruppen

Im letzten Abschnitt vor dem Wettkampf geht es darum, die im Training erworbene Form zu erhalten und die besten energetischen Voraussetzungen für den Wettkampf zu schaffen. Was man bis jetzt nicht trainiert hat, kann man in der Vorwettkampfphase auch nicht mehr nachholen. Im Allgemeinen wird man die Trainingsbelastungen an Umfang und Intensität zurücknehmen, damit der Organismus sich regenerieren kann und der Wettkampf mitten in die Phase der Superkompensation fällt. In der Regel umfasst die Vorwettkampfphase die letzten drei oder vier bis sieben Tage vor dem Wettkampf. Das ist von Sportartengruppe zu Sportartengruppe verschieden. Gemeinsam ist jedoch allen Gruppen, dass der Athlet im Wettkampf leistungsfähiger ist, wenn die Glykogenvorräte der Arbeitsmuskulatur durch die richtigen Maßnahmen in Training und Ernährung gut gefüllt sind. Wie bereits dargelegt wurde (siehe S. 57 ff.), umfassen die Glykogenspeicher eines nicht Sport treibenden Menschen eine Kohlenhydratreserve von ca. 300 g (gleichbedeutend mit rund 1200 kcal/5000 kJ), die bei intensiver Ausdauerbelastung etwa für eine knappe Stunde ausreichen würde. Wenn man durch die richtigen Maßnahmen die Glykogenvorräte vergrößert, erhält man eine maximale Glykogenreserve von mehr als 500 g, entsprechend etwa 2000–2400 an Kohlenhydratenergie, die für eine intensive Ausdauerleistung von etwa zwei Stunden genügen würde. Es gibt keinen Zweifel darüber, dass in Ausdauersportarten im Allgemeinen und in Ausdauersportarten mit großem Krafteinsatz durch eine Vergrößerung der Glykogenspeicher eindeutige Vorteile für Wettkämpfe erzielt werden.

Die Energiereserven auffüllen

130 | Ernährungsstrategie in der Praxis

Die Mobilisier-barkeit des Muskel-glykogens

Immer wieder taucht die Frage auf, ob Athleten jener Sportartengruppen, deren Wettkampfbelastung kürzer als eine Stunde ist, im Wettkampf ebenfalls Vorteile davon haben, wenn ihre Glykogenspeicher über den voraussichtlichen Verbrauch hinaus angefüllt sind. Für Sportartengruppen, die mehr intervallartige Belastungen aufweisen, wie die Spiel- und Kampfsportarten oder wie die Schnellkraftsportarten, gewinnt jedoch ein anderer Gesichtspunkt an Bedeutung, nämlich der der Mobilisierbarkeit des Muskelglykogens: Je höher die Glykogenspeicher angefüllt sind, desto schneller und leichter können sie mobilisiert werden.

Wenn zwei Sportler von gleich gutem Trainingszustand unterschiedlich angefüllte Glykogenspeicher aufweisen, so wird der mit den größeren Glykogenspeichern seine Leistungsfähigkeit unter besseren Stoffwechselbedingungen entfalten können, da bei ihm in der gleichen Zeit mehr Glykogen abgebaut werden kann.

Aber auch reine Kraftsportler, wie Gewichtheber, Werfer und Stoßer, haben Vorteile durch gut gefüllte Glykogenspeicher. Ihre explosive Kraftentfaltung im Wettkampf wird zwar energetisch fast ausschließlich durch die energiereichen Phosphate (anaerob-alaktazide Energiebereitstellung) ermöglicht, jedoch werden die energiereichen Phosphate durch den Abbau von Glykogen am schnellsten regeneriert, wie das bei mehreren Starts und in Turnieren auch notwendig ist. Folglich ist die Auffüllung der Glykogenspeicher in der Vorwettkampfphase für alle Sportartengruppen wichtig und kann bei der heutigen Leistungsdichte im Hochleistungssport durchaus eine bedeutende Rolle für die Platzierung im Wettkampf spielen.

Die optimale Anfüllung der Glykogenspeicher

Prinzipiell gibt es drei Varianten, um die Glykogenspeicher vor dem Wettkampf aufzufüllen:

Die übliche Variante

1. Die am meisten angewendete Methode, um die Glykogenspeicher zu entleeren, besteht darin, die genannte Trainingsbelastung etwa drei bis vier Tage vor den Wettkampf zu setzen. In den folgenden drei bis vier Tagen wird die Ernährung überwiegend kohlenhydratreich gestaltet und das Training so locker fortgesetzt, dass die Einlagerung des Glykogens in die Arbeitsmuskulatur nicht behindert wird. Dieses Vorgehen reicht für die meisten Sportartengruppen aus.

Bedeutung der vorherigen Trainings-belastung

2. Man ernährt sich in den letzten drei bis vier Tagen vor dem Wettkampf überwiegend durch Kohlenhydrate, ohne die Glykogenspeicher vorher durch eine entsprechende Trainingsbelastung entleert zu haben. Auch dann füllt man die Glykogenspeicher an, erreicht aber keine wesentliche Vergrößerung.

Die extreme Variante

3. Von der folgenden Methode ist man inzwischen weitgehend abgekommen: Etwa sieben Tage vor dem Wettkampf werden die Glykogenspeicher durch ein umfangreiches Training mit relativ hoher Intensität möglichst vollständig entleert. In den folgenden drei bis vier Tagen ernährt man sich dann von einer fast ausschließlichen Fett-Eiweiß-Diät, die so gut wie keine Kohlenhydrate enthält, wobei das Training mit niedriger Intensität weitergeführt wird. Durch diese drastische Ernährungsumstellung verhindert man zunächst die Einlagerung von Glykogen in die Muskulatur. Dadurch entwickelt sich ein starker Kohlenhydrathunger, der dann in den letzten drei bis vier Tagen vor dem Wettkampf durch eine

überwiegend kohlenhydratreiche Diät gestillt wird. Die Arbeitsmuskulatur lagert jetzt sehr rasch und sehr viel Glykogen ein, sodass die Glykogenspeicher schließlich maximal gefüllt sind.

Der Nachteil dieser Methode liegt darin, dass die Tage der Fett-Eiweiß-Diät vom Athleten psychisch schwer zu tolerieren sind und eine große zusätzliche nervliche Belastung darstellen. Deswegen wird diese extreme Form der Glykogenspeicherung auch nur selten angewendet, z.B. von einigen 100-km-Straßenläufern und manchmal von Marathonläufern, die sich auf einige, besonders wichtige Wettkämpfe im Jahr vorbereiten.

Jeder Sportler sollte durch eigene Erfahrung diejenige Methode anwenden, die ihm den besten Erfolg bringt. Gemeinsam ist aber allen drei Methoden die kohlenhydratreiche Ernährung in den letzten drei bis vier Tagen vor dem Wettkampf, wobei die Kohlenhydrate auf über 60% der Nahrungsenergie ansteigen können. Dies erreicht man, wenn man bevorzugt die Nahrungsmittel der Gruppe 1, also stärkehaltige Kohlenhydratlieferanten (siehe S. 118), einsetzt. Da jedoch mit dem Glykogen gleichzeitig auch eine recht beträchtliche Menge an Kalium (5–10g) mit in die Muskelzelle eingebaut wird, sollte die Ernährung in dieser Zeit auch sehr kaliumreich sein. Eine hohe Kaliumzufuhr ist durch die Nahrungsmittel der Gruppe 4 (siehe S. 122 f.), vor allem durch Obst und Trockenfrüchte, gegeben.

Auf ausreichende Kaliumzufuhr achten

Die Ernährung am Wettkampftag

Am Wettkampftag gilt es, sich und seinen Gegnern zu zeigen, dass man sich richtig vorbereitet hat. Ein gut vorbereiteter Sportler kann gewiss sein, alles für sein gutes Abschneiden getan zu haben. Und doch ist die nervliche Anspannung manchmal recht groß, sodass je nach den äußeren Umständen manche Sportler durch unüberlegtes Handeln ihren normalerweise möglichen Wettkampferfolg vereiteln. Der eigene Wille zum Sieg ist vorhanden, ebenso gibt es Freunde, Betreuer und Funktionäre, denen der Sieg am Herzen liegt und die mit Ratschlägen nicht sparen. Dazu kommt der Kontakt mit den Gegnern und eine Witterung, die einem vielleicht nicht liegt, wie z.B. große Hitze oder große Kälte.

Am Wettkampftag keine Experimente

Schon oft haben gut vorbereitete Sportler in solchen Situationen aus Leichtsinn Fehler gemacht, die sie nachträglich bereuten. Man sollte sich auf keinen Fall hinreißen lassen, die gewohnte Ernährung am Wettkampftag drastisch umzustellen, zu hastig oder nervös etwas hinunterzuschlingen oder zu kalte Getränke in sich hineinzuschütten. Das hat schon oft zu Magenverstimmungen oder Durchfallerkrankungen geführt und die guten Aussichten für den Wettkampf rasch zerstört. Auch sollte man niemals von Fremden (oder Gegnern) Nahrungsmittel oder Getränke annehmen.

Gerade wegen der stressgeladenen Atmosphäre am Wettkampftag sollte sich der Sportler ganz fest vornehmen, garantiert keinen Fehler zu machen und nichts zu versuchen, was er nicht im Training vorher schon ausprobiert hat, vielmehr sollte er darauf vertrauen, dass der Organismus die notwendigen Leistungsvoraussetzungen bereits in sich trägt.

Die Ernährung vor dem Start

Zeitpunkt der letzten Mahlzeit

Hat der Sportler alles richtig gemacht, sollte die Speicherung des Muskelglykogens am Wettkampftag abgeschlossen sein, d. h., er kann sich jetzt durchaus wieder ganz »normal« ernähren. Wichtiger ist der Zeitpunkt der letzten Mahlzeit vor dem Start: Sie sollte etwa zwei bis drei Stunden vor Beginn des Wettkampfes liegen, damit der Magen weder stark gefüllt noch leer ist, denn beides ist für den Athleten von Nachteil. Ein voller Magen behindert die Zwerchfellatmung und hat eine große Verdauungsarbeit zur Folge mit unnötigem Sauerstoffverbrauch und Verlagerung von Blut in das Verdauungssystem. Dadurch wird die Leistungsentfaltung insgesamt behindert. Andererseits ist es genauso ungünstig, mit leerem Magen an den Start zu gehen. Neben einem Leeregefühl in der Magengegend kann man eine gewisse Schwäche verspüren und geht das Risiko eines Absinkens des Blutzuckers (Hypoglykämie) ein. Auch auf diese Weise ist eine optimale Leistungsentfaltung nicht möglich. Für die Ernährung vor dem Start ist deshalb Folgendes zu beachten:

Grundregeln für die Ernährung am Wettkampftag

1. Nicht nüchtern an den Start gehen.
2. Letzte Mahlzeit 2 $^1/_2$ bis 3 Stunden vor dem Start.
3. Leicht verdauliche Speisen zu sich nehmen.
4. Nicht übermäßig trinken.

Wichtige Gesichtspunkte für die letzte Mahlzeit

Die letzte Mahlzeit vor dem Start sollte folgendermaßen beschaffen sein:

1. Sie sollte überwiegend aus stärkehaltigen Nahrungsmitteln bestehen, z. B. aus Vollkornflocken, Müsli, Brot, Teigwaren, Reis, Obst und Gemüse.
2. Die Nahrungsmittel sollten bewusst gründlich gekaut werden, denn dadurch wird ihre Magenverweildauer verkürzt und ihre Verdaulichkeit erhöht.
3. Die Speisen sollten körperwarm sein.
4. Der Energiegehalt sollte 200–400 kcal (840–1680 kJ) nicht wesentlich übersteigen.
5. Man sollte nicht bis zur völligen Beseitigung des Hungergefühles essen.
6. Getränke sollten ein Volumen von 100–200 ml nicht wesentlich überschreiten.

Vor dem Start

Vor lang dauernden Ausdauerbelastungen wird weiterhin empfohlen, alle 15–30 Minuten bis zu 30 Minuten vor dem Start jeweils ein kohlenhydrathaltiges Getränk, das überwiegend Oligosaccharide enthält, in einer Menge von 100–200 ml zu sich zu nehmen, z. B. ein Glas Fruchtsaft mit Instant-Haferflocken. Auf diese Weise führt man dem Organismus weitere Energie aus Kohlenhydraten zu, die den Abbau der Glykogenspeicher verzögert. Oder man kaut ein paar Haferflocken oder etwas Müsli und trinkt ein paar Schluck Wasser oder Obstsaft dazu.

Manche Radprofis und auch Marathonläufer essen etwa eine halbe Stunde vor dem Start einen halben Müsliriegel (Energieriegel) und trinken einen Espresso dazu. Der Espresso erhöht Wachheit und Leistungsbereitschaft und das in ihm enthaltene Koffein verbessert den für die Ausdauerleistung wichtigen Fettstoffwechsel. So hat man gewissermaßen zwei Fliegen mit einer Klappe geschlagen.

Die Ernährung am Wettkampftag | 133

Man sieht aber aus diesen Beispielen auch, dass jeder Sportler in den wichtigen Minuten vor dem Start sein eigenes »Ritual« praktizieren wird, mit dem er aufgrund seiner Erfahrung den besten Erfolg hatte. Auf jeden Fall sollte man in dieser wichtigen Phase vor dem Start keine Experimente machen und nichts anwenden oder einsetzen, das man nicht bereits früher oder im Training mit guten Erfahrungen ausprobiert hat.

Die Ernährung während des Wettkampfes

Die Bedeutung der für die Energiegewinnung möglichen Nahrungszufuhr während des Wettkampfes wird oftmals überschätzt. Einen wesentlich größeren Einfluss auf die Leistung am Wettkampftag hat die gründliche, sportartspezifische Trainingsvorbereitung und die Ernährung in der Vorwettkampfphase mit Auffüllung der Glykogenspeicher. Nur in extremen Ausdauersportarten, deren Wettkampfdauer wesentlich über zwei bis drei Stunden hinausgeht (Marathonlauf, 50-km-Gehen, Straßenradrennen, Skilanglauf, 100-km-Straßenlauf u.a.), spielt die Wettkampfverpflegung eine bedeutende Rolle. Man muss nämlich den notwendigen Zeitverlust durch die Annahme von Verpflegung an den Kontrollstellen in Relation zum Nutzen setzen, der dadurch erzielt wird. Nimmt beispielsweise ein Marathonläufer während des Laufs ein isotonisches Kohlenhydratgetränk von ca. 100–150 ml zu sich, so kann er dadurch eine Energiezufuhr von 30–50 kcal/120–200 kJ erreichen, die er aber unter Umständen wieder investieren muss, um den einzuholen, der keine Verpflegung angenommen hat.

Stellenwert der Ernährung im Wettkampf

Anders liegen die Verhältnisse jedoch bei hohen Außentemperaturen, wenn die Wasser- und Mineralstoffverluste in den Vordergrund treten. Dann ist es sehr wichtig, rechtzeitig Mineralstoffgetränke zuzuführen, um einen Leistungsabfall oder Muskelkrampf zu verhindern.

Ebenfalls anders verhält es sich bei Sportarten, bei denen man in den Pausen ohne Schwierigkeiten Flüssigkeit und Nahrung aufnehmen kann, z.B. bei den Spielsportarten oder bei Turnieren oder Wettkämpfen mit mehreren Starts. Diese Zwischenverpflegung kann sogar leistungsentscheidend sein. Dabei geht es im Wesentlichen um zwei Schwerpunkte: Kohlenhydrate und Mineralstoffe.

Beliebte Kohlenhydratspender in den Pausen und vor allem auch als Wettkampfverpflegung in länger dauernden Wettkämpfen (Straßenradrennen u.a., siehe S. 146) sind z.B. Energieriegel, Trockenfrüchte, Bananen, Reisschnitten, Fruchtschnitten, Müsliriegel u.a.

Schweißverlust sollte man nicht ausschließlich mit Wasser, Mineralwasser, Coca-Cola, Limonaden oder Tee auszugleichen versuchen, sondern besser mit verdünnten Obstsäften, flüssigkeitsreichem Obst (Äpfel, Orangen usw.) oder durch Mineralstoffgetränke (siehe S. 174). Auch sollte man immer auf eine ausreichende Kochsalzzufuhr achten.

Ein weiterer wichtiger Hinweis bei hoher Außentemperatur, um Schweißverluste zu vermindern und gleichzeitig eine erholsame Erfrischung zu erhalten, ist sehr einfach, aber gut bewährt: Man nimmt einfach Wasser, um seine Haut zu kühlen (Kopf, Nacken, Arme, Beine). So leitet man überschüssige Hitze ab und erfrischt den überhitzten Körper.

Die aufbauende Mahlzeit nach dem Wettkampf

Wiederherstellung des psychischen Gleichgewichtes abwarten

In der Nachwettkampfphase löst sich die nervliche Anspannung. Die seelische Stimmungslage des Athleten ist nun von Erfolg oder Niederlage geprägt. Der Sieger sucht in seiner gehobenen Stimmungslage die Gesellschaft anderer, um mit ihnen seinen Erfolg zu teilen, während der niedergeschlagene oder depressiv verstimmte Verlierer sich eher etwas zurückzieht, bis er sein inneres Gleichgewicht wiedergefunden hat. In der Regel wird bei Siegern *und* Verlierern einige Zeit nach dem Wettkampf vergehen müssen, bis die innere Harmonie wiederhergestellt ist. Durch Waschen und Duschen nach dem Wettkampf, durch Ankleiden und Siegerehrung vergeht gewöhnlich etwas mehr als eine Stunde, bis sich der Appetit zur ersten Mahlzeit nach dem Wettkampf einstellt. Vorher ist es durchaus angebracht, kleine Mengen an Flüssigkeit (Obstsäfte, Mineralstoffgetränke, warmer Tee) zu sich zu nehmen, um den ersten Durst zu stillen.

Schnellere Regeneration durch einen »Recovery Drink«

Manchmal (z.B. bei Radprofis kurz nach der Zielankunft) wird bereits zu diesem Zeitpunkt ein »Recovery Drink« gereicht, der aus einer Mischung aus Kohlenhydraten und hochwertigen Proteinen (Molken-, Milch- und Soja-Protein), angereichert mit bestimmten Aminosäuren (z.B. Glutamin), besteht. Dadurch kann man die Regeneration beschleunigen.

Man hat nämlich festgestellt, dass durch die Anwesenheit bestimmter Aminosäuren eine schnellere Regeneration des Muskelglykogens erfolgt.

Die erste Mahlzeit nach dem Wettkampf muss grundsätzlich zwei Voraussetzungen erfüllen:

Die erste Mahlzeit nach dem Wettkampf

1. Sie soll sehr kohlenhydratreich sein, damit die durch die Muskeltätigkeit im Wettkampf verbrauchten Kohlenhydrat-Brennstoffe dem Körper wieder zugeführt werden und das Muskelglykogen möglichst rasch wieder aufgebaut wird.
2. Sie muss die durch die Härte des Wettkampfes verbrauchten Eiweißstrukturen (Muskelfasern, Enzyme, Hormone) wieder aufbauen, die verbrauchten Vitamine ersetzen und die im Schweiß verlorene Flüssigkeit mit den entsprechenden Mineralstoffen und Spurenelementen enthalten.

Die spezielle Aufnahmefähigkeit des Organismus beachten

In der Nachwettkampfphase, besonders in den ersten Stunden nach dem Wettkampf, ändert sich der katabole Belastungsstoffwechsel, bei dem die abbauenden Vorgänge überwiegen, in einen anabolen Nach-Belastungsstoffwechsel, in dem die aufbauenden Vorgänge die Oberhand gewinnen. In dieser Zeit ist der Organismus für die notwendigen Nährstoffe besonders aufnahmefähig. Diese Situation sollte man durch eine Mahlzeit ausnutzen, welche alle im Wettkampf verbrauchten Stoffe im richtigen Mengenverhältnis enthält. Dabei sind folgende Gesichtspunkte zu beachten:

1. Zuerst sollte man eine Portion leicht verdaulicher, vollwertiger kohlenhydratreicher Nahrungsmittel zu sich nehmen, z.B. Kartoffeln, Naturreis oder Teigwaren, bei heißer Witterung auch einmal Fruchtkaltschalen, süße Suppen oder Puddings.
2. Danach sollte man eine kleine Portion (ca. 125 g) fettarmer, eiweißreicher Nahrungsmittel essen, z.B. Geflügel, Fisch, mageres Rind- oder Kalbfleisch. Wer

Fleisch ablehnt, sollte seinen Eiweißbedarf mit Magerquark, Hüttenkäse, Eiereiweiß und Hülsenfrüchten decken.

3. Als Nachtisch empfiehlt sich frisches Obst (Orangen, Grapefruit, Bananen u. a.) oder ein frischer Obstsalat (nicht aus Konserven), den man auch mit Quark oder Joghurt mischen kann, eine bei Sportlern sehr beliebte Nachspeise.

4. Nach dem Essen trinkt man etwa einen halben Liter Obstsaft (Apfelsaft, Orangensaft u. a.) pur oder im Verhältnis 1:1 mit Wasser gemischt.

5. Die weitere Flüssigkeitszufuhr sollte erst in den Stunden nach dieser Mahlzeit erfolgen, damit der Magen nicht zu stark gefüllt und die Tätigkeit der Verdauungssäfte nicht beeinträchtigt wird.

Diese Richtlinien gelten übrigens nicht nur für die erste Mahlzeit nach dem Wettkampf, sondern prinzipiell für jede Mahlzeit, die einer anstrengenden, intensiven Belastung folgt.

Die Regeneration nach dem Wettkampf

Ein Wettkampf stellt immer eine Grenzbelastung dar mit entsprechender Verausgabung von Energie auf verschiedenen Ebenen – nicht nur im Bereich der Nahrungsenergie. Die erste Mahlzeit nach dem Wettkampf ist zwar wichtig, aber man sollte immer daran denken, dass man auch genügend Zeit für eine ganzheitliche Regeneration braucht, damit man schließlich wieder in den Zustand der Superkompensation gelangt. Denn erst dann bringt ein erneuter Trainingsreiz den größten Nutzen. Daher sollte man in dieser Phase nicht nur auf das Essen achten – sondern auch darauf, ganz bewusst alle anderen Methoden der Regeneration anzuwenden (siehe S. 23 ff.).

Auch sollte man wissen, dass die notwendige Zeit für eine vollständige Regeneration umso länger sein wird, je enttäuschender das Wettkampfergebnis war. Während ein Sieger meist sofort wieder voll trainieren kann, ist ein enttäuschter und frustrierter Sportler dazu nicht in der Lage. Das hängt mit der Ernährung allein nicht zusammen, sondern mit dem »Akku« an Nervenenergie. Diesen Akku muss man mit zusätzlichen Methoden der Regeneration (Massagen, Bäder, Sauna, Klimawechsel), der Entspannung (autogenes Training, Yoga) und einer neu aufzubauenden positiven Einstellung wieder neu aufladen. Das braucht Zeit – und die muss man seinem Organismus geben.

Den »Akku« mit Energie aufladen

Man kann diesen Prozess der Regeneration auch durch den zusätzlichen Einsatz sinnvoller Nahrungsergänzungen beschleunigen (siehe S. 173 ff.). Zum Beispiel kann man zwei bis drei Esslöffel eines Proteinkonzentrates und/oder zwei bis drei Esslöffel Weizenkeime über das morgendliche Müsli streuen. Zusätzlich könnte man noch eine Stunde vor dem regenerativen Training eine orthomolekulare Nahrungsergänzung zu sich nehmen, die alle wichtigen Vitamine, Spurenelemente und Aminosäuren enthält. Durch das anschließende regenerative Training werden diese Mikronährstoffe nach Art einer »Lenkungsmethode« in die zu regenerierenden Körperzellen »hineingearbeitet«. Wenn man das Gefühl hat, sich vollständig erholt zu haben, kann man allmählich zur normalen Basisernährung zurückkehren.

Nahrungsergänzungen sinnvoll einsetzen

6 Ernährungsrichtlinien in den einzelnen Sportartengruppen

Die Integration der Ernährung in den Trainingsprozess

Die im vorhergehenden Kapitel für die verschiedenen Ernährungsphasen angegebenen Grundprinzipien gelten grundsätzlich für alle Sportartengruppen. Im Folgenden geht es darum, innerhalb der einzelnen Sportartengruppen bestimmte Schwerpunkte zu setzen und einige charakteristische Probleme anzuschneiden. Dabei sollte die Ernährung möglichst genau in den Trainingsplan integriert werden. Außerdem muss jeder Sportler sein individuelles Belastungsprofil (Kraft, Schnelligkeit, Ausdauer) berücksichtigen. Die in den Tabellen angegebenen Anteile von Kohlenhydraten, Fetten und Eiweiß an der Gesamtenergiemenge gelten für alle Sportkategorien: Gesundheits- und Breitensport, Leistungs- und Hochleistungssport. Die angegebene Energiemenge jedoch bezieht sich auf den Hochleistungssportler mit einem in dieser Sportart durchschnittlichem Körpergewicht, der regelmäßig und intensiv trainiert. Der Energiebedarf des Breiten- und Gesundheitssportlers in diesen Sportarten dürfte ungefähr die Hälfte oder weniger des Energiebedarfes eines Hochleistungssportlers betragen. Wenn man bedenkt, dass durch einen einstündigen Waldlauf im Joggingtempo von Männern ca. 700–800 kcal (2930–3350 kJ), von Frauen etwa 500–600 kcal (2100–2520 kJ) verbraucht werden, so ergibt sich für Männer bei einem durchschnittlichen Körpergewicht von 70 kg ein täglicher Gesamtenergiebedarf von etwa 3200 kcal (13 400 kJ), bei Frauen bei durchschnittlich 58 kg Körpergewicht von ca. 2600 kcal (10 900 kJ). Diese Größenordnung des Energieverbrauches dürfte in allen Sportartengruppen, die man auf der Ebene des Gesundheits- und Breitensportes betreibt, etwa ähnlich sein.

Ausdauersportarten

- Mittelstreckenlauf
- Marathonlauf
- Langstreckenlauf
- 20- bis 50-km-Gehen

Hohe Intensität: Kohlenhydratstoffwechsel

Ausdauerbelastungen sind durch ihre lange Dauer gekennzeichnet, wobei man unter »Ausdauer« die Widerstandsfähigkeit des Organismus gegen Ermüdung versteht. Je höher die Intensität der Belastung, d.h. das Tempo wird, desto mehr werden die Glykogenbestände zur Energiegewinnung herangezogen. Je größer jedoch der Trainingsumfang, d.h. die zurückzulegende Strecke oder die Zeitdauer des Trainings werden, desto mehr muss der Fettstoffwechsel die Energie liefern können, um die begrenzten Glykogenreserven zu schonen. Das Umschalten auf den Fettstoffwechsel ist aber nicht Sache der Ernährung, sondern das Ergebnis eines

Ausdauersportarten | 137

gezielten Trainings. Mit zunehmender Belastungsintensität wird die Größe der Muskelglykogenspeicher leistungsbegrenzend. Bleibt die Intensität hoch, auch wenn die Muskelglykogenvorräte verbraucht sind, muss der Organismus auf das Leberglykogen zurückgreifen. Ist aber auch das Leberglykogen verbraucht, sinkt der Blutzuckerspiegel ab. Bei Ausdauersportarten tritt dann charakteristischerweise in der Periode des Frühjahrstrainings, wenn also die Belastungen an Umfang und Intensität zunehmen, der sog. »Hungerast« auf und zwar etwa 1 bis 1 $^{1}/_{2}$ Stunden nach Beginn der Belastung (siehe S. 58). Dieser Zustand ist bereits durch kleinste Mengen kohlenhydratreicher Nahrungsmittel (z.B. ein Stück Würfelzucker, Obst, Brot, Trockenfrüchte u.a.) rasch zu beseitigen. Verbessert sich infolge eines richtigen Ausdauertrainings auch der Trainingszustand des Fettstoffwechsels, dann werden bei den gleichen Belastungen die Glykogenvorräte der Muskulatur geschont und langsamer verbraucht, sodass später ein Hungerast bei gut trainierten Ausdauersportlern nicht mehr auftritt.

Das Anzapfen des Fettstoffwechsels ist Trainings-, nicht Ernährungssache

»Hungerast«

Abb. 44
Ausdauersportarten,
z. B. Laufen.

138 | Ernährungsrichtlinien in den einzelnen Sportartengruppen

Erst überflüssige Fettpolster abbauen

Zunächst geht es bei einem Gesundheits- und Breitensportler, der ein Ausdauertraining (z. B. Jogging, Radfahren u. a.) beginnt, darum, seine überflüssigen Fettpolster abzubauen. Auch Leistungs- und Hochleistungssportler müssen gar nicht so selten den trotz aller Disziplin angesammelten Winterspeck im Frühjahrstraining beseitigen. Meistens wird von Ernährungswissenschaftlern, die nichts oder wenig vom Sport verstehen, vorgerechnet, wie viel an Bewegung man aufbringen muss, um den Energiegehalt bestimmter Nahrungsmittel zu verbrennen (Abb. 45). So muss man z. B. etwa acht Kilometer in 30 Minuten laufen, um den Energiegehalt einer normalen Portion Schokoladenpudding zu verbrauchen. Aber darin liegt nicht der Sinn einer Ausdauerbelastung. Zudem sind solche Rechnungen oft sehr entmutigend, führen zur Resignation und letztlich dazu, den Ausdauersport gar nicht zu beginnen. Zu wenig wird nämlich beachtet, dass ein richtig aufgebautes Ausdauertraining von geringer bis mittlerer Intensität (Grundlagenausdauer) nicht nur Energie verbraucht, sondern auch Fettstoffwechsel und Fettabbau aktiviert, aber auch das Appetitverhalten normalisiert und so verändert, dass eine Gewichtsabnahme erleichtert wird. Die tägliche Bezwingung des Körpers fördert gleichzeitig die Disziplin zu einer gesunden Lebensweise, ohne das Gefühl aufkommen zu lassen, auf etwas verzichten zu müssen.

Die übliche »Milchmädchenrechnung«

Abb. 45 Kalorienverbrauch.

Mit Grundlagenausdauer den Fettstoffwechsel trainieren

Im ersten Stadium des Ausdauertrainings ist also zunächst die Ausbildung einer guten Grundlagenausdauer wichtig, wobei mit geringer bis mittlerer Intensität, d. h. in langsamem bis mittlerem Tempo, mittlere bis größere Strecken zurückgelegt werden. Gleichzeitig soll die Ernährung möglichst knapp sein, um den Körper zu zwingen, auf die Fettreserven und den Fettstoffwechsel zurückzugreifen. Je weniger Nahrung man aber aufnimmt, desto vollwertiger muss sie sein, damit keine Mangelzustände auftreten. Man sollte sich daher sehr genau an die Nahrungsmittel einer vollwertigen Leistungskost halten (siehe S. 117 ff.). Erst wenn als Basis eine ausreichende Grundlagenausdauer aufgebaut wurde, sollte man das Training intensiver gestalten, also das Tempo erhöhen, um so die wettkampfspezifische Ausdauer zu trainieren. Ganz grundsätzlich sollte man im Ausdauertraining zunächst die Streckenlänge (also den Trainings*umfang*) und erst dann die Geschwindigkeit, mit der man sie zurücklegt (also die Trainings*intensität*), steigern. Eine höhere Intensität geht dann mit einer Zunahme des Kohlenhydratverbrauches einher (Abb.

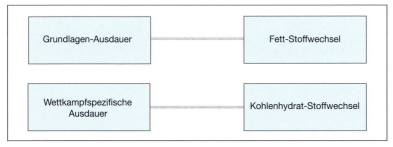

Abb. 46 Energieproduktion bei Ausdauerleistungen.

46). Wenn man Training und Ernährung richtig aufeinander abstimmt, wird man schließlich das richtige Körpergewicht erlangen. Durch Ausdauertraining wird die Fähigkeit, Fettgewebe zu mobilisieren, gesteigert, sodass als äußeres Zeichen dafür die Dicke der Fettfalten abnimmt. Sie beträgt bei guten Ausdauersportlern an der Rückseite des Oberarmes oder über dem Schulterblatt z. B. nur 6–8 mm.

Je intensiver ein Ausdauersportler trainiert, desto größer muss auch der Kohlenhydratgehalt der Nahrung werden. Die durchschnittliche optimale Nährstoffrelation sowie der Tagesenergiebedarf (kcal/kJ) für Ausdauersportarten sind der Tabelle 52 zu entnehmen. Nach erschöpfenden Belastungen kann es vorübergehend sogar günstig sein, den Kohlenhydratanteil noch weiter zu erhöhen. Von sich aus essen Ausdauersportler besonders viel kohlenhydratreiche Nahrungsmittel, wie Kartoffeln, Naturreis, Teigwaren, Getreidekörner, Müsli, frisches und getrocknetes Obst und dergleichen (siehe S. 118). Strikt zu achten ist auf eine fettarme Kost und auf die Auswahl fettarmer Eiweißspender wie z.B. Magerquark, Magerkäse, Hüttenkäse, mageres Fleisch, Hülsenfrüchte und dergleichen (siehe S. 119). Auch Nüsse und Samen sind sehr eiweißreich und häufig Beigaben zu den verschiedensten Müsli; man sollte aber wissen, dass Nüsse meistens mehr als die Hälfte ihres Gewichtes an Fett enthalten, sodass die tägliche Menge 30 g nicht wesentlich überschreiten sollte. Umgerechnet auf das Körpergewicht beträgt der Eiweißbedarf

Die optimale Nährstoffrelation

Tabelle 52 Energiebedarf und optimale Nährstoffrelation in Ausdauersportarten (Hochleistungssport)

Sportart	kcal/kg	kJ/kg	Körpergewicht (kg)	Tagesenergiebedarf kcal	Anteil an der Gesamtenergiemenge
Mittelstreckenlauf	70	293	70	4900	Kohlenhydrate 60 %
Langstreckenlauf	75	314	65	4875	
Marathonlauf	75	314	60	4500	Eiweiße 12–16 %
20- und 50-km-Gehen	80	335	70	5600	
Skilanglauf, Biathlon	80	335	65	5200	
Schwimmen (200–1500 m)	70	293	70	4900	Fette 24–28 %

140 | Ernährungsrichtlinien in den einzelnen Sportartengruppen

auch bei Ausdauersportlern je nach Trainingsintensität und -umfang 1,2 g–1,5 g/kg Körpergewicht (siehe S. 73 ff.).

Die Energie-speicher anfül-len, Schweiß-verluste aus-gleichen
Trotz kohlenhydratreicher Ernährung benötigt die vollständige Regeneration der Glykogenvorräte wenigstens ein bis zwei Tage, sodass jeder intensiven Trainings-belastung eine lockere regenerative Trainingseinheit folgen sollte. Die ständige Regeneration der Glykogenvorräte hat aber nicht nur einen hohen Kohlenhydratanteil in der Ernährung zur Voraussetzung, sondern auch einen hohen Anteil an Kalium, den man mit geeigneten Nahrungsmitteln (Obst, Trockenfrüchte, Obstsäfte u.a.) decken sollte. Außerdem verlangen die Schweißverluste neben der Zufuhr von Wasser auch die Zufuhr von Mineralstoffen und Spurenelementen in den entsprechenden Nahrungsmitteln (Obst, Trockenfrüchte, Gemüse, Obstsäfte, Mineral-stoffgetränke). In der Vorwettkampfphase geht es um die Anfüllung und Vergrößerung der Glykogenspeicher. Die Auffüllung der Glykogenvorräte ist besonders für die langen Distanzen im Marathonlauf, Skilanglauf über 50 km und im 50-km-Gehen wichtig. Für kürzere Distanzen ist die schnelle Mobilisierbarkeit des Glykogens bei aufgefüllten Glykogenspeichern von Bedeutung. Dazu werden diese zunächst durch eine intensive Ausdauerbelastung drei bis vier Tage vor dem Wettkampf entleert (siehe S. 130). In den Tagen bis zum Wettkampf folgt eine energiereiche und kohlenhydratreiche Ernährung mit einem Kohlenhydratanteil von möglichst über 60 % der gesamten Energiezufuhr. Günstig ist es, die notwendigen Kohlenhydrate in mehreren kleinen Mahlzeiten über den Tag zu verteilen. Auch sollte man auf kaliumreiche Nahrungsmittel in dieser Zeit achten (Obst, Obstsäfte, Trockenfrüchte, Gemüse; Tab. 53 und 54).

Wettkampftag
Am Wettkampftag sollte die Bevorratung der Kohlenhydrate abgeschlossen sein, sodass der Sportler über gut gefüllte Glykogenspeicher (500–600 g) verfügt, die eine Kohlenhydratreserve von 2000–2400 kcal darstellen und somit für einen Marathonlauf fast vollständig ausreichen. Die letzte Mahlzeit wird zwei bis drei Stunden vor dem Start eingenommen (siehe S. 132). Meistens werden Ausdauersportler ihr gewohntes Müsli zu sich nehmen. Eine eigentliche Rennverpflegung während des Wettkampfes wird nur bei Wettkämpfen benötigt, die länger als ein bis zwei Stunden dauern, also beim 50-km-Gehen oder beim Skilanglauf über längere Strecken. Bei normaler Außentemperatur laufen gute Marathonläufer, die ihre Strecke in etwas mehr als zwei Stunden zurücklegen, meistens ohne Verpflegungsaufnahme bis zum Ziel durch.

Die moderne Trainingsvorbereitung im Hochleistungssport geht dahin, den Wettkampf mit möglichst wenig Verpflegung ableisten zu können, was nur über eine optimale Ausbildung des Fettstoffwechsels durch ein entsprechendes Training möglich ist. Weniger gut Trainierte dagegen brauchen in Ausdauerwettbewerben von ein bis zwei Stunden und mehr regelmäßige Verpflegungsstellen, die Getränke und kohlenhydratreiche Nahrungsmittel anbieten. Bei hoher Außentemperatur jedoch sind die Schweißverluste so groß, sowohl für den Breiten- und Gesundheitssportler wie besonders auch für den Leistungs- und Hochleistungssportler, dass eine regelmäßige Aufnahme mineralstoffreicher Getränke wichtig ist. Bei mehreren Starts am gleichen Tag mit kurzen oder längeren Zwischenpausen sollten feste Nahrungsmittel in kleinen, leicht verdaulichen kohlenhydratreichen Mahlzeiten zugeführt werden.

Tabelle 53 Geeignete und weniger geeignete Nahrungsmittel für die letzten Tage vor einem Ausdauer-Wettkampf (nach R. BREUER)

Nahrungs-mittel	geeignet	weniger geeignet
Brot	Mischbrot, Knäckebrot, Grahambrot, Brötchen, Toast	frisches Brot, grobes Vollkornbrot
Backwaren	Biskuit, Zwieback, Honigkuchen, Reiskuchen, Früchtebrot ohne Nüsse	frische u. fettreiche Backwaren, z.B. Blätterteig, Pasteten, in Fett Ausgebackenes
Kartoffeln	gekochte Kartoffeln, Kartoffel-püree, Kartoffelklöße aus gekochten Kartoffeln, fettarme Kartoffelgerichte	Kartoffelsalat mit Mayonnaise, stark geröstete Bratkartoffeln, Kartoffelpuffer, Chips, Pommes frites
Nährmittel	Reis, Nudeln, Grieß, Cornflakes, Weizenkeime, Vollkornflocken, z.B. Hafer- und Weizenflocken	alle Nährmittel in fettreicher und stark gewürzter Zubereitung
Zucker	Bienenhonig, Topigran, höhermolekulare Kohlenhydrate (Oligosaccharide)	Traubenzucker, Süßigkeiten aller Art (z.B. Schokolade, Pralinen)
Suppen, Saucen	fettarme Fleisch- und Gemüse-brühen, Instant-Suppen	fette Brühe, Mayonnaisen, Mehlschwitzen
Salat Gemüse	Kopfsalat, Chinakohl, Tomaten, junge Kohlrabi, junge Erbsen, Möhren, Spargel, Schwarzwurzeln, Blumenkohl	Gurkensalat, Hülsenfrüchte, grobe Kohlarten, Zwiebeln (roh oder in Fett gebräunt)
Obst	Birnen und Äpfel (evtl. geschält), Orangen, Grapefruit, Kompott, Apfelmus, Trockenfrüchte	unreifes Obst, rohe kernreiche Obstsorten, z.B. Pflaumen, Stachelbeeren, Johannisbeeren
Fleisch, Fisch, Geflügel	mageres Fleisch in fettarmer Zubereitung, gedünstetes Fischfilet, Geflügel gekocht, z.B. Ragout	Mett- und Bratwurst, Eisbein, paniert Gebratenes, Fischkonserven, alle fettreichen Fleischsorten
Milch, Milchprodukte	fettarme Milch, Joghurt, Speisequark bis 20 % i.Tr., Hartkäse bis 30 % Fett i.Tr.	stark gewürzte und sehr fettreiche Käsesorten
Aufschnitt	Schinken ohne Fettrand, Corned beef, Geflügelwurst, deklarierte fettreduzierte Wurst, z.B. magere Leberwurst	jede Wurst mit hohem Fettgehalt, z.B. Salami, Cervelatwurst, Teewurst
Eierspeisen	weiche oder verlorene Eier, Eierstich, leicht überbacken, z.B. im Auflauf, ohne Fett gestocktes Rühr- oder Spiegelei	hart gekochte Eier, z.B. Eiersalat mit Mayonnaise

142 | Ernährungsrichtlinien in den einzelnen Sportartengruppen

Tabelle 54 Grundnahrungsmittel zur Deckung des Tagesbedarfs für ausdauerbetonte Sportarten (Ausdauersportarten, Ausdauersportarten mit hohem Krafteinsatz) im Breiten- und Leistungssport: ca. 480 g Kohlenhydrate, 100 g Eiweiß, 115 g Fett/3200–3500 kcal (13 400–14 600 kJ) (nach HAMM/WARNING)

ca. 220 g Vollkornbrot (6–7 Scheiben)	oder	ca. 140 g Vollkornbrot (4 Scheiben) und 70 g Getreideschrot	oder	100 g Vollkornbrot (3 Scheiben) 70 g Vollkornflocken
ca. 300–400 Kartoffeln (4–5 mittelgroße)	oder	100 g Vollreis	oder	100 g andere Getreidesorten oder Vollkornnudeln
500 g Gemüse (roh oder gekocht) und 150 g Gemüsesaft	oder	350 g Gemüse (roh oder gekocht) 300 g Gemüsesaft		
300 g frisches Obst und 350 g Obstsaft und 100 g Trockenobst	oder	300 g frisches Obst und 700 g Obstsaft und 50 g Trockenobst	oder	700 g Obstsaft und 100 g Trockenobst
500 g Milch oder Sauermilch und 150 g Quark 10 %	oder	500 g Milch oder Sauermilch und 50 g Magerquark und 50 g Käse 40 % F. i. Tr.	oder	250 g Milch oder Sauermilch und 100 g Magerquark und 50 g Käse 40 % F.i.Tr.
ca. 250 g fettarmes Fleisch, Geflügel oder Fisch	oder	150 g fettarmes Fleisch, Fisch oder Geflügel und 1–2 Eier	oder	200 g Sojaprodukt oder 50 g Trockensoja und 30 g veget. Paste
30 g Streichfett und 20 g Zubereitungsfett	oder	40 g Streichfett und 10 g Zubereitungsfett		
50 g Honig oder Marmelade kleine Mengen an Zucker	oder	30 g Honig und 20 g Fruchtkonzentrat kleine Mengen an Zucker		
ca. 30 g Nüsse	oder	50 g Vollkornkekse		
evtl. Hefeflocken oder Hefeextrakt	oder	evtl. Weizenkeime		

Quelle: »Wie essen und trinken im Breiten- und Leistungssport?«, Bad Homburg

Hinweise zur ersten Mahlzeit nach dem Wettkampf siehe Seite 134. Im Vordergrund steht die Aufnahme einer kohlenhydratreichen, leicht verdaulichen Mahlzeit. Zu warnen ist vor dem unvorsichtigen Genuss kalter Getränke in zu großen Mengen.

Ausdauersportarten mit hohem Krafteinsatz

- Skilanglauf
- Biathlon
- Radsport (Straße)
- Bergsteigen
- Eisschnelllauf (ab 1500 m)
- Rennrudern
- Kanurennsport
- Schwimmen (200–1500 m)

In dieser Sportartengruppe kommt es besonders darauf an, eine optimale Verbindung zwischen den beiden gegensätzlichen Eigenschaften **Ausdauer** und **Kraft** herzustellen, die man mit Kraftausdauer bezeichnet. Darunter versteht man die Fähigkeit, submaximale Bewegungswiderstände über eine längere Zeitdauer ohne Ermüdung zu überwinden. Solche Bewegungswiderstände treten z. B. beim Rudern, Kanurennsport, Straßenradsport und beim Eisschnelllauf auf, aber auch beim Laufen bergauf oder bei Gegenwind. Beim Bergsteigen sind sie durch das Bergauftragen des Körpergewichtes samt Gepäck gegeben.

Konkurrierende Eigenschaften »Ausdauer« und »Kraft« sinnvoll miteinander kombinieren

In dieser Sportartengruppe besteht das Problem darin, die für die Eigenschaften Kraft und Ausdauer geeigneten Muskelfasern auszubilden: Die roten, langsamen

Abb. 47 Ausdauersportarten mit hohem Krafteinsatz, z. B. Radsport (Straße).

144 | Ernährungsrichtlinien in den einzelnen Sportartengruppen

Ernährung:
kohlenhydrat-
reich, eiweiß-
reich, fettarm

Ausdauerfasern sind besonders für den aeroben Ausdauerstoffwechsel geeignet, sie ermüden kaum – haben aber nur eine geringe Krafteigenschaft. Die weißen Schnellkraftfasern sind besonders für die Kraftentfaltung geeignet, arbeiten mehr anaerob, ermüden schneller – und sind daher wenig ausdauerleistungsfähig. Das Training in dieser Sportartengruppe muss das jeweils optimale sportartspezifische Verhältnis in der Muskelfaserzusammensetzung herstellen. Ausdauer- und kraftbetonte Trainingsabschnitte müssen einander abwechseln. Das bedeutet für die Ernährung einerseits vermehrt Kohlenhydrate, andererseits vermehrt Eiweiß. Durchschnittlich ist der Eiweißanteil in der Ernährung höher als bei den reinen Ausdauersportarten. Die optimale Nährstoffrelation sowie der Tagesenergiebedarf sind der Tabelle 55 zu entnehmen. Besonders in der ersten Mahlzeit nach kraftbetonten Trainingsabschnitten sollte der Schwerpunkt auf Nahrungsmittel mit einem hohen Eiweißanteil verlegt werden (siehe S. 119). Dabei sind die Gesichtspunkte einer fettarmen Diät zu beachten. Beim Training der Grundlagenausdauer in der Vorbereitungsperiode soll der Fettstoffwechsel trainiert werden und meistens auch eine Gewichtsabnahme erfolgen. Daher soll in dieser Zeit des lockeren, zunehmend umfangreichen Trainings die Ernährung knapp bemessen, aber besonders vollwertig sein, damit kein Mangelzustand eintritt. In der zweiten Etappe der Vorbereitungsperiode und in der Wettkampfperiode benötigt der Kraftausdauersportler neben einer vollwertigen kohlenhydratreichen Ernährung eine ausreichende Versorgung mit biologisch hochwertigem Eiweiß (siehe S. 119). Der tägliche Eiweißbedarf liegt zwischen 1,2 und 1,5 g/kg Körpergewicht. Wenn Kraftausdauersportler mit hohem Krafteinsatz trainieren oder Wettkämpfe bestreiten, liegt die Eiweißzufuhr im oberen Bereich und manchmal auch darüber. So kann ein Kraftausdauersportler von 75 kg Körpergewicht bei einer Energieaufnahme von 5000 kcal mit einem Eiweißanteil von 15 kcal% zeitweise auch auf eine Eiweißaufnahme von über 2 g/kg Körpergewicht kommen (siehe S. 71 und S. 74 ff.).

Eiweiß dient nicht nur dem Aufbau der Muskulatur, sondern auch dem der Enzyme und Hormone, die bei einer Stoffwechselsteigerung durch intensives, kraftbetontes Ausdauertraining vermehrt verbraucht werden. In der Vorwettkampfphase müssen die Glykogenspeicher aufgefüllt werden, wie auf Seite 59 ff. und im Kapitel Ausdauersportarten beschrieben. Dabei auf ausreichende Kalziumzufuhr (Obst, Trockenfrüchte, Obstsäfte) achten.

Tabelle 55 Energiebedarf und optimale Nährstoffrelation in Ausdauersportarten mit hohem Krafteinsatz (Hochleistungssport)

Sportart	kcal/kg	kJ/kg	Körpergewicht (kg)	Tagesenergiebedarf kcal	Anteil an der Gesamtenergiemenge
Rennrudern	75	314	80	6000	Kohlenhydrate
Kanurennsport	75	314	75	5625	55%
Straßenradrennsport	80	335	70	5600	Eiweiße
Eisschnelllauf					12–18%
(ab 1500 m)	70	293	70	4900	Fette
Bergsteigen	70	293	65	4550	27–33%

Ausdauersportarten mit hohem Krafteinsatz | 145

Tabelle 56 Grundnahrungsmittel zur Deckung des Tagesbedarfs bei kraftbetonten Sportarten (Spiel-, Kampf-, Schnellkraft-, Kraftsportarten) im Breiten- und Leistungssport:
ca. 450 g Kohlenhydrate, 155 g Eiweiß, 135 g Fett/3500–3700 kcal (14 700–15 500 kJ)
(nach HAMM/WARNING)

ca. 220 g Vollkornbrot (6–7 Scheiben)	oder	ca. 140 g Vollkornbrot (4 Scheiben) und 50 g Getreideschrot	oder	100 g Vollkornbrot (3 Scheiben) oder 70 g Vollkornflocken
ca. 300–400 Kartoffeln (4–5 mittelgroße)	oder	100 g Vollreis	oder	100 g andere Getreidesorten oder Vollkornnudeln
500 g Gemüse (roh oder gekocht) und 150 g Gemüsesaft	oder	350 g Gemüse und 300 g Gemüsesaft		
300 g frisches Obst und 350 g Obstsaft und 50 g Trockenobst	oder	200 g frisches Obst und 100 g Trockenobst	oder	200 g frisches Obst und 500 g Obstsaft
ca. 1 l Milch oder Sauermilch und 250 g Quark 20 %	oder	ca. 1 l Milch oder Sauermilch und 100 g Quark 20 % und ca. 50 g Käse 40 % F. i. Tr.	oder	500 g Milch oder Sauermilch und 100 g Quark 10 % und 100 g Käse 40 % F.i.Tr.
ca. 350 g fettarmes Fleisch, Geflügel oder Fisch	oder	150 g fettarmes Fleisch, Fisch oder Geflügel und 2 Eier	oder	200 g Sojaprodukt oder 70 g Trockensoja und 50 g veget. Paste
30–50 g Streichfett und ca. 20 g Zubereitungsfett	oder	20–30 g Streichfett und 30–40 g Zubereitungsfett		
ca. 30 g Honig oder Marmelade kleine Mengen an Zucker	oder	ca. 30 g Honig und Fruchtkonzentrate		
ca. 50 g Nüsse	oder	50 g Vollkornkekse		
evtl. Hefeflocken oder Hefeextrakt	oder	evtl. Weizenkeime		
Quelle: »Wie essen und trinken im Breiten- und Leistungssport?«, Bad Homburg				

146 | Ernährungsrichtlinien in den einzelnen Sportartengruppen

Wettkampf-nahrung Am Wettkampftag wird die letzte Mahlzeit zwei bis drei Stunden vor dem Start eingenommen (siehe S. 131). Während des Wettkampfes sollten z.B. im Straßen-radsport alle 20–30 Minuten einige Schlucke eines kohlenhydrat- und mineral-stoffhaltigen Getränkes getrunken werden. Auch ist es z.B. bei Straßenradrennen üblich, feste Nahrung mitzufuhren, z.B. Fruchtschnitten, Müsliriegel, Reiskuchen, Eierkuchen, Bananen, Trockenobst. Der Reiskuchen wird aus Reis, Milch, Eigelb, Zucker, Äpfel, Rosinen und einer Prise Salz hergestellt. Außerdem haben sich Sandwiches (ausgehöhlte Partybrötchen), gefüllt mit Reiskuchen oder Grießbrei, mit Tomaten und Frischkäse oder Schinken oder gehacktem Hähnchenfleisch be-währt.

Das Geheimnis der Trinkflasche im Radsport Die Trinkflaschen (500–750 ml) sind meist mit Kohlenhydrat-Mineralstoffgetränken gefüllt, oder man verwendet nach wie vor alte Hausrezepte aus früheren Zeiten: z. B. schwarzen Tee, grünen Tee, Mate-Tee oder Brennnesseltee mit Trauben-zucker und/oder Honig, Zitronensaft und einer großen Prise Meersalz. Oder als kräftige Flüssignahrung: dünnflüssiger, mit Wasser zubereiteter Hafer- oder Reis-schleim, angereichert mit Traubenzucker und Eigelb.

Spezialproblem: Etappenrennen im Straßen-radsport Ein besonderes Problem stellt die Ernährung der Radrennfahrer im Etappen-rennen dar. Sie benötigen eine tägliche Energiezufuhr von 6000–8000 kcal (25 100–33 500 kJ). Die dabei getrunkenen Flüssigkeitsmengen liegen zwischen acht und zwölf Litern täglich. Während der Rennen, die über mehrere Stunden gehen, ist die mögliche Flüssigkeits- und Nahrungsaufnahme begrenzt, sodass ein großer Teil des Nahrungs- und Flüssigkeitsvolumens in der Hauptsache nach dem Rennen zugeführt werden muss. Im Unterschied zu anderen Wettkämpfen muss die Energiezufuhr nicht erst langfristig ausgeglichen werden, sondern bereits bis zum nächsten Tag abgeschlossen sein, sodass die hohe körperliche Belastung im Rad-rennen und die hohe Nahrungs- und Flüssigkeitszufuhr beide am gleichen Tag stattfinden. So hohe Verzehrsmengen vertragen nicht alle Radrennfahrer in glei-cher Weise. Voraussetzung ist eine hohe Kapazität des Verdauungssystems.

Hunger und Durst regulieren dabei weitgehend das Angebot. Geschmackliche Nei-gungen müssen berücksichtigt werden. Nur grobe Fehler sollten korrigiert werden. Die Hauptsache ist bei Etappenradrennen, dass die notwendige Energiemenge überhaupt in der zur Verfügung stehenden Zeit zugeführt wird. Eine allzu wissen-schaftliche Ernährung nützt dem Sportler nichts, wenn sie ihm nicht schmeckt oder ihm nicht bekommt. In solchen Spezialfällen, wie sie beispielsweise auch beim Bergsteigen manchmal vorkommen, muss man einen Kompromiss zwischen dem Gespür des Athleten und den idealen Anforderungen an eine wissenschaft-lich optimale Ernährung eingehen. Oftmals wird auch der Fettanteil in der Ernährung von Etappenradrennfahrern höher sein müssen, da dadurch die Schmackhaftigkeit verbessert, das Nahrungsvolumen kleiner wird und das Sätti-gungsgefühl zunimmt.

Vorsicht bei kalten Getränken In der Nachwettkampfphase gelten die Richtlinien für die erste Mahlzeit nach dem Wettkampf (siehe S. 134). Auch hier ist davor zu warnen, zu kalte Getränke in größeren Mengen zu schnell zu trinken.

Sportliches Training und sportliche Wettkämpfe erfordern eben Disziplin. Dazu gehört auch die lockere und freiwillige Disziplin beim Essen und Trinken, auch in der Sondersituation, wie sie vor, während und nach Wettkämpfen auftreten.

Kampfsportarten

- Boxen
- Ringen
- Judo
- Karate
- Taek-won-do

Im Training müssen Schnellkraft, Kraft und Ausdauer trainiert werden. Charakteristisch für diese Sportarten ist ihr azyklischer Bewegungsablauf mit intervallartigen Belastungsspitzen, die zu teils sehr hohen Milchsäurewerten im Blut führen. Die höchsten Milchsäurewerte in dieser Sportartengruppe wurden beim Ringen gemessen. Diese anaerob-laktazide Energiegewinnung geht durch den anaeroben Abbau des Muskelglykogens vor sich. Daher ist die Anfüllung der Glykogenspeicher durch eine kohlenhydratreiche Ernährung (siehe S. 119) sehr wichtig. Dieses Ernährungsprinzip ist bei den Kampfsportarten auch heute noch nicht genügend bekannt, da man sich zu sehr auf eine eiweißreiche Kraftkost konzentriert. Eiweiß hat in dieser Sportartengruppe die Aufgabe, die Anforderungen an Kraft- und Schnellkraftleistungen sowie an Konzentrationsfähigkeit, Schnelligkeit und Kampfkraft zu fördern. Dazu wird der Eiweißanteil zeitweise auf bis zu 20% der Gesamtenergiemenge erhöht, das bedeutet eine zeitweise Eiweißzufuhr von über 2 g/kg Körpergewicht. Auch wenn man sehr genau auf die Auswahl magerer Eiweißspender (siehe S. 122) achtet, wird bei einem so hohen Eiweißverbrauch notgedrungen der Fettanteil in der Nahrung etwas höher. Er sollte aber 30% der Gesamtenergiemenge nicht wesentlich überschreiten (Tab. 54 u. 55). Für den Kohlenhydratanteil bleibt dann noch gut die Hälfte der gesamten Energiemenge.

Bedeutung der Glykogenspeicher für intervallartige Belastungsspitzen

Hoher Eiweißanteil

Abb. 48 Kampfsportarten, z. B. Boxen.

148 | Ernährungsrichtlinien in den einzelnen Sportartengruppen

Der durchschnittliche Energiebedarf liegt bei 70 kcal (293 kJ)/kg Körpergewicht, wobei Athleten mit einem sehr geringen Körpergewicht etwas mehr, solche mit einem sehr hohen Körpergewicht etwas weniger als diesen Mittelwert benötigen.

»Gewicht-machen« Die Einteilung in Gewichtsklassen bringt es mit sich, dass man in einer höheren Gewichtsklasse trainiert und für den Wettkampf in die nächst niedere Gewichtsklasse hinabsteigen möchte, um bessere Wettkampfaussichten zu haben. Daher ist in dieser Sportartengruppe die Prozedur des »Gewichtmachens« weit verbreitet. Hochleistungssportler sagen sogar, sie sei hier unbedingt notwendig. Dabei werden oft viele Fehler gemacht, da Gewichtsverluste, die nur durch Flüssigkeitsverluste erreicht werden, die Leistungsfähigkeit herabsetzen, sodass sich der Vorteil, in der nächst niederen Gewichtsklasse starten zu dürfen, oft wieder verliert. Besser ist es, langfristig das Gewicht durch Abbau von Fett und nicht durch Verlust von Flüssigkeit oder Muskelgewebe zu vermindern. Man kann jedoch Fettgewebe nicht durch

Tabelle 57 Energiebedarf und optimale Nährstoffrelation in Kampfsportarten (Hochleistungssport)

Sportart			Körper-gewicht (kg)	Tagesenergie-bedarf kcal	Anteil an der Gesamtenergie-menge
	kcal/kg	kJ/kg			
Boxen	70	293	75	5200	Kohlenhydrate 55%
Ringen	70	293	75	5250	Eiweiße 12–20%
Judo, Karate, Taek-won-do	70	293	75	5250	Fette 25–33%

Schwitzen oder wassertreibende Substanzen einschmelzen. Da das Problem des Gewichtmachens auch in anderen Sportartengruppen eine große Rolle spielt, wird es in einem gesonderten Kapitel besprochen (siehe S. 165 ff.).

Für die Vorwettkampfphase gelten die gleichen Richtlinien zur Anfüllung der Glykogenspeicher wie für die anderen Sportartengruppen (siehe S. 58 ff.).

Am Wettkampftag wird die letzte Mahlzeit ca. drei Stunden vor dem Wettkampf eingenommen. Dabei sollten die früher gegebenen Richtlinien beachtet werden (siehe S. 131), wobei hier die letzte Mahlzeit vor dem Start etwas eiweißreicher sein darf und außer den kohlenhydrathaltigen Beilagen etwa 150–200 g Fleisch enthalten kann. Wichtig ist bei Turnieren mit mehreren Wettkämpfen an einem Tage, in den Pausen zwischen den Kämpfen kleine Portionen kohlenhydrathaltiger Nahrungsmittel (siehe S. 119) und kleine Portionen mineralstoffreicher Getränke (100–200 ml) zu sich zu nehmen.

Nach dem Wettkampf besteht meistens ein natürlicher Kohlenhydrathunger, den man auch durch eine entsprechende Mahlzeit berücksichtigen sollte (siehe S. 134).

Spielsportarten

- Fußball
- Handball
- Tennis
- Eishockey

- Hockey
- Basketball
- Wasserball
- Rugby u. a.

Die Spielsportarten haben ebenfalls einen azyklischen Bewegungsablauf von intervallartigem Charakter, wobei zur Energielieferung der anaerobe Abbau von Muskelglykogen notwendig ist. Je intensiver, kraftzehrender und häufiger die Wettkämpfe sind (sog. »Englische Wochen«), desto gewissenhafter sollten die Glykogenspeicher durch reichliche Zufuhr von geeigneten Kohlenhydraten (siehe S. 119) aufgefüllt werden. Genauso wichtig ist bei derart intensiven Belastungen auch eine erhöhte Eiweißzufuhr. Bei den verschiedenen Spielsportarten gibt es allerdings einige sportartspezifische Unterschiede: So muss erfahrungsgemäß ein Fußballspieler pro Spiel viel weiter laufen (12–20 km) als z. B. ein Basketballspieler, der wiederum eine größere Sprungkraft und Kraftausdauer benötigt als ein Fußballspieler. Die in Tabelle 56 angegebenen Zahlen für die optimale Nährstoffrelation und den Energiebedarf können daher nur Richtwerte geben. Man könnte z. B. auch einige Spielsportarten (Fußball, Handball, Hockey) zu den Ausdauersportarten mit hohem Krafteinsatz und andere (Basketball, Eishockey, Wasserball) zu den Schnellkraftsportarten rechnen. Aber aufgrund der Trainingsanforderungen stehen sie im Durchschnitt zwischen diesen beiden Sportartengruppen. Wichtig ist aber zu erkennen, dass auch Spielsportarten einen hohen Anteil an Ausdauerleistungsfähigkeit benötigen, die sich in einem erhöhten Glykogenverbrauch niederschlägt. Der hohe Bedarf an Kohlenhydraten in Training und Wettkampf wird durchschnittlich mit 55 % der Nahrungsenergie angesetzt. Er liegt damit gleich hoch wie bei den Kampf-, Schnellkraft- und Kraftsportarten, aber etwas niedriger als bei Ausdauersportarten. Gegenüber den Ausdauersportarten benötigen Spielsportarten einen höheren Anteil an Eiweiß, nämlich bis 17 % der gesamten Nahrungsenergie. Umgerechnet auf das Körpergewicht bedeutet das eine tägliche Eiweißzufuhr von 1,5–2,2 g/kg. Der Fettanteil der Nahrung soll nicht mehr als 33 % der Nahrungsenergie betragen. Wenn nämlich der Fettanteil höher läge, dann würde die optimale Relation der beiden anderen Nährstoffe, Kohlenhydrate und Eiweiß, nicht mehr gewährleistet sein. Das ist ein sehr wichtiger Punkt, da sich z. B. Fußballspieler erfahrungsgemäß viel zu fettreich ernähren, u. a. deswegen, weil sie sehr häufig auf Gasthaus-Essen angewiesen sind und als Standardmahlzeit oft Pommes frites, Wiener Schnitzel und sonstige panierte Speisen bekommen. Eine so fettreiche Ernährung mindert jedoch die Leistungsfähigkeit und stört die optimale Nährstoffrelation. Gerade deswegen sollten Fußballspieler ganz besonders auf magere Eiweißspender (siehe S. 122 und Tab. 54) achten.

In der Vorwettkampfphase müssen auch in den Spielsportarten die Glykogenvorräte möglichst vollständig aufgefüllt werden. Gerade im Fußball konnte durch Untersuchungen sehr genau gezeigt werden, wie sehr die Größe der Glykogenvorräte

Bedeutung der Glykogenspeicher

Auf fettarme Eiweißspender achten

Größe der Muskelglykogenspeicher oft spielentscheidend im letzten Drittel

die Laufleistung im Spiel beeinflusst. Spieler mit geringen Glykogenvorräten verloren gegen Ende des Spieles ihre Schnelligkeit und Spritzigkeit. Mannschaften, die die Prinzipien der Glykogenbevorratung beachteten, schossen im letzten Spieldrittel eindeutig mehr Tore als Mannschaften, die sich normal oder falsch ernährten. Bei Turnieren oder »Englischen Wochen« mit einer dichten Folge von mehreren Spielen in einer Woche sind kohlenhydratreiche Kostformen geradezu Voraussetzung für die Aufrechterhaltung der Form. Insbesondere mehrere kleine kohlenhydratreiche Zwischenmahlzeiten (siehe S. 119) oder kohlenhydratreiche Getränke (z. B. Fruchtsaft mit Instant-Haferflocken) begünstigen den schnellen Wiederaufbau der Glykogenreserven.

Tabelle 58 Optimale Nährstoffrelation und Energiebedarf in Spielsportarten (Hochleistungssport)

Sportart	kcal/kg	kJ/kg	Körpergewicht (kg)	Tagesenergiebedarf kcal	Anteil an der Gesamtenergiemenge
Fußball	72	300	70	5040	Kohlenhydrate
Handball	70	293	75	5250	55 %
Tennis	68	285	70	4760	
Eishockey	70	293	70	4900	Eiweiße
Hockey	70	293	70	4900	12–17 %
Basketball	68	285	75	5100	
Wasserball	70	293	75	5250	Fette
Rugby	68	285	75	5100	27–33 %

Abb. 49 Spielsportarten, z. B. Tennis.

Schnellkraftsportarten | 151

Außerdem sollten Schweißverluste nicht nur durch Mineralwasser, Limonaden und Coca-Cola ausgeglichen werden, sondern es sollten gleichzeitig immer auch die verlorenen Mineralstoffe (Kalium, Magnesium) mit aufgenommen werden, z. B. indem man Obstsäfte (evtl. verdünnt mit Mineralwasser) oder isotone Mineralstoffgetränke zu sich nimmt. Gerade in den Spielsportarten, vor allem im Fußball, beruhen erhöhte Verletzungsanfälligkeit, Muskelkrämpfe und Trainingsunlust sehr oft auf einem Mineralstoffmangel, wenn man die genannten Grundsätze nicht beachtet hat.

Mineralstoff-mangel ausgleichen

Am Wettkampftag sollte die Glykogenbevorratung abgeschlossen sein. Die letzte Mahlzeit wird zweieinhalb bis drei Stunden vor dem Spiel eingenommen, gleichgültig zu welcher Tageszeit das Spiel stattfindet. Diese Mahlzeit soll leicht verdaulich, kohlenhydrat- und eiweißreich sein. Sie kann z.B. aus ca. 150 g magerem Fleisch (Geflügel, Truthahn, Kalbfleisch) oder Fisch bestehen, wobei als kohlenhydratreiche Beilagen Kartoffeln, Teigwaren (Spaghetti, Makkaroni, andere Nudeln) oder Naturreis und zum Nachtisch etwas Obst gereicht werden. In den Spielpausen ist es unbedingt zu empfehlen, Kohlenhydrat-Mineralstoffgetränke einzusetzen. Der vorzeitigen Erschöpfung und Müdigkeit, die durch Kohlenhydrat- und Mineralstoffmangel hervorgerufen wird, wird dadurch entgegengewirkt. In den Spielpausen aufgenommene Kohlenhydrate stehen nach 20–30 Minuten zur Verfügung und können die gegen Spielende entscheidenden ökonomischen Energielieferanten sein.

Pausengetränke

In der Nachwettkampfphase sollen die im Spiel verbrauchten Energiereserven, Nährstoffe (Kohlenhydrate, Eiweiß), Mineralstoffe und die verlorene Flüssigkeit wieder ersetzt werden. Etwa ein bis zwei Stunden nach dem Spiel sollte die auf Seite 134 beschriebene Nachwettkampfmahlzeit eingenommen werden. Flüssigkeitsverluste werden erst später voll ausgeglichen. Der physiologische Eiweißhunger stellt sich erst später wieder ein. Auch in der Nachwettkampfphase sind prinzipiell mehrere kleine Mahlzeiten günstiger als eine einzige übermäßige, die das Verdauungssystem überlastet und die Regeneration beeinträchtigt.

Schnellkraftsportarten

- Kurzstreckenlauf
- Leichtathletischer Mehrkampf
- Moderner Fünfkampf
- Radsport (Bahn)
- Schwimmen (100 m)
- Skisport (alpin)
- Leichtathletische Sprungdisziplinen
- Eisschnelllauf (500 m)

- Tischtennis
- Turnen
- Eiskunstlauf
- Kanuslalom
- Skispringen
- Volleyball
- Fechten
- Gymnastik u. a.

Diese Sportartengruppe ist die umfangreichste und aus sehr unterschiedlichen Sportarten zusammengesetzt. Gemeinsam ist ihnen die Schnellkraft als wichtigster leistungsbestimmender Faktor, eine sportartspezifische optimale Synthese von

| 152 | Ernährungsrichtlinien in den einzelnen Sportartengruppen

Schnellkraft nicht nur in Schnellkraftsportarten

Kraft und Schnelligkeit. Je größer der in der betreffenden Sportart zu überwindende Widerstand wird, desto wichtiger wird auch der Faktor Kraft; je geringer jedoch der sportartspezifische Widerstand ist, desto mehr kommt die Eigenschaft Schnelligkeit in den Vordergrund. Natürlich benötigen auch andere Sportarten als die in dieser Gruppe angegebenen ein großes Maß an Schnellkraft, wie z.B. die Wurfdisziplinen, der Straßenradsport (Endspurt!), das Rudern u.a. Diese Sportarten haben aber vorwiegend andere Eigenschaften, die noch wichtiger sind als die Schnellkraft: So ist es z.B. bei den Wurfdisziplinen die Maximalkraft, beim Straßenradsport und Rudern die Ausdauer.

Abb. 50 Schnellkraftsportarten, z.B. Radsport (Bahn).

Größte Sportartengruppe mit hoher Variabilität

Bei der großen Zahl von Sportarten in dieser Gruppe ist es nicht möglich, einen pauschalen mittleren Energiebedarf für die Basisernährung anzugeben. Nimmt man als Maßstab das durchschnittliche Körpergewicht der Sportler in den einzelnen Sportarten (Tab. 59), so sieht man, dass sich die Energiebedarfszahlen im Hochleistungssport zwischen 3800 und 5600 kcal bewegen. In einigen Sportarten dieser Gruppe ist jedoch ein viel geringeres Körpergewicht erwünscht, als es im Durchschnitt anzugeben ist, z.B. beim Eiskunstlauf der Damen, bei den Turnerinnen, in der Gymnastik und auch im Ballett. Für den Eiskunstlauf rechnet man z.B. mit einem durchschnittlichem Energiebedarf von 63 kcal (264 kJ) Körpergewicht. Wenn also eine Eiskunstläuferin nur 42 kg wiegt, kommt sie auf einen Energiebedarf von ca. 2600 kcal (10 900 kJ) in intensiven Trainingsabschnitten. Und auch das kann noch zu viel sein, wenn dabei Fettansatz und Körpergewicht zunehmen. Auf diese Probleme der Gewichtsreduktion in dieser Sportartengruppe, vor allem bei den Turnerinnen und Eiskunstläuferinnen, wird an gesonderter Stelle (siehe S. 165) eingegangen.

Schnellkraftsportarten | 153

Tabelle 59 Energiebedarf und optimale Nährstoffrelation in Schnellkraftsportarten (Hochleistungssport)

Sportart	kcal/kg	kJ/kg	Körper-gewicht (kg)	Tagesenergie-bedarf kcal	Anteil an der Gesamtenergie-menge
Kurzstreckenlauf					Kohlenhydrate
(100–400 m)	65	272	70	4550	50–55 %
Leichtathletischer					
Mehrkampf	70	293	80	5600	Eiweiße
Moderner Fünfkampf	70	293	75	5250	12–18 %
Radsport (Bahn)	73	306	70	5110	
Schwimmen (100 m)	72	301	70	5040	Fette
Skisport (alpin)	70	293	70	4900	25–33 %
Leichtathletische					
Sprungdisziplinen	65	272	75	4875	
Eisschnelllauf (500 m)	70	293	70	4900	
Tischtennis	60	251	70	4200	
Turnen	65	272	65	4225	
Eiskunstlauf	63	264	75	4725	
Kanuslalom	67	280	75	5025	
Skispringen	70	293	75	5250	
Volleyball	65	272	75	4875	
Fechten	67	280	70	4690	
Gymnastik	63	264	60	3780	

Insgesamt liegt der mittlere Energiebedarf in dieser Sportartengruppe im Hochleistungssport bei ca. 4800–5000/Tag. Manche Sportarten, wie z. B. Gymnastik, Tischtennis, Turnen und Eiskunstlauf, sind deutlich unter diesem Mittelwert, während
der leichtathletische Mehrkampf deutlich darüber liegt.

Gemeinsam ist dieser großen Sportartengruppe ein erhöhter Eiweißbedarf, der bei **Ernährung**
durchschnittlich 15–18 % der Gesamtenergie anzusetzen ist, gleichbedeutend mit **eiweißreich,**
ca. l,5–2,4 g/kg Körpergewicht. Denn sowohl Kraft als auch Schnellkraft, Konzen- **kohlenhydrat-**
tration und Koordination erfordern einen hohen Eiweißanteil in der Nahrung. **reich, fettarm**
Magere Eiweißspender sind notwendig (siehe S. 122 und Tab. 56, S. 145). Erleichtert wird oftmals die fettarme Eiweißzufuhr durch Proteinkonzentrate, die
man der gewohnten Nahrung zusetzen kann (siehe S. 165). Außerdem benötigen
intensive, intervallartige Belastungen große Muskelglykogenvorräte, die ständig
durch eine kohlenhydratreiche Ernährung mit den dazu geeigneten Nahrungsmitteln (siehe S. 118) regeneriert werden müssen. Auch bei fettarmer Ernährung ist es
infolge des hohen geforderten Eiweißanteiles schwierig, unter 30 % Fettenergie zu
kommen, sodass schließlich für die Kohlenhydratenergie noch ca. 50–55 % verbleiben.

In der Vorwettkampfphase jedoch gilt es, durch einen erhöhten Kohlenhydratanteil
von über 60 % der Nahrungsenergie die Glykogenspeicher möglichst gut anzufül-
len (siehe S. 58), indem man vorwiegend stärkehaltige Nahrungsmittel (siehe S.

154 | Ernährungsrichtlinien in den einzelnen Sportartengruppen

118) zu sich nimmt. Diese Maßnahme empfiehlt sich besonders für folgende Situationen:

1. zur Vorbereitung auf Turniere (z. B. leichtathletischer Mehrkampf, moderner Fünfkampf, Turnen, Tanzsport u. a.)
2. zur Vorbereitung auf mehrere Starts (Ausscheidungskämpfe, Kurzstrecken, Fechten u. a.)
3. zur Vorbereitung auf Wettkämpfe mit mehreren Disziplinen (Mehrkampf)

Hohe Glykogen-vorräte leichter mobilisierbar

Auch bei kurzen Wettkämpfen mit intervallartigem Charakter ist die gute Auffüllung der Glykogenspeicher leistungsfordernd, da das Glykogen umso schneller mobilisiert werden kann, je höher die Glykogenvorräte angefüllt sind. Am Wettkampftag gelten die auf Seite 131 angegebenen Richtlinien. Eine besondere Wettkampfnahrung ist meistens nicht erforderlich. Bei Veranstaltungen mit mehreren Starts jedoch sollten in den Pausen Kohlenhydrate (Energieriegel, Müsliriegel, Fruchtschnitten, Reiskuchen, Trockenobst, Bananen, Fruchtsaft mit Instant-Haferflocken u. a.) und Mineralstoffe (mit Mineralwasser verdünnte Obstsäfte, wasserreiches Obst) ergänzt werden; empfehlenswert sind auch Kohlenhydrat-Mineralstoffgetränke (siehe S. 167).

Spezialproblem: Zehnkampf

Schwierig ist die Ernährung von Zehnkämpfern *im* Wettkampf. Der Wettkampfablauf ermöglicht es nämlich nicht, dem Körper die verbrauchte Energie sofort zeitgerecht wieder zuzuführen. Daher treten bei Zehnkämpfern zunächst teils deutliche Körpergewichtsverluste auf. Jeder Zehnkämpfer muss sich deshalb bei seiner Wettkampfplanung ganz genau seinen Ernährungsplan zurechtlegen. Ein Beispiel für einen solchen Essensplan, der etwa 4000 kcal (16 800 kJ) liefert, ist in Tabelle 60 aufgeführt. In den Pausen zwischen den Disziplinen sollten kohlenhydratreiche Nahrungsmittel (Energieriegel, Müsliriegel, Müsli, Fruchtschnitten, Reiskuchen, Zwieback, Vollkornkekse u. a.), mineralstoffreiche Getränke (Fruchtsäfte) und Obst (Bananen, Trockenfrüchte, Orangen, Äpfel u. a.) aufgenommen werden. Besonders in der Wettkampfphase des Zehnkampfs, in der wettkampfbedingt einzelne Mahlzeiten ausfallen müssen, hat sich der gezielte Einsatz von Nährstoffkonzentraten (Kohlenhydrate, Kohlenhydrat-Mineralstoffgemische, »Recovery Drinks«) als sehr nützlich und leistungsfordernd erwiesen. Außerdem ist die Zugabe von Eiweißkonzentraten zu den Hauptmahlzeiten anzuraten. Entscheidend ist die rasche, unproblematische und konzentrierte Zufuhr aller verlorenen Wirkstoffe, um einen Leistungsabfall zu verhindern.

Etwa ein bis zwei Stunden nach dem Wettkampf sollte die erste Nachwettkampf-Mahlzeit (siehe S. 134) eingenommen werden, die alle verlorenen Stoffe ersetzen sollte. Flüssigkeitsverluste werden erst allmählich in den weiteren Stunden ausgeglichen. Später stellt sich auch der physiologische Eiweißhunger auf eine eiweißreiche Mahlzeit ein.

Schnellkraftsportarten | 155

Tabelle 60 Beispiel eines Speiseplanes für 4000 kcal (16 800 kJ)

1. Frühstück
Kaffee oder Tee, 250 g fettarme Milch (1,5 % Fett), 25 g Honig,
1 Roggenbrötchen 40 g, 20 g Butter oder Margarine,
30 g Edamerkäse (30 % Fett i. Tr.), 1 Portion Müsli (45 g gemahlene Körner,
Wasser, 1 Teelöffel Zitronensaft (frisch), 20 g Birne, 20 g Banane,
20 g Orange, 20 g getrocknete Pflaume, 1 Esslöffel Sahne,
5 g Walnuss, 1 Teelöffel Honig, 125 g Joghurt (1,5 %)
(oder ein anderes Müsli)

2. Frühstück
250 g Johannisbeersaft, schwarz
Rosinenquarkspeise (100 g Speisequark mager, 50 g Joghurt 1,5 %,
25 g Rosinen, Wasser, 50 g Mandarinen)

Mittagessen
200 g Heilbutt vom Grill (2 g Öl), Zitronen
300 g Kartoffeln (5 g Öl), 200 g grüne Erbsen (10 g Margarine)
200 g Tomaten als Salat (10 g Zwiebeln, 3 g Öl)
100 g Ananas frisch, 50 g Erdbeeren als Dessert
250 g Orangensaft, frisch gepresst

Nachmittags
2 Stück Müsliriegel, 2 Portionen eines Energiedrinks

Abendessen
40 g roher geräucherter Schinken (dünn geschnitten),
60 g Sauermilchkäse (10 g Zwiebeln)
20 g Margarine oder Butter, 150 g Radieschen
40 g Roggenvollkornbrot, 40 g Weizenvollkornbrot, 25 g Pumpernickel
1 l Apfelsaft (über den Abend verteilt)

Zusätzlich
Mineralwasser bei Bedarf
Kräuter, Gewürze, Essig nach Geschmack

Aufteilung der 4000 kcal (16 800 kJ) a. d. Gesamtenergiemenge
583 g Kohlenhydrate   = 60 kcal/kJ%
148 g Eiweiß   = 15 kcal/kJ%
105 g Fet   = 25 kcal/kJ%
  8 g Kalium
 4,5 mg Vitamin B_1

156 | Ernährungsrichtlinien in den einzelnen Sportartengruppen

Kraftsportarten

• Gewichtheben   • Wurfdisziplinen   • Stoßdisziplinen

Maximalkraft und Muskelmasse Trainingsziel ist die Entwicklung der Maximalkraft, die meist mit einer Vergrößerung der Muskelmasse einhergeht. Die größte Bedeutung hat die Maximalkraft beim Gewichtheben, während bei den Wurf- und Stoßdisziplinen außerdem noch die Schnellkraft im Vordergrund steht. An die Ausdauer werden in dieser Sportartengruppe nur geringe Anforderungen gestellt, wenngleich ein gewisses Maß an Ausdauerleistungsfähigkeit auch bei den Kraftsportarten für eine schnelle Regeneration nützlich ist. Die Wirkung eines Krafttrainings wird durch eine hohe Eiweißzufuhr unterstützt, besonders durch einen hohen Anteil an tierischem Eiweiß (Milch, Milchprodukte, Fisch, Fleisch, Eier). Ist die Eiweißzufuhr zu gering, kann man ab einem gewissen Trainingszustand trotz Steigerung des Trainings an Intensität und Umfang keine weitere Zunahme der Muskelmasse und der Muskelkraft erzielen.

Abb. 51 Kraftsportarten, z. B. Gewichtheben.

Kraftsportarten | 157

In der Basisernährung ist dementsprechend ein hoher Eiweißanteil notwendig, der bis zu 24% der Nahrungsenergie betragen kann, gleichbedeutend mit einem Eiweißbedarf von l,5–2,5 g/kg Körpergewicht (Tab. 61). Da die meisten Eiweißspender mehr oder minder fettreich sind, lässt sich eine Erhöhung des Fettanteiles in der Nahrung oft nicht vermeiden (bis ca. 35%). Daher sollten Kraftsportler ein besonderes Augenmerk auf magere Eiweißspender (siehe S. 122 und Tab. 56 S. 145) legen. Manchmal ist jedoch der Einsatz von Proteinkonzentraten (siehe S. 165) nicht zu umgehen. Obwohl die Energie bei diesen explosiven kraftbetonten Sportarten überwiegend aus den energiereichen Phosphaten stammt, ist doch ein möglichst hoher Anteil an Kohlenhydraten in der Nahrung günstig, da die Regeneration der energiereichen Phosphate aus dem Muskelglykogen am günstigsten vonstatten geht. In den Wurfdisziplinen (Hammerwurf, Diskuswurf, Speerwurf) und Stoßdisziplinen (Kugelstoßen) liegt das Körpergewicht meistens über 100 kg. Ein solches Körpergewicht bringt natürlich einen höheren Energie- und Eiweißbedarf mit sich, als in anderen Sportarten üblich ist. Die Gewichtheber jedoch kämpfen in Gewichtsklassen, sodass hier wieder ein spezielles Problem auftaucht, nämlich das des »Gewichtmachens«. Meistens wird versucht, viel zu viele Kilogramm in wenigen Tagen durch Flüssigkeitsverlust (»Abkochen«) zu verlieren. Als Mittel werden dabei Hunger, Schwitzkuren und wassertreibende Substanzen eingesetzt, wobei diese Prozeduren oft zu einem deutlichen Leistungseinbruch, zu Muskelkrämpfen und Kraftlosigkeit führen. Besser ist es, durch ein überlegtes Ernährungsregime langfristig auf das erstrebte Gewicht hinzuarbeiten (siehe S. 159).

In der Vorwettkampfphase ist außer für die Gewichtheber, die in Gewichtsklassen starten, keine besondere Ernährung notwendig. Hier genügt die normale Basisernährung.

Am Wettkampftag sollte etwa drei Stunden vor dem Start die letzte eiweißreiche Mahlzeit eingenommen werden, bestehend aus mageren, leicht verdaulichen Fleischsorten (z.B. Geflügel, Truthahn, mageres Kalb- oder Rindfleisch) oder Fisch, Milch und Milchprodukten (Magerquark, Hüttenkäse, Joghurt u.a.). Bei länger dauernden Wettkämpfen (Turniere) ist es günstig, das auftretende Hungergefühl oder Schwächezustände durch kleine Kohlenhydratmahlzeiten zu beseitigen (Energieriegel, Müsliriegel, Bananen, Fruchtschnitten, Reiskuchen u.a.) oder einfach Kohlenhydrat-Mineralstoffgetränke zu trinken.

Hauptproblem: hohe Eiweißmenge mit möglichst geringem Fettanteil

»Gewichtmachen«

Wettkampfnahrung

Tabelle 61 Energiebedarf und optimale Nährstoffrelation in Kraftsportarten (Hochleistungssport)

Sportart	kcal/kg	kJ/kg	Körpergewicht (kg)	Tagesenergiebedarf kcal	Anteil an der Gesamtenergiemenge
Gewichtheben	75	314	80	6000	Kohlenhydrate 48–52%
Wutfdisziplinen	70	293	90	6300	Eiweiße 15–20%
Stoßdisziplinen	70	293	90	6300	Fette 26–35%

158 | Ernährungsrichtlinien in den einzelnen Sportartengruppen

In der Nachwettkampfphase sind die für die erste Nach-Wettkampfmahlzeit angegebenen Richtlinien (siehe S. 134) nützlich.

Nicht klassifizierbare Sportarten

- Bogenschießen
- Schießen
- Motorsport
- Segeln
- Reiten
- Golf u. a.

Hohe Konzentration und verschiedene motorische Hauptbeanspruchungsformen

In diese Gruppe gehören Sportarten, die sich nicht in die angegebenen Sportartengruppen einordnen lassen. Für diese Sportarten gelten während intensiver Trainingsabschnitte die in Tabelle 62 angegebenen Richtlinien für den Energiebedarf und die optimale Nährstoffrelation. Auf den Einsatz vollwertiger kohlenhydrathaltiger Nahrungsmittel (siehe S. 118) und magerer Eiweißspender (siehe S. 120) ist zu achten, denn umgerechnet auf das Körpergewicht sind je nach Trainingsintensität und Kraftbeanspruchung etwa 1,2–1,4 g Eiweiß/kg Körpergewicht erforderlich. Dabei ist zu berücksichtigen, dass Eiweiß nicht nur den Muskelaufbau fördert, sondern auch dazu dient, Leistungsbereitschaft und Konzentrationsfähigkeit zu steigern.

Spezielle Ernährungsempfehlungen hängen von der Hauptbeanspruchungsform (Kraft, Schnelligkeit, Ausdauer) im Training ab und können von den anderen Sportartengruppen übernommen werden (siehe Tab. 54 S. 142 und Tab. 56 S. 145).

Tabelle 62 Energiebedarf und optimale Nährstoffrelation in nicht klassifizierbaren Sportarten (Hochleistungssport)

Sportart	kcal/kg	kJ/kg	Körpergewicht (kg)	Tagesenergiebedarf kcal	Anteil an der Gesamtenergiemenge
Bogenschießen	65	272	70	4550	Kohlenhydrate
Motorsport	60	251	70	4200	60 %
Reiten	65	272	70	4550	
Schießen	62	260	70	4340	Eiweiße 12 %
Segeln	62	260	75	4650	Fette 28 %

7 Spezielle Fragen und Probleme

Freie Radikale, Antioxidantien und Sport

Freie Radikale: Definition, Wirkungen, Entstehung

Freie Radikale sind Atome oder Moleküle, die ein freies ungepaartes Elektron besitzen, meistens eines zu wenig und – seltener – eines zu viel. Dadurch sind sie sehr instabil. Ihre Halbwertszeit, d.h. die Zeit, in der die Hälfte von ihnen zerfallen ist oder nicht mehr existiert, beträgt nur einige Mikro- oder Millisekunden. In dieser Zeit reagieren freie Radikale mit allem, was sie umgibt – meistens nach Art einer Kettenreaktion unter Bildung von neuen freien Radikalen. Sie zerstören oder schädigen auf diese Weise wichtige Zellstrukturen, Proteine und Nukleinsäuren (Abb. 52).

Freie Radikale, Kettenreaktionen und Zellschädigungen

Freie Radikale entstehen fast immer aus Wasserstoffsuperoxid (H_2O_2 bzw. HO-OH). Die wichtigsten freien Radikale sind das Superoxidradikal (HO-O+), das Hydroxylradikal (HO+), der Singulett-Sauerstoff ($^1O_2$), das Nitroxylradikal (NO+), das Fettsäure-Peroxid-Radikal (R-OO$^+$) und die Hypochlorige Säure (H$^+$-OCl). Im englischen Schrifttum werden diese Radikale als »Reactive Oxygen Species« (ROS) zusammengefasst.

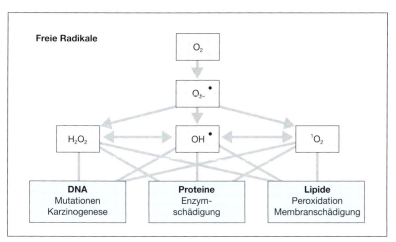

Abb. 52 Die häufigsten freien Radikale (Sauerstoffradikale, Hydroxylradikale, Singulettsauerstoff, Wasserstoffperoxid) und ihre schädlichen Auswirkungen auf DNS, Proteine und Lipide.

Spezielle Fragen und Probleme

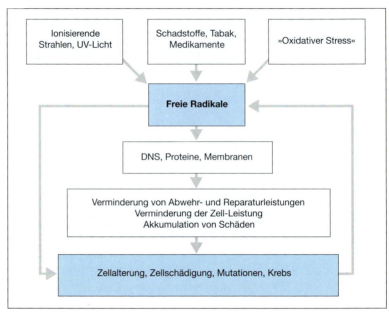

Abb. 53 Quellen freier Radikale und ihre Auswirkungen: Zellschädigung, Zellalterung und Zellentartung.

Vielfältige Ursachen der Entstehung von freien Radikalen

Freie Radikale entstehen auf vielfältige Weise, z.B. durch Strahleneinwirkung (ionisierende Strahlen, UV-Licht) auf Wassermoleküle, durch Umweltschadstoffe und Tabakrauch, aber auch bei vielen normalen Reaktionen des intermediären Stoffwechsels (z.B. innere Atmung, oxidativer Stoffwechsel in den Mitochondrien, Abb. 53). In Gegenwart von gelösten Eisenionen als Katalysatoren bilden sich aus Wasserstoffsuperoxid (H_2O_2) die sehr aggressiven Hydroxylradikale (Abb. 55).

Physiologische Abwehrmechanismen gegen freie Radikale

Freie Radikale in Maßen und begrenzt nützlich und notwendig

Die Zellen des Immunsystems benutzen normalerweise freie Radikale, um Krankheitserreger zu vernichten (»Respiratory Burst«). Außerdem fällt bei der normalen Zellatmung immer ein Anteil von 2–3% des verbrauchten Sauerstoffes in Form von freien Radikalen an.

Es wäre von der Natur daher nicht weise, wenn sie nicht gleichzeitig antioxidative Schutzsysteme aufgebaut hätte. Tatsächlich verfügt der Körper über ein ausgeklügeltes Schutzsystem von enzymatischen und nichtenzymatischen Abwehrmechanismen, um die Überschwemmung des Organismus mit freien Radikalen zu verhindern (Tab. 63 und 64).

Die wichtigsten enzymatischen Abwehrsysteme sind die manganabhängige Superoxid-Dismutase (SOD) in den Mitochondrien, die kupfer- und zinkabhängige

Freie Radikale, Antioxidantien und Sport | 161

Tabelle 63 Die natürlichen enzymatischen Abwehrsysteme gegen freie Radikale und ihre Abhängigkeit von den Spurenelementen Zink (tn), Selen (Se), Mangan (Mn) und Kupfer (Cu)

Enzymatische Schutzsysteme gegen freie Radikale

- Umwandlung von Superoxidradikalen in H_2O_2 und O_2:
  - Mn-Superoxiddismutase (SOD) in Mitochondrien:
  - Cu-Zn-Superoxiddismutase (SOD) im Zytoplasma
- Umwandlung von H_2O_2 in H_2O und O_2:
  - Katalase in Erythrocyten
- Reduktion von Peroxiden zu H_2O:
  - Se-Glutathion-Peroxidase
- Regeneration von Glutathion (GSH):
  - Glutathion-Reduktase

Tabelle 64 Die natürlichen nichtenzymatischen Abwehrsysteme gegen freie Radikale

---

Nichtenzymatische Schutzsysteme gegen freie Radikale

Hydrophyil	Lipophil	Chelatbildner
Harnsäure	Ubichinon	Coeruleoplasmin
Bilirubin	*Vitamin*	Transferrin
Glutathion	*E Beta-Karotin*	Albumin
alpha-Liponsäure	Carotinoide	Haptaglobin
Vitamin C	*Lycopin*	
Metallothionein		

Pflanzenstoffe: Polyphenole (Flavone, Flavonoide), Anthocyane, Tannine u.a.

Superoxid-Dismutase (SOD) im Zytoplasma sowie die selenabhängige Glutathion-Peroxidase.

Die wichtigsten Bestandteile der nichtenzymatischen Abwehrsysteme sind das alpha-Tocopherol (Vitamin E, Antioxidans für alle Lipide), Beta-Karotin (Provitamin A, Radikalfänger bei niedrigen Sauerstoffkonzentrationen), Lykopin (Tomatenrot, stärker wirksam als Beta-Karotin), Ascorbinsäure (Vitamin C, Antioxidans in wässrigem Milieu, regeneriert oxidiertes Vitamin E) und die große Zahl von sekundären Pflanzenstoffen (»Phytonutrients«, »Phytochemicals«, z.B. Polyphenole, Flavone, Flavonoide u.a.).

Schutzsysteme gegen freie Radikale arbeiten mit Enzymen und gelösten Schutzstoffen

Freies Eisen, Fleisch und Rotwein

Bei Anwesenheit von freien Eisenionen werden die enzymatischen Abwehrsysteme in eine andere Richtung gelenkt (Abb. 55), sodass sehr aggressive Hydroxylradikale (HO^+) entstehen, die für eine große Zahl von radikalabhängigen Krankheiten (»Free Radical Diseases«) verantwortlich gemacht werden, z.B. Gelenkerkrankungen, verschiedene Krebsformen, Arteriosklerose, Herzinfarkte, Schlaganfälle, Alterungsprozess, Morbus Alzheimer u.a.

Wenn man überlegt, woher das meiste freie Eisen stammt, kommt man auf das rote Fleisch. Und wenn man weiter nachdenkt, kommt man auf den Rotwein, den man

Aggressive Hydroxyl-radikale durch freies Eisen

162 | Spezielle Fragen und Probleme

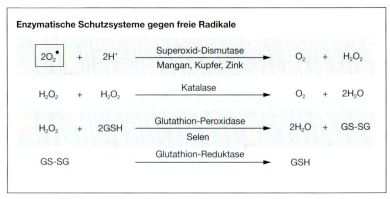

Abb. 54 Die normale Entgiftung freier Radikale durch die natürlichen enzymatischen Abwehrsysteme ohne Anwesenheit von freiem Eisen.

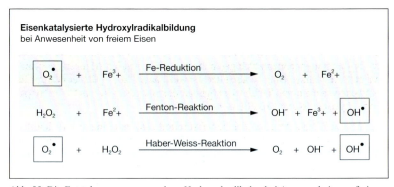

Abb. 55 Die Entstehung von aggressiven Hydroxylradikalen bei Anwesenheit von freiem Eisen.

Die Farbstoffe im Rotwein neutralisieren freie Radikale schon in alten Zeiten immer zu rotem Fleisch zu trinken pflegte. Heute weiß man, dass die im Rotwein – aber auch in rotem Traubensaft und in roten Trauben – enthaltenen Pflanzenfarbstoffe (Polyphenole, Flavone, Flavonoide) hochwirksame Radikalfänger sind, die die durch das freie Eisen im roten Fleisch entstehenden Hydroxylradikale abfangen und unschädlich machen. Auch an diesem Beispiel erkennt man, wie in der Ernährungslehre oftmals die Intuition dem Intellekt vorauseilt.

Eisenpräparate Im Übrigen beruht es auf dieser Tatsache, dass man heute in der Sportmedizin in der Verabreichung von Eisen an Sportler zurückhaltend geworden ist. Eisen sollte nur bei nachgewiesenem Mangel substituiert werden. Außerdem sollte der hohe Fleischkonsum (rotes Fleisch) im Sport aus diesen Gründen eingeschränkt werden.

Freie Radikale, Antioxidantien und Sport | 163

Sport – frei von freien Radikalen

Normalerweise spielt sich im Körper ein Gleichgewicht zwischen den Sauerstoff-radikalen, die bei den natürlichen Stoffwechselreaktionen entstehen, und den über-all im Körper vorhandenen enzymatischen und nichtenzymatischen Schutzsyste-men ein. Wenn jedoch die Produktion von aggressiven Sauerstoffradikalen die Kapazität der natürlichen Schutzsysteme überschreitet, wird der Körper durch freie Radikale überschwemmt und von innen heraus chemisch geschädigt. Man spricht von oxidativem Stress. Der Mensch kann also nicht nur physisch und psychisch, sondern auch oxidativ gestresst werden (F. KIEFFER).

Diesen oxidativen Stress gilt es zu vermeiden, weil dabei die freien Radikale ihre oben genannten vielfältigen schädlichen Wirkungen entfalten. Dem kann man durch zwei Maßnahmen vorbeugen und entgegenwirken:

Das natürliche Gleichgewicht

»Oxidativer Stress« – Aus-druck eines Ungleichge-wichtes

1. Durch allmähliche Steigerung der Trainingsintensität kann man eine allmähliche Steigerung der antioxidativen Kapazität der enzymatischen Schutzsysteme gegen freie Radikale erreichen. Jede zu schnelle Steigerung der Trainingsinten-sität führt zu oxidativem Stress – während richtig gesteuertes, planvoll nach dem Prinzip der Allmählichkeit aufgebautes Training die Enzyme der enzymatischen Schutzsysteme gegen freie Radikale allmählich (biologische Vorgänge brauchen Zeit!) hochreguliert, ihre Schutzwirkung steigert und dem Leistungsniveau an-passt.

2. Durch Zufuhr antioxidantienreicher Nahrungsmittel (Tab. 65) werden die En-zyme der spurenelementabhängigen (Selen, Zink, Kupfer, Mangan) enzymati-schen Abwehrsysteme unterstützt sowie auch die nichtenzymatischen Abwehrsysteme durch Zufuhr wichtiger Antioxidantien (Vitamin C, E, Beta-Ka-rotin, Lykopin, sekundäre Pflanzenfarbstoffe).

Das Rezept zu gesundem Sport durch Vermeidung von oxidativem Stress

In Ausnahmefällen kann eine gezielte Substitution von Antioxidantien im Sport an-gezeigt sein, z. B. wenn im Hochsommer im Profi-Radsport bei hohen Ozonwerten schwere Etappen zu fahren sind. Um die Atemwege zu schützen und die durch Ozon und UV-Licht erzeugten freien Radikale abzufangen, hat sich z. B. die Gabe von Vitamin C, Vitamin E und Acetylcystein (ACC, ein Radikalfänger, der beson-ders im Bronchialsystem wirkt) bewährt.

Zusammenfassung und wichtigste Punkte

1. Sportler verbrauchen in Training und Wettkampf 4-bis 12-mal mehr Sauerstoff als im Ruhezustand. Etwa 2–3 % des verbrauchten Sauerstoffes fällt in Form freier Radikale an, vor allem in den Mitochondrien. Im Zustand der Ruhe und Gesundheit können die in den normalen Stoffwechselvorgängen entstehenden Sauerstoffradikale durch die überall vorhandenen enzymatischen und nichtenzy-matischen Schutzsysteme neutralisiert werden.

2. »Oxidativer Stress« entsteht, wenn der Organismus durch übermäßige Produk-tion von aggressiven Sauerstoffradikalen von innen heraus chemisch geschädigt wird, weil die körpereigenen antioxidativen Schutzsysteme nicht zu ihrer Neu-tralisation ausreichen.

Das Prinzip der Allmählichkeit ist ein wichtiger Trainingsgrund-satz

164 | Spezielle Fragen und Probleme

3. Sauerstoffradikale zerstören auf diese Weise wichtige Zellstrukturen (v. a. Phospholipide der Zellmembranen), Proteine und Nukleinsäuren und schädigen auch das Immunsystem. »Oxidativer Stress« kann besonders in folgenden Situationen auftreten:

Tabelle 65 Beispiele von Nahrungsmitteln mit einem hohen Gehalt an antioxidativ wirksamen Vitaminen, Spurenelementen und sekundären Pflanzenstoffen

Vitamin C	**Vitamin E**
Nahrungsmittel mit hohem Gehalt	*Nahrungsmittel mit hohem Gehalt*
• Acerola-Kirschen	• Pflanzliche Öle
• Sanddorn, schwarze Johannisbeeren, Hagebutten	- Weizenkeimöi
	- Olivenöl
• Papaya, Kiwi	- Sojaöl, Sonnenblumenöl, Distelöl, Maiskeimöl
• Zitronen, Orangen, Grapefruit	
• Fenchel, Brokkoli, Paprika	• Weizenkeirne
• Grünkohl, Rosenkohl, Blumenkohl, Kohlrabi, Spinat	• Nüsse
	- Sonnenblumenkerne, Mandeln,
• Kartoffeln	Haselnüsse
Beta-Karotin und Carotinoide	**Polyphenole, Flavone, Flavonoide**
Nahrungsmittel mit hohem Gehalt	*Nahrungsmittel mit hohem Gehalt*
• Karotten	• Zitronen, Orangen, Grapefruit
• Tomaten, Baumtomaten	• Rote Trauben, roter Traubensaft, Rotwein
• Aprikosen	
• Hagebutten	• Olivenöl
• Grünkohl, Fenchel, Spinat, Feldsalat, Mangold, Endiviensalat	• Farbige Früchte und Gemüse
• Honigmelone, Mango, Kakipflaume, Kürbis	
Zink	**Selen**
Nahrungsmittel mit hohem Gehalt	*Nahrungsmittel mit hohem Gehalt*
• Weizenkeime	• Weizenkeime
• Hafer, Haferflocken	• Getreidevollkorn, z. B. Hafer, Weizen, Gerste
• Kürbiskerne, Sonnenblumenkerne	
• Bergkäse, Hartkäse	• Sesam
• Fleisch	• Seefische, Meeresfrüchte
• Erbsen	• Nüsse (Paranuss)
• Nüsse	• Spargel, Petersilie
Mangan	**Kupfer**
Nahrungsmittel mit hohem Gehalt	*Nahrungsmittel mit hohem Gehalt*
• Weizenkeime	• Kakaopulver, Kakaoprodukte
• Getreidevollkorn, v. a. Hafer, Haferflocken, Hirse	• Nüsse, v. a. Cashewnüsse
	• Kürbiskerne
• Naturreis	• Weizenkeime
• Nüsse, v. a. Haselnüsse	• Buchweizen, Hafer, Haferflocken
• Sojabohnen, weiße Bohnen	• Tintenfisch
• Heidelbeeren, Preißelbeeren	• Käse, v. a. Emmentaler
• Trockenfrüchte, v. a. Aprikosen	

- bei Breiten- und Gesundheitssportlern, die zu intensiv trainieren, ohne dass sie vorher nach dem Prinzip der Allmählichkeit trainiert haben, um den antioxidativen Schutzsystemen Zeit zu lassen, sich anzupassen,
- bei Leistungs- und Hochleistungssportlern, die mit hoher Intensität und hohem Umfang trainieren sowie bei Höhentraining, starker UV-Einstrahlung oder hohen Ozonwerten,
- im Rahmen des therapeutischen Sportes bei Patienten mit »Free Radical Diseases« (z.B. koronare Herzkrankheit, Diabetes mellitus, chronische Bronchitis, Asthma bronchiale, rheumatoide Erkrankungen u.a.), die sich zu intensiv belasten,
- bei Seniorensportlern mit herabgesetzter antioxidativer Kapazität, die mit zu hoher Intensität trainieren,
- bei alimentärem Mangel an jenen Vitaminen, die als Radikalfänger wirken (Beta-Karotin, Vitamin C, Vitamin E), und an jenen Spurenelementen, die die superoxidvermindernden Enzyme unterstützen (Kupfer, Mangan, Selen und Zink).

Wichtige Prävention im Alter

4. Richtig dosierter Sport führt zu einer natürlichen Stimulation der Abwehrsysteme gegen freie Radikale und des Immunsystems. Neben den übrigen gesundheitsfördernden Anpassungen ist dies vermutlich der wichtigste positive Effekt des richtig dosierten Sportes, vor allem von moderatem Ausdauertraining.
5. Als Ergänzung des richtig dosierten Sportes ist eine an Mikronährstoffen reiche, vollwertige Ernährung notwendig, damit man auch in den Genuss des Nutzens einer körperlichen Aktivität gelangt – und nicht in »oxidativen Stress« gerät.

Stimulation der antioxidativen Schutzsysteme und des Immunsystems durch richtig dosierten Sport

Gezielte Maßnahmen zur Gewichtsabnahme

Übergewichtig ist heutzutage fast jedes fünfte Kind bei Schulbeginn – und fast jeder zweite im Erwachsenenalter. Übergewicht und damit zu große Fettpolster sind für viele Menschen ein Problem, mit dem sie das ganze Leben zu kämpfen haben, entweder aus ästhetischen oder aus gesundheitlichen Gründen. Das »Idealgewicht« (Tab. 66) ist jenes Gewicht, das die größte Lebenserwartung verspricht, rein nach statistischen Erfahrungen und ohne Garantie für den Einzelnen. Auch wenn man heute mehr vom »Wohlfühlgewicht« spricht, so dürfte das individuelle, gesundheitlich optimale Körpergewicht irgendwo zwischen dem bisher als »Idealgewicht« bezeichneten Gewicht und dem »Normalgewicht« liegen. Im Sport ist eine Gewichtsabnahme oder ein niedriges Körpergewicht jedoch aus anderen Gründen wichtig:

Übergewicht, Normalgewicht, Idealgewicht

1. Bei Sportarten mit Gewichtsklassen möchte man durch die Gewichtsabnahme einen Vorteil erzielen, in dem man das Recht erwirbt, in der nächst niederen Gewichtsklasse gegen relativ schwächere Gegner antreten zu können.
2. Bei Ausdauersportlern bedeutet ein niedrigeres Körpergewicht indirekt eine Verbesserung der maximalen Ausdauerleistungsfähigkeit; denn je geringer das Körpergewicht wird, desto höher wird die maximale relative Sauerstoffaufnahme pro Kilogramm Körpergewicht – ohne zusätzliches Training.

Ideales Körpergewicht im Sport

166 | Spezielle Fragen und Probleme

Tabelle 66 Idealgewicht Erwachsener nach dem 25. Lebensjahr*) ohne Kleider u. Schuhe

| Größe | Idealgewicht | | | Größe | Idealgewicht | | |
| | Minimum | Mittelwert | Maximum | | Minimum | Mittelwert | Maximum |
cm	kg	kg	kg	cm	kg	kg	kg
Männer							
155	50,4	54,2	58,2	176	64,5	70,9	77,4
156	51,1	55,0	59,2	177	65,2	71,6	78,1
157	51,7	55,8	60,1	178	65,9	72,4	78,8
158	52,4	56,6	61,1	179	66,5	73,1	79,6
159	53,1	57,5	62,0	180	67,2	73,8	80,3
160	53,7	58,3	63,0	181	67,9	74,5	81,0
161	54,4	59,1	63,9	182	68,6	75,2	81,8
162	55,1	59,9	64,8	183	69,3	75,9	82,6
163	55,7	60,7	65,8	184	70,0	76,6	83,3
164	56,4	61,6	66,7	185	70,6	77,3	84,0
165	57,0	62,4	67,6	186	71,3	78,0	84,8
166	57,7	63,2	68,6	187	72,0	78,8	85,5
167	58,4	64,0	69,5	188	72,7	79,5	86,2
168	59,0	64,8	70,5	189	73,3	80,2	87,0
169	59,7	65,6	71,4	190	74,0	80,9	87,7
170	60,4	66,4	72,3	191	74,7	81,6	88,4
171	61,0	67,2	73,3	192	75,4	82,3	89,2
172	61,7	68,0	74,2	193	76,1	83,0	89,9
173	62,4	68,8	75,1	194	76,8	83,7	90,6
174	63,1	69,5	75,9	195	77,4	84,4	91,3
175	63,8	70,2	76,6				
Frauen							
145	41,7	45,6	49,6	166	53,0	57,6	61,9
146	42,2	46,1	50,1	167	53,6	58,2	62,5
147	42,7	46,7	50,6	168	54,3	58,8	63,2
148	43,2	47,2	51,2	169	54,9	59,4	63,9
149	43,8	47,7	51,7	170	55,5	60,0	64,5
150	44,3	48,2	52,2	171	56,1	60,7	65,2
151	44,8	48,8	52,7	172	56,8	61,3	65,8
152	45,3	49,3	53,3	173	57,4	62,0	66,5
153	45,8	49,8	53,8	174	58,0	62,7	67,3
154	46,4	50,3	54,3	175	58,6	63,4	68,1
155	46,9	50,9	54,9	176	59,3	64,1	68,9
156	47,4	51,4	55,4	177	59,9	64,8	69,7
157	47,9	51,9	55,9	178	60,5	65,5	70,5
158	48,4	52,5	56,5	179	61,1	66,2	71,3
159	49,0	53,1	57,2	180	61,8	67,0	72,1
160	49,5	53,8	57,9	181	62,4	67,7	72,9
161	50,0	54,4	58,5	182	63,0	68,4	73,7
162	50,5	55,0	59,2	183	63,6	69,1	74,5
163	51,1	55,7	59,9	184	64,3	69,8	75,3
164	51,7	56,3	60,5	185	64,9	70,5	76,1
165	52,4	56,9	61,2				

*) Berechnet nach Angaben in den Home Economics Research Report Nr. 10 ARS, USDA; zit. in Recommended Dietary Allowances

Gezielte Maßnahmen zur Gewichtsabnahme | 167

Abb. 56 Abbau von Übergewicht: zur Erhöhung der fettfreien Körpermasse muss überflüssiges Fettgewebe durch entsprechendes Training und knappe Ernährung abgebaut werden. Dadurch erhöht sich die maximale Sauerstoffaufnahmefähigkeit pro kg Körpergewicht und damit auch die mögliche Intensität (z. B. Tempo) der Ausdauerleistungsfähigkeit.

3. In manchen Sportarten ist ein niedriges Körpergewicht für den Bewegungsablauf günstiger (z. B. Turner, Balletttänzer(innen), Tanzsportler) oder es verbessert von sich aus die Wettkampfleistung (z. B. Leichtgewichtruderer, Jockeys).

Eine kurzfristige Reduktion des Gewichtes ist nur durch Verminderung des Flüssigkeitsanteiles im Körper zu erreichen. Diese Maßnahmen werden meistens in den Sportarten mit Gewichtsklassen (Kampfsportarten, Gewichtheben) mittels »Gewichtmachen« oder »Abkochen« durchgeführt. Da ein bestimmter physiologischer Flüssigkeitsgehalt des Körpers eine wichtige Voraussetzung für gute Leistungsfähigkeit ist (siehe S. 98 ff.), führt eine künstliche Entwässerung zwangsläufig zu Störungen, besonders des osmotischen Druckes in Gewebe und Körperflüssigkeiten sowie in deren Mineralstoffgehalt. Neben einer teilweise vollständigen Flüssigkeitsenthaltung sind extreme Saunaanwendungen, die Einnahme von Abführmitteln und wassertreibenden Substanzen (Diuretika) die gebräuchlichsten Methoden, wobei zu bemerken ist, dass wassertreibende Substanzen (Diuretika) auf der Dopingliste stehen und damit offiziell für den Sportler verboten sind. Durch die Verminderung des Plasmavolumens und der zirkulierenden Blutmenge kommt es oft zu einem Blutdruckabfall, zu reaktiver Ausschüttung von Kreislaufhormonen (Adrenalin, Noradrenalin), Engstellung der Muskelgefäße und damit Drosselung der Muskeldurchblutung und zu einer unökonomischen Herzarbeit. Durch Einsatz von wassertreibenden Substanzen kann außerdem ein bedrohlicher Abfall des Serum-Kaliums und -Magnesiums eintreten mit entsprechenden Verlusten auch in den Zellen, besonders in den Herzmuskelzellen, was Extraschläge des Herzens und andere Rhythmusstörungen auslösen kann. Besonders problematisch ist die Kombination eines Diuretikums mit einem Abführmittel.

Nach dem Wiegen versucht man dann in den genannten Sportarten durch schnelle Zufuhr von Mineralstoffgetränken die physiologischen Bedingungen innerhalb weniger Stunden wiederherzustellen. Diese Maßnahme reicht erfahrungsgemäß nicht aus, um alle Regulationssysteme zu regenerieren und damit die volle Leistungsfähigkeit wiederzuerlangen. Eine solche Prozedur des »Gewichtmachens« ist zu eingreifend für den menschlichen Organismus, noch dazu wenn man anschließend besonders leistungsfähig sein möchte.

»Gewichtmachen« in Sportarten mit Gewichtsklassen

168 | Spezielle Fragen und Probleme

Besser: langfristige Planung der Gewichtsabnahme durch Abbau von Fettgewebe

Es ist daher besser, durch eine Ernährungsumstellung in Zusammenhang mit einem entsprechenden Training langfristig auf das gewünschte Körpergewicht hinzuarbeiten. Genauso wie man seinen Trainingsplan auf den Wettkampf ausrichtet, muss man das auch mit seinem Ernährungsplan tun. Dabei geht es nicht darum, den Flüssigkeitsgehalt des Organismus zu vermindern, sondern bewegungsinaktives und damit für die sportliche Tätigkeit überflüssiges Fettgewebe abzubauen. Es gibt eine große Zahl von Diätformen zur Gewichtsabnahme – ein Beweis dafür, dass keine von ihnen die beste sein kann. Prinzipiell bauen jedoch alle Diätformen zur Gewichtsabnahme auf folgenden Richtlinien auf:

1. Man muss die Nahrungsenergiezufuhr herabsetzen, um den Körper zu zwingen, auf seine Fettreserven zurückzugreifen. Daran führt kein Weg vorbei.
2. Man muss durch Beibehaltung des Trainings den Energieverbrauch hoch halten, sodass man mehr Energie ausgibt, als man durch die Nahrung aufnimmt. Training aktiviert außerdem die Enzyme, die den Fettabbau (Lipolyse) ermöglichen.
3. Man kann den Abbau von Fett außerdem fördern, wenn man die Nährstoffrelation ändert: wenig Kohlenhydrate (vor allem keine Monosaccharide), reichlich Eiweiß und wenig Fett. Es gibt auch andere Diätformen, die reichlich Kohlenhydrate (Polysaccharide), sehr wenig Fett und wenig Eiweiß empfehlen (R. HAAS).
   Ein hoher Eiweißanteil in der Nahrung regelt das Appetitverhalten, steigert die Aktivität des Stoffwechsels (spezifisch-dynamische Wirkung der Proteine, siehe S. 44) und ermöglicht die Fortsetzung des Trainings, insbesondere des Krafttrainings, ohne wesentliche Leistungseinbuße. Ein reines Ausdauertraining wird dagegen durch eine zu fett- und eiweißreiche Kost behindert.

Je knapper die Ernährung, desto hochwertiger die Nahrungsmittel

Da eine solche Ernährungsweise einseitig ist, können langfristig Mangelzustände auftreten, wenn man sie über lange Zeit beibehält. Daher sollte man in dieser Zeit umso mehr auf die Auswahl hochwertiger, vollwertiger Nahrungsmittel (siehe S. 117ff. und Tab. 67) achten, je knapper die Ernährung wird. Eine minimale Zufuhr von Kohlenhydraten von täglich 120 g (Kohlenhydratminimum) ist notwendig, um die Fette über den Zitratzyklus (siehe S. 33) verbrennen zu können.

Diese Tatsache, nämlich dass **die Fette im Feuer der Kohlenhydrate verbrennen** – übrigens ein sehr alter Lehrsatz der physiologischen Chemie –, ist die Basis für eine Diät, in der man durch reichlich Kohlenhydrate (Polysaccharide, am besten in

Tab. 67 Wertvolle Nahrungsmittel mit hoher Nährstoffdichte (modifiziert nach G. NEUMANN)

Getreide	Brot, Teigwaren, Reis, Haferflocken
Milch	Milchprodukte (Joghurt, Quark, Käse)
Früchte	Bananen, Zitrusfrüchte (Orangen, Zitronen, Grapefruit), Äpfel, Trockenfrüchte (Rosinen, Feigen, Aprikosen)
Fisch	Hering, Forelle, Makrele, Lachs u. a.
Getränke	Mineralwasser, Apfel-, Zitrus-, Trauben- oder Johannisbeersäfte, Malzbier
Nährstoffgemische	Müsli (mit Weizenkeimen, Haferflocken, Rosinen, Nüssen, Hefeflocken und ein bis zwei Esslöffel Proteinkonzentrat)

Form von Haferflocken und anderen Frühstücksflocken sowie vollwertigen Getreideerzeugnissen, aus Kartoffeln, Naturreis und Teigwaren) Gewicht abnimmt. Monosaccharide (Zucker, Süßwaren, Limonaden, Coca-Cola, Marmelade, Sirup, Honig, Schokolade, Kuchen, süßes Obst und Fruchtsäfte u. a.) sind unbedingt zu meiden, da sie die Bauchspeicheldrüse zur Produktion des Hormones Insulin anregen, das als »Masthormon« und die Umwandlung von Zucker in Fett beschleunigt. Außerdem begünstigen Monosaccharide eine Erhöhung der Blutfette, des Blutcholesterins und der Blutharnsäure (R. HAAS).

Spezialproblem: geringes Körpergewicht halten

Man sollte die beiden oben unter Punkt 3 genannten extremen Diätformen vielleicht sogar abwechselnd befolgen, da der Organismus allein auf eine drastische Änderung der Nährstoffrelation mit einer Gewichtsabnahme reagiert, aber nur, wenn der Energieverbrauch durch das Training die Energiezufuhr durch die Nahrung übersteigt. Ein Überschuss an Kohlenhydraten oder an Fetten führt zu erneutem Fettansatz (Abb. 57).

Ein weiteres, oftmals schwieriges Problem ist die langfristig notwendige knappe Ernährung von Turnerinnen, Eiskunstläuferinnen, Balletttänzerinnen und auch im Tanzsport, wobei man durch ständiges Hungern danach trachtet, ein gewisses Un-

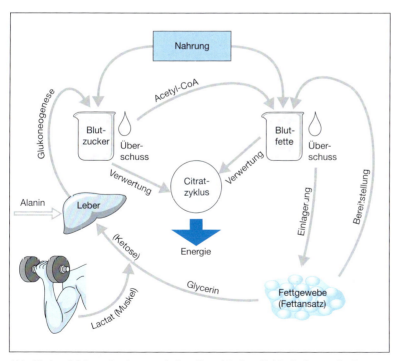

Abb. 57 Ausgleichsmechanismen zwischen überschüssigen Kohlenhydraten oder Fetten (nach MOESCH).

170 | Spezielle Fragen und Probleme

Tabelle 68 Beispiel eines Speiseplanes für 1000 kcal (4200 kJ)

1. Frühstück

Tee, Kaffee, Süßstoff, evtl. 1 Teelöffel Dosenmilch (4 % Fett)
40 g Brot (Vollkornbrot) oder 3 Scheiben Knäckebrot
20 g fettarmer Käse oder fettarme Wurst oder 50 g Quark oder Hüttenkäse oder 1 Ei

2. Frühstück

100–140 g Obst (keine Weintrauben, keine Bananen) oder
150 g fettarme Milchprodukte oder 1 Scheibe Knäckebrot mit Beilage wie erstes
Frühstück oder 150 g Quark mit 50 g Obst und Süßstoff
Mineralwasser

Mittagessen

80–90 g mageres, gegartes Fleisch oder 150 g Fisch
1 mittelgroße Kartoffel oder 1 Esslöffel Reis oder Nudeln
ca. 150 g Gemüse (keine Hülsenfrüchte) und/oder 1 Portion Salat

Nachmittags

Wie zweites Frühstück

Abendessen

40 g Brot oder 3 Scheiben Knäckebrot
40–50 g Putenwurst, Bierschinken, Corned beef, Lachsschinken u. dgl.
20–30 g magerer Käse (höchstens 30 % Fett i. Tr.) oder 50 g Magerquark oder Hüttenkäse
reichlich Gurken, Tomaten, Rettich, Radieschen u. dgl.

Spätmahlzeit

Wie zweites Frühstück
Krauter, Gewürze, Tomaten, Zitronensaft nach Geschmack
Tageskochfett: $^1/_2$ Teelöffel Öl
Mineralwasser nach Bedarf

Aufteilung der 1000 kcal (4200 kJ) a. d. Gesamtenergiemenge

92 g Kohlenhydrate	= 39 kcal/kJ%
74 g Eiweiß	= 32 kcal/kJ%
28 g Fett	= 27 kcal/kJ%

tergewicht zu halten, um die »richtigen« Körpermaße zu haben. Wir wissen jedoch, dass bereits durch ein eintägiges Fasten die Glykogenvorräte, besonders der Leber, vollständig aufgebraucht sein können, sodass sie für ein intensives Training oder gar einen Wettkampf nicht mehr zur Verfügung stehen, und damit eine Leistungseinbuße vorprogrammiert ist. Ein Beispiel für eine Tagesration einer solchen »Schlankheitsdiät« ist in Tabelle 68 angegeben, wobei der Versuch gemacht wurde, diese knappe Ernährung trotzdem vollwertig zu gestalten. Sportler, die langfristig auf eine knappe Ernährung angewiesen sind, sollten fast ausschließlich vollwertige Nahrungsmittel der früher aufgeführten Nahrungsmittelgruppen auswählen und

Nahrungsmittel mit »leeren Kalorien« (Zucker, Marmelade, Sirup, Schokolade, Pralinen, Bonbons, Gebäck, Kuchen, Torten, Limonaden, Coca-Cola, süße Fruchtsäfte, Fette und Alkohol) gänzlich aus ihrer Ernährung streichen, damit kein Mangelzustand eintritt. Außerdem sollten viele »lebendige« Nahrungsmittel (siehe S. 179) enthalten sein.

Psychische Ausgeglichenheit und Disziplin

Eine solche Ernährungsweise, welche die Freiheit der Auswahl der Nahrungsmittel stark einschränkt, erfordert große Disziplin und ist oftmals psychisch sehr belastend. Auf jeden Fall hat es keinen Sinn, Fehler in der Ernährung durch gesonderte Vitamingaben und Medikamente ausgleichen zu wollen, denn auch das ist psychisch zusätzlich belastend. Zudem kann ein Überangebot an Vitaminen, besonders des B-Komplexes, den Appetit steigern und das Körpergewicht erhöhen, ein Effekt, den man gerade vermeiden möchte. Sinnvoll wäre allenfalls der Einsatz eines vernünftig zusammengesetzten Nahrungsergänzungsmittels, in dem alle wichtige Mikronährstoffe (Vitamine, Mineralstoffe, Spurenelemente und vielleicht auch sekundäre Pflanzenstoffe und Omega-3-Fettsäuren) in physiologischer Dosierung und im richtigen Verhältnis zueinander enthalten sind. Außerdem kann die Zufuhr von Eiweißkonzentraten nützlich sein, da die üblichen Eiweißspender oft zu fettreich sind. Insbesondere wenn die Sportlerinnen der genannten Sportarten im Wachstumsalter sind, benötigen sie unbedingt eine ausreichende Eiweißzufuhr, damit Wachstum, Leistungsfähigkeit, geistige Entwicklung und Konzentrationsfähigkeit erhalten bleiben. Eine weitere wichtige Voraussetzung dafür, dass eine so knappe Ernährungsweise auf Dauer toleriert wird, ist eine ausgeglichene und harmonische seelische Stimmungslage.

Sinnvoller Einsatz von Nährstoffkonzentraten

Engpässe überbrücken

Sportmedizinische Erkenntnisse über Stoffwechsel und Arbeitsweise der trainierten Muskulatur haben in den letzten Jahrzehnten die Trainingslehre stark beeinflusst. Neue Richtlinien über das Training in allen Sportartengruppen verlangen eine Anpassung der sportartspezifischen Ernährung. Dabei treten manchmal Engpässe auf, die durch eine normale Ernährung nicht beseitigt werden können. Als Ergänzung der sportartspezifischen Basisernährung haben sich die verschiedenen Nährstoffkonzentrate inzwischen einen festen Platz in der Sportlerernährung erobert. Sie bieten folgende Vorteile:

1. Eine hohe Nährstoffdichte bei kleinem Volumen
2. Ein spezifisches Nährstoffspektrum
3. Keine unerwünschten Begleitstoffe wie Fette, Cholesterin und Purine (Harnsäure)
4. Eine gezielte Ergänzung des sportartspezifischen Bedarfes
5. Zubereitung und Einnahme zu jeder Zeit und an jedem Ort ohne großen küchentechnischen Aufwand möglich

Trotz aller genannten Vorteile sind Nährstoffkonzentrate jedoch immer nur als Ergänzung der gesunden Basisernährung aufzufassen.

172 | Spezielle Fragen und Probleme

Tabelle 69 Zur Deckung eines täglichen Eiweißbedarfes von 120 g bzw. von 180 g notwendige Menge bestimmter Nahrungsmittel im Vergleich zu Magermilchpulver und einem Eiweißkonzentrat

Eiweißlieferant	g Fett/ g Ew	Eiweiß in g pro 100 g essbarem Anteil	Fett in g	notwendige Zufuhr in g für 120 g Eiweiß
Rindfleisch, mager	0,19	21,3	4,1	563
Käse (Camembert)	1,06	21,0	22,3 (!)	571
Fisch (Seezunge)	0,08	17,5	1,4	686
Quark, mager	0,079	13,5	0,25	888
Hühnerei (Vollei)	0,87	12,9	11,2	930
Hühnereigelb	1,98	16,1	31,9 (!)	745
Hühnereiweiß	0,018	11,1	0,2	1081
Trinkmilch	1,09	3,3	3,6	3636
Magermilchpulver	0,03	35,0	1,0	286
Eiweißkonzentrat	0,017	85,0	1,5	140

Tabelle 70 Zufuhr unerwünschter Begleitsubstanzen durch Eiweißträger

		Es bedeuten 100 g Eiweiß durch		
		Hühnerei	Rindfleisch (mager)	Magerquark
Fett	(g)	86,8	29,8	1,7
Kohlenhydrate	(g)	5,4	+	22,0
Cholesterin	(mg)	3643	337	+
Purine	(mg)	16	577	–
Energie	kcal	1295	726	547
	kJ	5419	3038	2289

+ = in Spuren   — = nicht vorhanden

Eiweißkonzentrate (Proteinkonzentrate)

Proteinkonzentrate für Ausnahmesituationen

Normalerweise stellt eine optimale Eiweißversorgung des Sportlers bei einer vollwertigen Basisernährung mit Einsatz der auf Seite 123 angegebenen mageren Eiweißspender kein großes Problem dar. Hauptgründe für den Einsatz von Eiweißkonzentraten sind:

1. Krafttraining mit hoher Intensität, besonders bei sehr schweren Athleten.
2. Schnelligkeits-, Schnellkraft- und auch Ausdauertraining von sehr hoher Intensität in allen Sportartengruppen.
3. Appetitmangel bei hohen Belastungsanforderungen (hohe Trainingsintensität bei großem Trainingsumfang).
4. Zur Gewichtsabnahme: Abbau des Fettgewebes ohne Abbau von Muskulatur.

Die verwendeten Eiweißkonzentrate sollten alle essenziellen Aminosäuren im richtigen Verhältnis enthalten, sodass sie eine hohe biologische Wertigkeit aufzuweisen haben. Bewährt hat sich vor allem der Einsatz von Magermilcheiweiß, Molkenei-

Tabelle 71 Geeignete Eiweißträger zur Ergänzung und Aufwertung der täglichen Kost

Lebensmittel	Eiweiß in g	Fett in g	Kohlenhydrate in g	Energie kcal	kJ
100 g Magerquark	17	1	+	80	340
100 g Magermilchpulver	35	1	52	370	1554
100 g Sojamehl, fettarm	50	7	17	330	1400
100 g Hefeflocken	45	7	36	387	1643
100 g Weizenkeime*)	28	9	50	350	1447
Zum Vergleich: 100 g Eiweißkonzentrat (85 %ig)	85	1,5	2	374	1571

*) Weizenkeime und Hefen sind außerdem reich an den für Sportler wichtigen Mineralstoffen (Elektrolyten) Kalium, Magnesium, Phosphor und den Vitaminen des B-Komplexes. Von Trockenhefen sollten nicht mehr als 2 Essl. (ca. 15–20 g) in der täglichen Kost verwendet werden. Diese Menge deckt auch bereits den Tagesbedarf an dem wichtigen Vitamin B_1.

weiß und Soja-Eiweiß. Die Vorteile von Eiweißkonzentraten gegenüber einigen Eiweißträgern in der Nahrung sind in Tabelle 69 aufgeführt. Vor allem das Soja-Eiweiß scheint den Eiweißstoffwechsel sehr günstig zu beeinflussen und sogar vorbeugend gegen Arteriosklerose und gegen die Ausschüttung von Entzündungs-Botenstoffe zu wirken (K. NIELSEN). Ein wichtiger Vorteil der Proteinkonzentrate ist auch ihr geringer Fettanteil (Tab. 69). Vergleichbar mit einem Proteinkonzentrat ist hier eigentlich nur der Magerquark. Man benötigt aber für 100 g Eiweiß fast 600 g Magerquark – aber nur ca. 110–125 g Eiweißkonzentrat. Außerdem wird durch Eiweißkonzentrate die Zufuhr weiterer unerwünschter Begleitsubstanzen (Cholesterin, Purine) vermieden (Tab. 70). Eine zusätzliche Möglichkeit, mit geeigneten Eiweißträgern die tägliche Kost aufzuwerten, zeigt Tabelle 71.

Die größte Wirksamkeit entfalten Eiweißkonzentrate – und auch andere Eiweißzulagen –, wenn sie in zeitlicher Nachbarschaft zur körperlichen Belastung eingenommen werden, z. B. ein bis zwei Stunden vor oder in der ersten Mahlzeit nach dem Training, da Eiweiß im Körper nicht über längere Zeit gespeichert werden kann. Gute Eiweißkonzentrate sind mit Vitaminen und Mineralstoffen angereichert. Das ist durchaus sinnvoll, da z. B. der Bedarf an Vitamin B_6 und an Calcium mit zunehmendem Eiweißverbrauch ansteigt.

Kohlenhydratkonzentrate

Kohlenhydratkonzentrate (Energieriegel, Kohlenhydrat-Gele) dienen der raschen Zufuhr von günstigen Kohlenhydrat-Gemischen aus kurz- und langkettigen Kohlenhydraten. Sie sind außerdem mit Vitaminen und Mineralstoffen angereichert und enthalten manchmal auch spezielle Aminosäuren (Glutamin und verzweigtkettige Aminosäuren). Diese Zusätze dienen der besseren Verwertung der Kohlenhydrate und auch zur direkten Energiegewinnung. Auch sollen sie gegen Ermüdung wirken und die Leistungsfähigkeit fördern. Energieriegel sind somit eine praktische Wettkampfverpflegung und auch für den Wiederaufbau der Glykogenvorräte geeignet.

Energieriegel und Kohlenhydrat-Gele

174 | Spezielle Fragen und Probleme

Vor intensiven Belastungen, und wenn es schwierig ist, feste Nahrung aufzunehmen, werden auch Kohlenhydrat-Gele eingesetzt, zum Beispiel im Marathonlauf oder bei Straßenradrennen vor schwierigen Bergetappen (z.B. PowerGel®). In Kohlenhydrat-Gelen sind die Kohlenhydrate (meist Maltodextrine) so hoch konzentriert, dass man ausreichend Flüssigkeit nachtrinken sollte.

Kohlenhydrat-Mineralstoffgetränke

Ideal zum Ausgleich von Schweißverlusten

Bei Belastungen, die über eine Stunde hinausgehen und mit größeren Schweißverlusten verbunden sind, sollten diese Schweißverluste möglichst rasch wieder ausgeglichen werden, um die Leistungsfähigkeit zu erhalten und Hitzeschäden zu vermeiden. Da mit dem Schweiß immer auch Mineralstoffe verloren gehen, sollte man diese auch zusammen mit der Flüssigkeit wieder zuführen und zwar im richtigen Verhältnis. Dabei hat sich bewährt, gleichzeitig auch Kohlenhydrate zuzuführen, um die Glykogenspeicher zu schonen. Bei der Zufuhr von Mineralstoffen ist folgende Tatsache wichtig: Während der Leistung verliert der Körper im Schweiß vorwiegend Natrium (Kochsalz). Der Kaliumverlust im Schweiß wird während der Leistung durch die Freisetzung von Kalium aus dem Muskelglykogen kompensiert, sodass der Blutspiegel an Kalium so lange nicht absinkt wie ausreichend Glykogen vorhanden ist. Nach der Leistung ist es umgekehrt: Jetzt baut der Körper sein Muskelglykogen wieder auf und dabei pro Gramm Glykogen 19,5 mg Kalium in das Glykogen ein – was bei 300 g Muskelglykogen einen Kaliumbedarf von über 5 g bedeutet.

Regenerations- und Aufbaukonzentrate

Diese Produkte (auch »Recovery Drinks« genannt) enthalten Kohlenhydrate, Eiweiß, Mineralstoffe und Vitamine in einem Verhältnis, wie sie zum Aufbau und zur Regeneration günstig sind. Sie können nach allen erschöpfenden Belastungen sowie zur schnelleren Regeneration nach intensiven Trainingsabschnitten und Wettkämpfen eingesetzt werden, da gerade zu diesen Zeitpunkten manchmal der Appetit herabgesetzt ist. Außerdem können diese Präparate die Verpflegung zwischen den Wettkämpfen bei mehreren Starts und bei Turnieren sowie bei der schwierigen Ernährungssituation im Zehnkampf ergänzen.

Fazit

Nährstoffkonzentrate nur zeitweise bedarfsgerecht einsetzen

Inzwischen gibt es eine große Zahl guter Nährstoffkonzentrate, welche die Auswahl oftmals schwierig machen. Sie sollte daher nach den angegebenen Kriterien erfolgen. Nährstoffkonzentrate sollte man stets gezielt und entsprechend dem tatsächlichen Bedarf einsetzen, ohne die gesunde Basisernährung zu vernachlässigen. Wie für die Ernährung ganz allgemein gilt auch für den Einsatz von Nährstoffkonzentraten der Satz: Zunächst durch eine entsprechende Belastung den Bedarf schaffen und erst dann für den bedarfsgerechten Ersatz sorgen – nicht umgekehrt!

Sinnvoller Einsatz von Nährstoffkonzentraten | 175

Tabelle 72: Durchschnittlicher Gehalt an Mineralstoffen in Schweiß, Mineralstoffgetränken, Obstsäften, Mineralwasser und Limonaden im Vergleich

In einem Liter durchschnittlich enthalten (mg/Liter)	Schweiß	Mineralstoff-getränk	Apfelsaft	Apfelsaft-schorle	Mineral-wasser	Limonaden Coca-Cola
Natrium	700–1200	460	20	25	30	0
Kalium	200–400	140	1150	600	20	0
Magnesium	4–34	32	40	35	30	0

Wie aus Tabelle 72 ersichtlich sind Mineralwasser und Getränke wie Limonaden und Coca-Cola nicht geeignet, diesen Anforderungen zu genügen. Obstsäfte haben einen hohen Gehalt an Kalium und sind daher besonders als Getränke nach der Belastung geeignet. Während der Belastung sind Mineralstoffgetränke oder andere Getränke mit Kochsalz vorzuziehen.

Kohlenhydrat-Mineralstoffgetränk und Apfelsaft

Ein Beispiel für ein professionelles und bewährtes Sportgetränk ist in Tabelle 73 angegeben. Am schnellsten ist die Magenentleerung bei isotonischen Getränken. Isotonisch heißt, dass sie den gleichen osmotischen Druck aufweisen wie das Blut. Dabei ist vor allem der Kohlenhydratgehalt wichtig: Isotonisch in Bezug auf den Kohlenhydratgehalt ist ein Getränk, das einer fünfprozentigen Traubenzuckerlösung (Glukoselösung) entspricht. Das ist bei 50 g Traubenzucker (Glukose) oder 60–80 g Maltodextrin (Mehrfachzucker, Oligosaccharid) der Fall. Außerdem werden Bequemlichkeit und Leistungsfähigkeit durch Zugabe von Vitaminen und speziellen Aminosäuren gefördert.

Tabelle 73: Beispiel eines Kohlenhydrat-Mineralstoffgetränkes mit Vitaminen, Mineralstoffen und Aminosäuren (Powerbar Performance Sports Drink®)

Inhaltsstoffe	Menge pro Liter
Energie	268 kcal
Kohlenhydrate (Maltodextrin, Dextrose, Fruktose)	66,4 g
Eiweiß (Aminosäuren)	400 mg
Natrium	460 mg
Kalium	142 mg
Magnesium	32 mg
Vitamin C	36,4 mg
Vitamin E	18 mg
Niacin	12,6 mg
Pantothensäure	6,4 mg
Vitamin B_6	1,2 mg
L-Glutamin	176 mg
L-Leucin	78 mg
L-Valin	70 mg
L-Isoleucin	50 mg

Die sog. »Außenseiter-Diätformen« im Sport

Biologisch hochwertiges Eiweiß auch ohne Fleisch

»Olympiasiege ohne Fleisch« sind möglich. Das hat die Praxis inzwischen mehrfach bewiesen. Prinzipiell ist auch nichts Außergewöhnliches dabei, denn wir haben im Kapitel über das Eiweiß (Seite 67 ff.) gesehen, wie es durch eine geeignete Mischung von pflanzlichen Eiweißspendern und tierischen (wie Milch und Eier) durchaus möglich ist, Eiweiß von höherer biologischer Wertigkeit zu erhalten als durch Fleisch allein. Sicher haben Kritiker recht, wenn sie den reinen Vegetarismus – ohne Milch, Milchprodukte und Eier – für die Ernährung im Sport für ungeeignet halten, da er in unseren Breiten sehr wohl zu gewissen Mangelzuständen führen kann, vor allem in der Versorgung mit Eiweiß, Vitamin B_{12} und Eisen. Darum geht es aber an dieser Stelle nicht, sondern es sei lediglich festgestellt, dass manche Menschen Fleisch nicht so gerne mögen wie andere – mehr nicht. Es ist erstaunlich, dass sich allein an dieser Tatsache so viele Gemüter erhitzen können. Man findet nicht viel daran, wenn jemand keine Süßigkeiten, keine Milch oder vielleicht sogar keinen Alkohol mag – aber Menschen, die kein Fleisch essen, werden sofort als Sonderlinge eingestuft. Sachlich ist diese Haltung jedoch eigentlich nicht zu begründen.

Mehr Fleisch bei aggressiven Sportarten (Kampf-, Spiel-, Schnellkraft- und Kraftsportarten)

Weniger Fleisch bei »sanften« Sportarten (Ausdauersportarten)

Wenn sich jemand aufgrund seiner Selbsterfahrung überwiegend von Getreidekörnern, Vollkornprodukten, Milch und Milchprodukten, Obst und Gemüse ernährt, dann sollte man diese Ernährungsweise doch respektieren; denn irgendwie muss der Betreffende ja darauf gekommen sein – und diese Ernährungsumstellung konnte nicht negativ für ihn gewesen sein, sonst hätte er diese Ernährungsgewohnheiten nicht beibehalten. Charakteristischerweise sind diese »Außenseiter-Diätformen« (Tab. 74) besonders oft unter Sportlern der Ausdauersportarten zu finden, da diese Beanspruchungsform offenbar besondere Bedürfnisse im Körper weckt. Nun sollen diese Formen der Diät nicht als leistungssteigernd für alle Sportarten empfohlen werden, aber man sollte sie auch nicht prinzipiell ablehnen. Jedenfalls ist die Tendenz zur lakto-vegetarischen Ernährung bei Ausdauersportlern auffallend weit verbreitet. Außerdem fühlen sich Ausdauersportler häufig in der Übergangsperiode zu Ernährungsweisen mit eingeschränkter Energiezufuhr, dem Halbfasten oder Fasten, oder zu Entschlackungskuren hingezogen. Hungern oder knappe Ernährung und Ausdauertraining überschneiden sich hier insofern, als beides zum Training des Fettstoffwechsels beiträgt. Besonders häufig kommen gerade große Ausdauersportler aus einfachen Verhältnissen, in denen man es gewohnt ist, sich knapp zu ernähren, einfache Nahrungsmittel zu sich zu nehmen oder gar öfters einmal zu hungern. Vielleicht verfügen Menschen mit dieser Lebensweise über bes-

Tabelle 74 Sog. »Außenseiter-Diätformen« im Ausdauersport

Hay'sche Trennkost	»Basische Diät«:
Bircher-Benner	– Milchkur (nach KARELL)
Waerland	– Obstkur (nach von NOORDEN)
Kollath	– Milch-Obst-Tage
Vegetarismus	Fasten oder Halbfasten
Lakto-vegetarische Ernährung	

Die sog. »Außenseiter-Diätformen« im Sport | 177

sere Voraussetzungen im Fettstoffwechsel für die Ausdauerleistung. Zu betonen ist jedoch, dass in der Wettkampfphase Hungern und Unterernährung nicht angebracht sind, da sie den Aufbau der Glykogenreserven verhindern würden. Im Einzelnen sei kurz auf einige dieser sog. »Außenseiter-Diätformen« eingegangen:

Die **Hay'sche Trennkost** (L. u. J. WALB) beruht auf der Beobachtung, dass die Enzyme zur Verdauung von Eiweiß im sauren Milieu, von Stärke und Zucker dagegen im basischen Milieu am besten arbeiten. Da die Verdauungssäfte bei Mischkost weder sauer noch basisch sind, können die betreffenden Enzyme niemals optimal arbeiten. Deswegen sollten Eiweiß und Kohlenhydrate immer getrennt voneinander in verschiedenen Mahlzeiten eingenommen werden. Die Nahrung sollte nur vollwertige Nahrungsmittel enthalten. Durch diese Trennung von Eiweiß- und Kohlenhydratmahlzeiten soll eine Verbesserung des Gesundheitszustandes und der Verdauung eintreten.

Eiweißverdauung im sauren Milieu, Kohlenhydrat-Verdauung im basischen Milieu

Der Arzt Dr. Bircher-Benner aus Aarau (Schweiz) gelangte von praktischen Heilerfolgen mit Rohkost und rein vegetarischer Kost zu der nach ihm benannten **Bircher-Benner-Diät** (R. BIRCHER). Das Bircher-Müsli ist nach ihm benannt. Dabei werden Haferflocken über Nacht mit kaltem Wasser eingeweicht, morgens mit Kondensmilch, Honig, geriebenen Nüssen und zerkleinerten Früchten vermischt. Bircher-Benner erkannte die Bedeutung der lebenden Nahrung. Durch die Vitaminforschung wurden seine oft angefeindeten Anschauungen bestätigt. Er ordnete alle Behandlungsarten einer naturgemäßen Heilweise ein (Sonnen-, Licht- und Luftbäder, Kalt- und Warmwasseranwendungen, Heilgymnastik, Massagen) und legte im Sinne der Ganzheitsmedizin auch auf die seelische Führung der Kranken großen Wert. Mit Hilfe seiner Ernährungslehre hat er eine große Zahl von unheilbar geltenden Patienten von ihren Leiden befreit. Sein Ordnungsgesetz der Nahrungsenergie lautet: Die Nahrung liefert uns über die Pflanzen chemisch gebundene Sonnenenergie. Daher birgt lebensfrische Nahrung, insbesondere pflanzlicher Herkunft, die höchst geordneten Nahrungsenergieformen in sich. Jede physikalische und chemische Behandlung der Nahrungsmittel bedeutet einen Ordnungsverlust. Hierin liegt die Hauptbegründung für den Lebensförderungs- und Heilwert der Frischkost.

Rohkost und lebendige Nahrung

Der Schwede Are **Waerland** stellte den Grundsatz auf: Gesundheit und Ganzheit, Ganzheit und Gesundheit. Die Gesundheit unseres Körpers beruht auf der Gesundheit der einzelnen Zelle. Man muss daher darauf achten, die Zellen so gut wie möglich zu ernähren und ihre Abfallstoffe so schnell und vollständig wie möglich wegzuführen. Durch körperliche Bewegung werden die Zellen besser mit Sauerstoff versorgt und durchblutet, sodass der An- und Abtransport der Stoffe verbessert wird. Die Bedeutung des Wassertrinkens (zwei bis drei Liter pro Tag) liegt in der Entschlackung des Körpers. Die vier größten Volksfeinde sind: der weiße Zucker, der Kaffee, der Tabak und der Alkohol. Außerdem lehnte er Fleisch, Fisch und Eier ab. Die Waerland-Kost besteht im Wesentlichen aus einem Gesundheitstrank, Kartoffel-Gemüsebrühe, Dick- und Sauermilch sowie der Kruska (Vollkornbrei aus fünf Getreidearten), außerdem Kartoffeln, Rohkost und Salaten.

Gesundheit, Ganzheit, Entschlackung

Spezielle Fragen und Probleme

Waerland hat zudem ein System der Abhärtung und Körperpflege geschaffen, das seine Anhänger zusammen mit seiner Ernährung befähigt, große Ausdauerleistungen zu vollbringen. Auch heute noch marschieren Waerland-Anhänger in Schweden in 10 Tagen 520 km, ohne zu essen. Sie nehmen ausschließlich klares Quellwasser zu sich. Auch diese Ernährungslehre zeigt die Notwendigkeit einer Verbindung zwischen Lebensweise, Ernährung und Natur. Gesundheit nur durch Ernährung gibt es nicht, ebenso gibt es auf Dauer keine Gesundheit ohne körperliche Betätigung.

Die Ordnung in der Nahrung

Prof. Dr. med. Werner **Kollath** teilte die Nahrung in lebende Nahrung (Lebensmittel) und tote Nahrung (Nahrungsmittel) ein. Durch mechanische und fermentative Veränderung, durch Erhitzung, Konservierung und sonstige Präparation wird die Nahrung minderwertiger. Am hochwertigsten sind die natürlichen Lebensmittel wie Samen, Nüsse, Getreide, Gemüse, Obst, Honig, Eier, Milch und Wasser. Im Vordergrund der Ernährung nach Kollath steht das vollwertige Getreide. Von den tierischen Lebensmitteln ist die Milch für uns unentbehrlich. Obst und Gemüse können ihren Wert nur voll entfalten, wenn Getreide und Milch ausreichend vorhanden sind. Moderne Forschungen haben inzwischen die gegenseitige Aufwertung der in diesen Nahrungsmitteln enthaltenen Eiweiße bewiesen (siehe S. 69). Fleisch ist nur eine Beikost, nichts anderes, auf jeden Fall kein Hauptnahrungsmittel. Auch Kollath sieht eine Ordnung in der Natur sowie in der naturbelassenen Nahrung und verbindet Lebensweise, Ernährung und Umwelt.

Basenüberschuss verbessert die Belastbarkeit

Die **basenüberschüssige Diät** beruht auf der chemischen Zusammensetzung des menschlichen Körpers, der zu 80 % aus basenbildenden, zu 20 % aus säurebildenden Elementen besteht. Nach Ernährungsforschern wie Ragnar, Berg und Hay soll die tägliche Nahrung deshalb ebenfalls zu 80 % aus Basenbildnern (Obst, Gemüse) und nur zu 20 % aus Säurebildnern (Eiweiß, konzentrierte Stärkemehle) bestehen. Große Radrennfahrer früherer Zeiten bevorzugten basische Kost mit viel Obst und Gemüse, um sich zu regenerieren. Karl Ziegler und Rudi Altig haben z. B. nach schweren Radrennen einige Milch-Obst-Tage eingeschaltet, an denen sie sich nur von Milch und Obst ernährten, bis sie durch Lackmuspapier feststellen konnten, dass der Harn, der normalerweise sauer ist, basisch wurde als äußeres Zeichen dafür, dass im Körper ein Basenüberschuss entstanden war.

Nahrung ist nicht nur toter Brennstoff

Bemerkenswert ist auch, dass Menschen mit der gleichen Lebensweise wie die Ausdauersportler sich zu bestimmten Nahrungsmitteln hingezogen fühlen, die man vielleicht als »lebendig« bezeichnen könnte (Tab. 75). So ist zum Beispiel nicht nur bei Pferden, sondern auch bei Menschen die psychotrope, stimulierende Wirkung des Hafers nachgewiesen, der zu einer anhaltend gehobenen, heiteren und unternehmungslustigen Stimmungslage, einem erhöhten Aktivitätsdrang und vermindertem Schlafbedürfnis führt und sogar antidepressive Wirkungen zeigt. Für das Zustandekommen dieses Effektes sind offenbar gewisse endogene Wirkstoffe vom Typus der Weckamine verantwortlich zu machen, die im Hafer als enzymatische Abbauprodukte zyklischer Aminosäuren auftreten (J. Kühnau/W. Ganssmann). Gemahlener Hafer (Haferschrot) verliert nach einigen Tagen diese Wirkung.

Tabelle 75 »Lebendige Nahrungsmittel«

Vielleicht ist das »Leben« in der Nahrung wichtiger, als wir heute glauben, da wir es noch nicht messen können. Auch unter diesem Aspekt sollte man verschiedene Ernährungsweisen von Sportlern betrachten, ehe man sie als »Außenseiter-Diäten« abtut. Erfahrene Sportler entwickeln ein ganz gutes Gespür für Trainings- und Ernährungsweisen, die ihre Leistung fördern. Der französische Physiologe Claude Bernard sagte: »Man sollte nicht die praktischen Erfahrungen an die Theorie anpassen, sondern umgekehrt die Theorie an die praktischen Erfahrungen.«

Erfahrung ist auch Wahrheit

»Geheimrezepte« zur Leistungssteigerung

Die Sehnsucht des Menschen nach Steigerung seiner Leistung und Erneuerung seiner Vitalität ist schon so alt wie seine Geschichte. Im Grunde gibt es keine Geheimrezepte im wirklichen Sinne, aber es gibt Methoden und Substanzen in der Natur, die zusammen mit einer gesunden Lebensweise und einer gesunden Ernährung zusätzlich Gesundheit und Leistungsfähigkeit fördern können. Meistens sind sie in der Volksmedizin schon lange bekannt, aber insofern fast geheim, weil zu wenige Menschen sie kennen. Es sollen hier keine Dopingmethoden genannt werden, die nur dazu dienen, das energetische Potenzial des Organismus auszugeben und zu erschöpfen, sondern es sollen hier im Gegenteil alle die natürlichen Substanzen aufgezählt werden, die auf eine wirkliche Erneuerung der Vitalität abzielen. Es ist immer wieder versucht worden, Leben aus der Retorte zu erzeugen. Aber bisher ist das nicht gelungen, denn *Leben kommt nur aus dem Leben*. Auch für die Ernährung trifft dies zu. Deshalb gilt auch der Rat, fast ausschließlich vollwertige (siehe S. 116) und lebendige (siehe oben) Nahrungsmittel zu verwenden, um seine Lebenskraft und Vitalität aufrechtzuerhalten und zu steigern. Die Aufzählung revitalisierender Substanzen und Methoden soll keine Wertung enthalten. Daher sollen sie alphabetisch aneinander gereiht werden.

Natürliche Zündstoffe des Lebens

Basica®
Es handelt sich um ein basisches Mineralstoff-Spurenelement-Präparat nach dem schwedischen Ernährungsforscher Ragnar Berg, das es schon seit über 50 Jahren gibt. Es beruht auf der Vorstellung, dass säurebildende Nahrungsmittel (Fleisch,

180 | Spezielle Fragen und Probleme

Ragnar Bergs
Vermächtnis

Fisch, Käse, Eier, Getreideerzeugnisse) zur Übersäurung und Schlackenbildung im Organismus führen. Außerdem gibt es in unserer Nahrung zu wenig Mineralstoffe und Spurenelemente. Entsprechend der Zusammensetzung des Organismus aus 80 % basenbildenden und 20 % säurebildenden Elementen (Bircher-Benner, Hay, Ragnar Berg, siehe S. 177) sollte die Ernährung ebenfalls 80 % basische und 20 % saure Valenzen liefern. Das ist aber nur durch eine fast reine vegetarische Ernährung möglich, die jedoch im Sport zu Mangelerscheinungen führen würde. Daher dient dieses Präparat zum Ausgleich einer säureüberschüssigen Kost. Die darin enthaltenen organischen Fruchtsäurereste werden im Körper restlos verbrannt, sodass die zurückbleibenden Bestandteile (Mineralstoffe und Spurenelemente) einen Basenüberschuss hinterlassen. Besonders nach erschöpfenden Belastungen haben Sportler durch Verwendung dieses Präparates über eine schnellere Regeneration berichtet.

Blütenpollen

Ursubstanzen
des Lebens

Als Pollen bezeichnet man den feinen unterschiedlich gefärbten Staub männlicher Keimzellen von Blütenpflanzen, also den männlichen Samen der Pflanzen. In alten Berichten, u. a. aus der Russischen Akademie der Wissenschaften, wurden Pollen als eine der Ursubstanzen des Lebens bezeichnet, die ein hochkomplexes Konzentrat vieler biologischer Aktivstoffe enthalten. Im Bienenstock vervielfachen die mit Pollen gefütterten Larven ihr Gewicht innerhalb von sechs Tagen um das 1500fache. Die Wikinger ernährten sich auf ihren monatelangen Meeresfahrten von »Ambrosia«. Das waren Honigwaben mit Blutenstaub, die sie in großen Krügen mitnahmen. Diese Ernährung bot ihnen einen ausgezeichneten Schutz gegen Mangelkrankheiten und hatte darüber hinaus eine energiesteigernde, regenerierende Wirkung. Inzwischen haben auch viele Hochleistungssportler gute Erfahrungen mit Blütenpollen in der Regenerationsphase gemacht.

Coffein

Geringe Dosen
verbessern den
Fettstoffwechsel

Diese Substanz ist in Kaffee, schwarzem Tee und Coca-Cola enthalten. In einer Tasse Kaffee finden sich etwa 100 mg Coffein. Dieser Stoff steigert die Aktivität der Großhirnrinde und beseitigt meistens ein beginnendes Ermüdungsgefühl, hebt die geistige Aufnahmefähigkeit, das Merkvermögen und die Denkfähigkeit. Höhere Dosen, die über zwei bis drei Tassen Kaffee (mehr als 200–300 mg Coffein) hinausgehen, erzeugen Ideenflucht, Ruhelosigkeit, ein zittriges Gefühl in den Kniegelenken und in den Händen. Bei empfindlichen Menschen können Nervosität, Extraschläge des Herzens, Schweißausbruch und Schlaflosigkeit hinzukommen. Eine kurzfristige Leistungssteigerung bei Ermüdung ist durch Coffein möglich, jedoch kann ein gut vorbereiteter Sportler mit Coffein seine Leistung nicht weiter steigern. Ausdauersportler (z.B. Marathonläufer, Radsportler) haben durch Coffein jedoch noch einen weiteren Vorteil, da Kaffee die Lipolyse (Abbau von Fett) und damit den Fettstoffwechsel aktiviert, sodass die Glykogenspeicher in Muskeln und Leber nicht so schnell abgebaut werden. Daher können ein bis zwei Tassen Kaffee oder ein Espresso vor einem langen Ausdauerwettbewerb einen gewissen Vorteil bedeuten, wenn man Kaffee vor einem Wettkampf gut verträgt. Verträglichkeit und Nutzen dieser harmlosen und auch im täglichen Leben durchaus erlaubten Stimulation müssen in der Praxis erprobt werden, da der Effekt individuell verschieden sein kann. Die Einnahme von Coffeintabletten ist abzulehnen, da hier bereits das Doping beginnt.

Gelée Royale

Gelée Royale, bekannt auch als Bienenkönigin-Futtersaft oder Weisel-Futtersaft, ist eine geleeartige weiße Substanz, die nur von jungen Bienen in speziellen Drüsen erzeugt werden kann. Obwohl die Bienenzucht fast so alt wie die Menschheit ist, entdeckte man die an ein Wunder grenzende Wirkung des Bienenkönigin-Futtersaftes erst in jüngerer Zeit. Durch diesen Stoff wachsen die Larven der Bienenkönigin in nur sechs Tagen auf das 3000fache ihres ursprünglichen Gewichtes. Ein derartig explosives Wachstum ist in der ganzen übrigen Natur ohne Beispiel. Dafür ist allein die Fütterung mit Gelée Royale verantwortlich. Obwohl die Bienenkönigin eineinhalb- bis zweimal größer ist als eine Arbeitsbiene, braucht sie zur fertigen Entwicklung nur etwa ein Viertel der Zeit. Außerdem kann die Bienenkönigin täglich fast das Dreifache ihres eigenen Körpergewichtes an Eiern legen und wird etwa 30-mal so alt wie eine Arbeitsbiene, die nicht mit diesem Stoff gefüttert wurde. In Tierversuchen wurde durch Beimengung von Gelée Royale in das Futter eine Lebensverlängerung bis um 80% beobachtet. Die biologische Wirkung zeigt sich in einer Art Verjüngung. Die Aktivität der Geschlechtsdrüsen nahm wieder zu, selbst alte Hennen begannen wieder fleißig Eier zu legen.

Das Geheimnis der Bienenkönigin

Auch bei Menschen aller Altersklassen gibt es zahlreiche positive Berichte, vor allem im Bereich der Regeneration und Revitalisierung. So haben schon vor vielen Jahrzehnten Radrennfahrer, besonders in Frankreich, zum Aufbau und zur Regeneration in Frühjahr und Herbst jeweils Kuren mit Gelee Royale durchgeführt. Auch in neuerer Zeit gibt es positive Berichte über eine Leistungsförderung durch diese Substanz.

Ginseng

Ginseng ist die wohl teuerste Wurzel der Welt und zugleich eine der ältesten und geheimnisvollsten natürlichen Stoffe, in Asien auch »Wurzel der Unsterblichkeit« genannt, die in asiatischen Herrscherhäusern mit Gold aufgewogen wurde. Versuche haben ergeben, dass die leistungssteigernden und belebenden Wirkungen von Ginseng auf einer Stimulation des zentralen Nervensystems und auf einer Förderung der Gehirnfunktion beruhen. Die Wirkungen und auch die Ergebnisse über Ginseng sind so komplex, dass sie einem nüchternen Wissenschaftler unglaublich erscheinen. Diese Wurzel soll die geistige Leistungsfähigkeit, das Konzentrationsvermögen und das Gedächtnis verbessern, Herz-Kreislauf-Tätigkeit, Blutdruckregulation, Muskelleistungen, Verdauung, Stoffwechsel (Entgiftung, Blutzucker, Blutfettwerte), Wundheilung und Schlaf regulieren. Überdosierungen können allerdings einen hohen Blutdruck, Schlaflosigkeit, Durchfall und Hautausschläge hervorrufen. Missbrauch und Überdosierung können also durchaus nachteilig sein – sind gleichzeitig jedoch auch ein Beweis der Wirksamkeit von Ginseng.

Die teuerste Wurzel der Welt

Sportler, die Ginseng als leistungsförderndes Mittel einsetzen wollen, sollen unbedingt auf eine mittlere Dosierung achten, wofür standardisierte Extrakte notwendig sind. Bei Sportlern steigert Ginseng die Leistungsbereitschaft und die Schnellig-

182 | Spezielle Fragen und Probleme

keit der Regeneration. Überdosierungen können jedoch durch Verkürzung der Schlafzeit auf Dauer zu einem Leistungseinbruch führen. Wie beim Coffein ist auch die Wirkung von Ginseng individuell verschieden.

Hafer

Die geheimnisvolle Getreideart

Eine große Zahl objektiver Beobachtungen hat eindeutige Hinweise dafür gegeben, dass eine regelmäßig fortgesetzte, tägliche Aufnahme von Hafer (Haferschrot, Hafergrütze, Haferflocken) als erste Tagesmahlzeit oder mehrmals täglich eine Steigerung der körperlichen Leistungsfähigkeit und Belastbarkeit bewirkt. Die Leistungssteigerung zeigt sich in einem verbesserten Durchhaltevermögen, geringerer Ermüdbarkeit, erhöhter Widerstandsfähigkeit gegenüber erschwerenden Umweltbedingungen (Klima- und Wettereinflüsse) und einer schnelleren Regeneration nach erschöpfenden Belastungen. Nicht umsonst stellen Hafer und Haferprodukte eine Grundausstattung für Forschungsexpeditionen dar. Auch bei rein sportlichen Dauerleistungen (Straßenradsport, Skilanglauf, Marathonlauf) und als Trainingsnahrung für Leistungssportler hat sich die leistungssteigernde und ökonomische Energielieferung durch Haferkost bewährt. Vor allem auch als Frühstück am Wettkampftag sowie als Wettkampfnahrung in flüssiger oder halbflüssiger Form wird gerade die Getreideart Hafer von den meisten Sportlern bevorzugt. Neben der leistungssteigernden Wirkung weisen wissenschaftliche Untersuchungen außerdem auf folgende Effekte des Hafers hin: psychotrope, antidepressive Wirkung, Wirkungen auf den Magen-Darm-Kanal, wachstumsfördernde Wirkung bei Kindern, Beseitigung von Eiweißmangelzuständen, Beseitigung von intellektuellen und affektiven Mängeln bei Kindern und Jugendlichen, Herabsetzung erhöhter Blutcholesterinwerte, antidiabetische Wirkung bei Zuckerkranken u.a. Auch der Volksmund hat mit dem Sprichwort »Ihn sticht der Hafer« intuitiv die Besonderheit dieses Nahrungsmittels erkannt.

Weizenkeime und andere Keimlinge

Biostimuline und Wachstumsfaktoren Lebendige Nahrung durch Wachstum

Eine winzige Menge »lebendiger« Nahrung kann wie ein Katalysator wirken. Schon 3000 Jahre vor Christus empfahl der legendäre chinesische Kaiser Shen-Nung (er wurde der »göttliche Ackerbauer« genannt) seinem Volk Sojabohnensprossen zur Erhaltung ihrer Gesundheit. In der ersten Wachstumsphase der Pflanzen laufen Stoffwechselvorgänge ab, die z.B. den Vitamin-C-Gehalt in den ersten 72 Stunden um 500%, den von Vitamin A um 300% und den von Vitamin E um 33% ansteigen lassen. Außerdem entstehen natürliche Proteine, Lecithine, Biostimuline und Wachstumsfaktoren, die durch künstliche Nahrung nicht nachgeahmt werden können. In der Sporternährung können solche Sprossen aus Getreide (Hafer, Gerste, Weizen u.a.), Bohnen (vor allem Sojabohnen), Hülsenfrüchten (vor allem Kichererbsen, Gartenerbsen) und Samen (Luzerne, Senf, Sesam, Kresse u.a.) durchaus eine Bereicherung der normalen vollwertigen und lebendigen Nahrung sein.

Der Sportler im Ausland

Weite Flugreisen in ferne Länder bringen für Sportler spezielle Probleme mit sich. Besonders folgende vier Punkte sind von Bedeutung: die Zeitverschiebung, der Klimawechsel (Hitze, Kälte), die Ernährungsumstellung und die Nahrungsmittelhygiene.

Zeitverschiebung

Bei allen Flügen in Richtung des Sonnenumlaufes oder entgegengesetzt kommt es zu einer Zeitverschiebung und damit zu einer Störung der inneren biologischen Uhr. Betroffen ist dabei vor allem das vegetative Nervensystem. Die Leistungsfähigkeit sinkt vorübergehend ab und passt sich dann wie das Schlaf- und Nahrungsbedürfnis etwa nach sieben bis acht Tagen den Ortsverhältnissen an.

Die innere Uhr hinkt nach

Klimawechsel

Die Anpassung an Hitze wird durch körperliche Tätigkeit (Training) gefördert. In heißen Ländern angekommen, sollten Sportler daher sogleich ein leichtes Training aufnehmen, wobei auf rechtzeitigen Ersatz von Flüssigkeit mit Mineralstoffen zu achten ist.

Ernährungsumstellung

Man sollte sich zunächst langsam an die fremdartigen Speisen des Gastlandes gewöhnen, d. h. lieber abwarten und etwas fasten. Für die Übergangszeit sollte man immer etwas von seiner gewohnten Nahrung bei sich haben (Schwarzbrot, Haferflocken, Müsli u. a.). Die größte Gefahr liegt im Genuss eiskalter Getränke, der oftmals den Grundstein für Magen-Darm-Verstimmungen mit Durchfallerkrankungen legt. Eiswürfel in Getränken werden oft aus normalem Trinkwasser hergestellt, das eine höhere bakterielle Konzentration hat, als es unser Magen-Darm-System verträgt. Zu beachten ist auch, dass wegen des hohen Schweißverlustes weniger Magensalzsäure produziert wird, sodass der Magen überhaupt empfindlicher ist und wehrloser gegen das Eindringen von Bakterien. Den Mangel an Magensalzsäure kann man annähernd ausgleichen, wenn man reichlich saure Zitrussäfte (Zitronen- oder Grapefruitsaft) trinkt.

Magen-Darm-Erkrankungen vorbeugen

Nahrungsmittelhygiene

Nahrung und Wasser enthalten in fremden Ländern oft mehr Krankheitskeime als zu Hause. Trinkwasser unklarer Herkunft kann z. B. Amöbenruhr übertragen. Rohe Salate, ungeschältes Obst, Speiseeis und Eiswürfel sollte man meiden, ebenso auf der Straße angebotene Limonaden und Fruchtsäfte sowie ungekochte Milch. Wasser sollte immer vor Gebrauch gekocht werden, auch wenn man es nur zum Geschirrspülen benutzt. Ablehnen sollte man auch Fleischgerichte und Fleischwaren, die auf offener Straße zum sofortigen Verzehr angeboten werden. Wenn man alle diese Vorsichtsmaßnahmen beachtet, kann ein Reisedurchfall auch aus Angst auftreten und zwar umso eher, je mehr man bemüht ist, ihn zu vermeiden. Am sichersten ist es, sich auf eine gute Hotelkost zu verlassen, auf einwandfreie Konserven und auf geschältes Obst. Zum Zähneputzen verwende man Mineralwasser oder ab-

Verborgene Quellen von Bakterien erkennen

gekochtes Trinkwasser. Die Speisen sollte man etwas stärker salzen und würzen als zu Hause gewohnt, dadurch regt man die Produktion der Verdauungssäfte an und fördert die Verdauungstätigkeit. Zu beachten ist auch, dass man nicht in Gewässern baden sollte, die verunreinigt sein könnten.

Die somatische Intelligenz des Sportlers

Intuitives Körperbewusstsein

Intelligenz definiert man als Gesamtheit aller Begabungen, die eine optimale Anpassung an die Aufgaben und Bedingungen des Lebens erlauben. So gesehen passt sich der Sportler an die Aufgaben seines Lebens optimal an, sonst wären Höchstleistungen nicht möglich. Indem er sich täglich intensiv mit seinem Körper und dessen Reaktionen auseinander setzt, lernt er ihn viel besser kennen als der Durchschnittsmensch. So entwickelt er ein besonderes Bewusstsein für Bewegungsabläufe innerhalb seiner Sportart und auch ein spezielles Bewusstsein für die Bedürfnisse seiner Ernährung; sein physiologischer Hunger nach Eiweiß und Kohlenhydraten ist bekannt. Mit zunehmendem Trainingszustand wird der Athlet auch immer bewusster in der Auswahl seiner Nahrungsmittel. Man beobachtet in der Praxis, dass mit zunehmendem Trainingszustand, besonders bei Ausdauersportlern, sich der Appetit in Richtung auf solche Nahrungsmittel entwickelt, die man gewöhnlich als »gesund« bezeichnet; umgekehrt nimmt die Bereitschaft zu, Ernährungsfehler zu begehen, wenn der Trainingszustand wieder abnimmt. Die Entwicklung eines solchen Gespürs ist also eine Form von *Körperintelligenz*, die dem Bewusstsein zugänglich wird. Diese sog. innere Intelligenz ist es, welche die Funktion aller Organe steuert, die normalerweise durch das Bewusstsein nicht zu bemerken ist. Man kann diesen Prozess beschleunigen und lenken, wenn man dem Bewusstsein die Grundlagen einer optimalen Sporternährung nahe bringt. Diese Körperintelligenz oder somatische Intelligenz (griech. *Soma* = Körper) ist genauso zu trainieren wie körperliche Bewegungsabläufe. Der im Trainingsprozess fortgeschrittene Sportler braucht nicht unbedingt starre Speisepläne, sondern ihm genügen die strategischen Grundlagen einer vollwertigen, bedarfsangepassten und sportartspezifischen Ernährung, wie sie in diesem Buch dargelegt sind.

Literaturverzeichnis

ANDRZEJEWSKI, Cz., u. L. C. BURGER: Grundlagen der Ernährungslehre. Ernährungs-
medizinisches Lernprogramm Fa. Wander, Osthofen

ÅSTRAND, P. O.: Diät und Sportleistungen. *Condition* (3) 2 (1970)

BAUER, S., A. BERG, J. KEUL: Ernährungserhebung bei Ausdauersportlern. I. Energiezufuhr
und Nährstoffrelation. *Akt. Ernähr.-Med.* 18, *14* (1993)

BAUER, S., A. BERG, J. KEUL: Ernährungserhebung bei Ausdauersportlern. II. Vitamin-,
Mineralstoff- und Spurenelementzufuhr. *Akt. Ernähr.-Med.* 18, 279 (1993)

BERG, A., D. K. BARON: Optimale Ernährung des Sportlers. Hirzel Stuttgart (2005)

BERG, A., S. BAUER, J. KEUL: Energie- und Nährstoffbedarf des Leistungssportlers. *Ernäh-
rungs-Umschau* 39, 102 (1992)

BERG, A., M. W. BAUMSTARK, M. HALLE, J. KEUL: Sport und Lipide. Lipid aktuell. Heft 2,
1–9(1993)

BERG, A., u. J. KEUL: Muskel- und Wadenkrämpfe aus der Sicht des Sportmediziners.
In: H. Mörl (Hrsg.): Muskelkrämpfe. Springer Berlin (1986)

BERG, A., u. J. KEUL: Ernährungserfordernisse aus sportmedizinischer Sicht – Zum Nährstoffbedarf des Sportaktiven. *Akt. Ernähr.* 16, *61*–67 (1991)

BERG, A., S. FISCHER u. J. KEUL: Haferkleie – ein Nährstofflieferant mit physiologischer
und therapeutischer Bedeutung. Getreide, Mehl und Brot 46, *116* (1992)

BERG, A., D. KÖNIG, J. KEUL: Sport und Ernährung 1996. *Akt. Ernährungsmed.* 21, *315*
(1996)

BERG, A., D. KÖNIG, H. SCHLACHTER u. J. KEUL: Zur Qualität der Fettsäurezufuhr und
ihrem Einfluß auf die periphere Regulationslage von Sportlern. *Dtsch. Zschr. Sportmed.*
(44), Sonderheft, *445* (1993)

BERG, A., H. NORTHOFF, J. KEUL: Immunologie und Sport. *Internist* (33), 169 (1992)

BIESALSKI, H. K., S. C. BISCHOFF, CH. PUCHSTEIN: Ernährungsmedizin. Thieme Stuttgart
New York (2010)

BIESALSKI, H.-P, H. BÖHLES, H. ESTERBAUER et al.: Antioxidative Vitamine in der Prävention. *Deutsches Ärzteblatt* (92), A 1316 (1995)

BIESALSKI, H. K., J. KÖHRLE, K. SCHÜMANN: Vitamine, Spurenelemente und Mineralstoffe.
Prävention und Therapie mit Mikronährstoffen. Thieme Stuttgart (2002)

BIRCHER, R.: Bahnbrecher der Ernährungslehre und Heilkunde. Zürich, Bad Homburg
(1959)

BREUER, R.: Optimale Ernährung im Sport. Gummersbach (1986)

BROUNS, F.: Die Ernährungsbedürfnisse von Sportlern. Springer-Verlag Berlin, Heidelberg,
New York (1994)

BUCHINGER, O.: Das Heilfasten. Stuttgart (1958)

BUNDESFORSCHUNGSINSTITUT FÜR ERNÄHRUNG UND LEBENSMITTEL: Nationale Verzehrsstu-
die II (2008)

COTTIER, H., J. HODLER, R. KRAFT: Oxidative Stress: Pathogenetic Mechanisms. Forsch.
Komplementärmed. (2), *233* (1995)

D.A.CH., Referenzwerte für die Nährstoffzufuhr. Umschau Braus Frankfurt (2008)

DAS, D. K., W. B. ESSMAN: Oxygen Radicals. Systemic Events and Disease Processes.
Karger Basel, München, New York (1990)

186 | Literaturverzeichnis

Deutsche Forschungsanstalt für Lebensmittelchemie: Der kleine Souci-Fachmann-Kraut. Lebensmitteltabellen für die Praxis. WVG Stuttgart (2011)

Deutsche Gesellschaft für Ernährung (DGE): Empfehlungen für die Nährstoffzufuhr. Umschau-Verlag Frankfurt (2000)

Deutsche Gesellschaft für Ernährung (DGE): Ernährungsbericht 2000. Frankfurt (1996)

DONATH, R., u. K.-P. SCHÜLER: Ernährung der Sportler. Sportverlag Berlin (1985)

ESTERBAUER, H., F. K. GEY, J. FUCHS, M. R. CLEMENS u. H. SIES: Antioxidative Vitamine und degenerative Erkrankungen. *Deutsches Ärzteblatt* (87), Heft 47, 22, B-2620 (1990)

EU SCF (Scientific Committee on Food): Report of the Scientific Committee on Food on composition and specification of food intended to meet the expenditure of intense muscular effort, especially for sportsmen. European Commission, Brüssel (2001)

FEIL, W., TH. WESSINGHAGE: Ernährung und Training fürs Leben. WESSP. Verlag, Nürnberg (2000)

GEBERT, G.: Probleme des Wasser-, Temperatur- und Elektrolythaushaltes beim Sportler. *Dtsch. Zschr. Sportmed.* 29 (6), 159 (1978)

GEISS, K.-R., u. M. HAMM: Handbuch der Sportler-Ernährung. Behr's Verlag Hamburg (2000)

GRÖBER, U.: Metabolic Tuning statt Doping: Mikronährstoffe im Sport. Hirzel Stuttgart (2008)

GRÖBER, U.: Orthomolekulare Medizin. Wissenschaftliche Verlagsgesellschaft (2008)

HAMM, M.: Die richtige Ernährung für Sportler: Optimale Energie für maximale Leistung. Riva München (2009)

HAUNER, H. u. A. BERG: Körperliche Bewegung zur Prävention und Behandlung der Adipositas. Dtsch. Ärztebl. 97, 660–665 (2000)

HOLLMANN, W.: Der Mensch an den Grenzen seiner körperlichen Leistungsfähigkeit. *Dtsch. Zschr. Sportmed.* (9), *247* und (10), *274* (1981)

HOLLMANN, W., (Hrsg.): Zentrale Themen der Sportmedizin. Heidelberg, New York (1972)

HOLLMANN, W., u. TH. HETTINGER: Sportmedizin, Arbeits- und Trainingsgrundlagen. Stuttgart (2000)

HOLTMEIER, H. J.: Diät bei Übergewicht und gesunde Ernährung. Hirzel Stuttgart (2000)

ISRAEL, S.: Wasser- und Elektrolytsubstitution bei schweißbedingter Dehydratation. *Medizin und Sport* (22), 2 (1982)

ISRAEL, S., u. J. WEBER: Probleme der Langzeitausdauer im Sport. Leipzig (1972)

JEUKENDRUP, A.: Carbohydrate intake during exercise and performance. Nutrition, 20, 669 (2004)

JEUKENDRUP, A.: Sports Nutrition: From Lab to Kitchen. Meyer & Meyer Sport (2010)

JEUKENDRUP, A., M. GLEESON: Sport Nutrition. Human Kinetics (2010)

KEUL, J.: Problematik der Regeneration in Training und Wettkampf aus biochemischer und physiologischer Sicht. *Leistungssport (l), 24* (1973)

KEUL, J.: Kohlenhydratstoffwechsel und körperliche Leistungsfähigkeit. *Zschr. für Ernährungswissenschaft.* Suppl. 16

KEUL, J.: Training und Regeneration im Hochleistungssport. *Leistungssport* 8 (3), *236* (1978)

KEUL, J., H.-H.-DiCKHUTH, A. BERG u. G. SIMON: Elektrolytbedarf und Wasserhaushalt bei sportlichen Belastungen. *Leistungssport 9* (6), *497* (1979)

KEUL, J., E. DOLL u. D. KEPPLER: Muskelstoffwechsel. München (1969)

KEUL, J., A. BERG, M. LEHMANN, H. DICKHUTH, P. SCHMID, E. JAKOB: Erschöpfung und Regeneration des Muskels in Training und Wettkampf. *Physikalische Therapie* 5, *363* (1984)

KEUL, J., D. KÖNIG, M. HUONKER u. A. BERG: Ernährung, Sport und muskelzelluläre Belastbarkeit. *Dtsch. Zschr. Sportmed.* (47) (Sl), 228 (1996)

KIEFFER, F.: Spurenelemente steuern die Gesundheit. *Sandoz Bulletin* Nr. 51–53 (1979)

KIEFFER, F.: Spurenelemente und ihre Steuerfunktion. *Dtsch. Zschr. Sportmed.* (37), *118* (1986)

KIEFFER, F.: Der Einfluß der Nahrung und Umwelt auf den Stoffwechsel und die Gesundheit des Menschen. *Medizin + Ernährung* Nr. 3 (1988)

KIEFFER, F.: Die Bedeutung von Mineralstoffen und Spurenelementen in der Immunologie. *Dtsch. Zschr. Onkologie* (21), *164* (1989)

KIEFFER, F.: Die Bedeutung der Spurenelemente für Sportler. *Leistungssport* 20 (4), *29–37* (1990)

KIEFFER, F.: Wie Eisen und andere Spurenelemente die menschliche Gesundheit beeinflussen. Eine Neubeurteilung alter Erfahrungen. Mitt. Gebiete Lebensm. Hyg., 84, *48* (1993)

KIEFFER, F.: Wie Sport und Ernährung das Immunsystem infolge von oxidativem Streß beeinflussen. Vertragsunterlagen Augsburg (1994)

KINDERMANN, W: Regeneration und Trainingsprozeß in den Ausdauersportarten aus medizinischer Sicht. *Leistungssport 8* (4), *348* (1978)

KINDERMANN, W, E. BREIER u. W. M. SCHMITT: Körperdepotfett und aktive Körpermasse bei Leistungssportlern verschiedener Sportarten und unterschiedlicher Leistungsfähigkeit. *Leistungssport* 12 (1), *81* (1982)

KOLLATH, W.: Die Ordnung unserer Nahrung. Heidelberg (1977)

KONOPKA, P.: Richtig Rennrad fahren. BLV Buchverlag GmbH & Co.KG München (2010)

KONOPKA, P.: Krebs, Immunsystem und Ernährung. Hirzel (2008)

KÜHNAU, J., u. W. GANSSMANN: Hafer, ein Element der modernen Ernährung. Frankfurt (1976)

LEITZMANN, C.: Ernährung in Prävention und Therapie. Hippokrates (2009)

LEITZMANN, C., M. KELLER: Vegetarische Ernährung. UTB Stuttgart (2010)

LIESEN, H., u. M. BAUM: Sport und Immunsystem. Hippokrates Verlag Stuttgart (1997)

MADER, A.: Magnesium und sportliche Leistung. *Dtsch. Zschr. Sportmed.* 38, 50 (1987)

MATZKIES, F., u. G. BERG: Das Pflanzenfasermangelsyndrom als Ursache von Zivilisationskrankheiten. *Deutsches Ärzteblatt* (46), *2735* (1978)

MENDEN, E.: Ergänzungswertigkeit von Proteinen als Basis für eine minimale Eiweißzufuhr. *Akt. Ernährungsmed.* 9 (3), *94* (1984)

NEUMANN, G.: Ernährung im Sport. Meyer & Meyer Aachen (2009)

NIELSEN, K. ET AL.: Casein and soya-bean protein have different effects on whole body protein turnover at the same nitrogen balance. Brit. J. Nutrition 72, 69–81 (1994)

NIESS, A. M., S. VEIHELMANN, F. PASSEK, K. ROECKER, H.-H. DICKHUTH, H. NORTHOFF u. E. FEHRENBACH: Belastungsinduzierter oxidativer Streß: DNA-Schäden und Expression von Streßproteinen in Leukozyten – Eine Übersicht. *Dtsch. Zschr. Sportmed.* (48) 9, *330* (1997)

NIESTEN-DIETRICH, U., G. SIMON, G. BLUME et al.: Wirkungen eines Geh-, Lauf- und Krafttrainings auf Leistungsfähigkeit und Fettstoffwechselparameter. Dtsch. Zschr. Sportmed. 45, 18–30(1994)

NÖCKER, R.: Das große Buch der Sprossen und Keime. Weltbild Augsburg (2003)

OPOKU-AFARI, C., N. WORM, H. LEMBERGER: Mehr vom Sport! Low Carb und LOGI in der Sporternährung. Systemed (2011)

OKEZIE, I. A.: Free radicals and antioxidant strategies in sports. *J. Nutr. Biochem.* (5), *370* (1994)

POPOV, L: Stay young! Jung bleiben! München (1989)

ROKITZKI, L., u. E. LOGEMANN: Radikalreaktionen und körperliche Arbeit. Vitaminspur (7), *169* (1992)

SALTIN, B., J. KARLSON: Die Ernährung des Sportlers. In W. Hollmann (Hrsg.): Zentrale Themen der Sportmedizin. Springer Berlin, Heidelberg, New York (1972)

SCHNEIDER, F.: Die Ernährung des Sportlers. *Medizin und Sport* 19 (11), *321* (1979)

SCHNEIDER, F., H. ZERBES, K.-P. SCHÜLER, H.-CHR. GÖTTE, E. SCHMITZ u. K. KÜHNE: Kohlenhydrate in der Ernährung des Sportlers und ihre Wirkung auf die Leistungsfähigkeit. *Medizin und Sport* 20 (9), *257* (1980)

188 | Literaturverzeichnis

SCHNEIDER, F., H. ZERBES, H.-CHR. GÖTTE u. K. KÜHNE: Die Rolle der Nahrungseiweiße in der Sportlerernährung. *Medizin und Sport* 21 (6), *183* (1981)

SCHÜRCH, P. N., u. N. LAURICH: Ernährungs- und Gewichtsprobleme bei Leichtgewichtsruderern. *Leistungssport 9* (2), *104* (1979)

SIEBER, R.: Oxidiertes Nahrungscholesterin – eine Primärursache der Arteriosklerose? Ernährung/Nutrition (10), *547* (1986)

SILBERNAGL, ST., F. LANG, R. GAY, A. ROTHENBURGER: Taschenatlas Pathophysiologie. Thieme Stuttgart (2009)

SMITH, LELAND L.: Cholesterol Autoxidation. New York (1981)

Sport und Ernährung. Sonderheft Deutsche Zeitschrift für Sportmedizin (1992)

STRAUZENBERG, S. E., H. GÜRTLER, D. HANNEMANN u. K. TITTEL: Sportmedizin, Grundlagen der sportmedizinischen Betreuung. Leipzig (1990)

STRUNZ, U.: Die neue Diät: Fit und schlank durch Metabolic Power. Heyne (2008)

STRUNZ, U.: Fit mit Fett: Gute Fette von Killerfetten unterscheiden. Heyne (2004)

STRUNZ, U.: Mineralien. Das Erfolgsprogramm. Heyne (2009)

WAERLAND, A.: Praxis des Waerlandsystems: Handbuch der Gesundheit. Humata (1989)

WALB, L., u. I. WALB: Die Hay'sche Trennkost. Heidelberg (1975)

WALTER-SACK, L: Die Bedeutung der Ballaststoffe in der Ernährung. *Der Internist* 25 (5), *299* (1984)

WINDLER, E., H. GRETEN: Fettstoffwechsel. In: G. Schettler u. H. Greten: Innere Medizin. Georg Thieme Verlag Stuttgart, New York (2005)

WOLFRAM, G., u. M. KIRCHGESSNER: Spurenelemente und Ernährung. Wissenschaftl. Verlags-GmbH Stuttgart (1990)

WOLFRAM, G., u. N. ZÖLLNER: Ernährung im Alter. *Der Internist* 25 (5), *307* (1984)

WOLKOW, N. L: Ermüdung und Wiederherstellung im Sport. *Leistungssport* (3), *167* (1975)

WORM, N.: LOGI-Methode: Glücklich und schlank. Systemed (2009)

WORM, N.: Macht Fett fett und fettarm schlank? Deutsche Medizinische Wochenschrift (DMW), 127, 2743 (2002)

ZIMMERMANN, M., H. SCHURGAST, U. P. BURGERSTEIN: Burgersteins Handbuch Nährstoffe. Haug Stuttgart (2007)

Sachwortverzeichnis

Abendessen 128
Aberglaube 9
Acetyl-Coenzym 17, 33
Adenosintriphosphat
(ATP) 29, 51
aerobe Energiegewinnung
32, 39
aerobe Kapazität 40
aerober Stoffwechsel 47
Alkohol 17, 20, 103
Aminosäuren 66, 68
Aminosäurenpool 51, 69,
70
Aminosäurespektrum 69
Anabolie 31, 69
Anaerob-alaktazide Ener-
giefreisetzung 39
Anaerob-laktazide Ener-
giefreisetzung 39
anaerobe Energiegewin-
nung 32
anaerobe Glykolyse 40
Anthocyane 104
Antioxidantien 64, 159
Apfelsaft 175
Appetitmangel 172
Arteriosklerose 63
Ascorbinsäure 86
Atmungskette 35
ATP 29, 33, 36, 51
Ausdauersportarten 136
Ausdauersportarten mit
hohem Krafteinsatz
143
Ausdauersportarten,
Energiebedarf 139,
144
Ausdauersportarten, opti-
male Nährstoffrelation
144
Auslandsaufenthalt 183
Außenseiter-Diätformen
176

Ballaststoffe 16, 18, 105
Ballaststoffmangel 18
Ballaststoffreiche Nah-
rungsmittel 18, 19,
106

basenüberschüssige Diät
178
Basisernährung 128
Basketball 149
Baustoffwechsel 31
Belastbarkeit 24
Belastungsintensität 22,
48
Belastungsprofil 112
Belastungsumfang 22
Bergsteigen 67, 76, 143
Beta-Karotin 104
Biathlon 143
Bierhefe 122
biologische Grundregel
21
biologische Wertigkeit
69, 70
Bircher-Benner 177
Blütenpollen 180
Bogenschießen 158
Boxen 147
Breitensport 21, 47

Calcium 93
Carotinoide 62, 104
Catechine 104
Chlorophyll 13
Cholesterin 17, 18, 19,
62, 64, 71, 73, 171,
172
Cholesterin, oxidiertes 63
Citratzyklus 33, 34
Coffein 180

Daniels Experiment 11
Darmreinigung 111
Depotfett 60
Disaccharide 53
Distelöl 18, 122
Durstgefühl 104

Eikosapentaensäure 66
Einfachzucker 53
Eisen 91, 94, 96, 161
Eisenmangel 96
Eishockey 149
Eiskunstlauf 151
Eisschnelllauf 143, 151

Eiweiß 41, 67
Eiweißbedarf 73, 144,
172
Eiweißkonzentrate 172
Eiweißspender, magere
76
Eiweißlieferanten 71, 72
Eiweißminimum 69
Eiweißmischungen,
günstige 73
Eiweißoptimum 71
Eiweißreiche Nahrungs-
mittel 119
Eiweißreserve 69
Eiweißverbrauch 74
energetische Flussrate
37
Energetischer Nutzeffekt
37
Energetisches Sauerstoff-
äquivalent 37
Energiebedarf 43, 46, 75,
78
Energiebereitstellung 40
Energiebilanz 45, 51
Energiegewinnung 32,
36
energiereiche Phosphate
37
Energiereserven 50
Energieriegel 173
Energiespeicher 41, 51
Energiestoffwechsel 32,
55
Energieverbrauch 46, 48,
49
Energieverbrauch, Sport-
artengruppen 49
Entzündungsreaktion 67
Enzyme 67
EPA 66
Ermüdung 23
Ernährungsmythos 9
Ernährungsbilanzen 113
Ernährungsphasen 114
Ernährungsstrategie 112
Eskimo 66
Etappenradrennfahrer 67
Etappenradrennen 146

Evolution 10
Extremsportarten 76

Faserstoffe 105
Fasten 31
Fäulnis 107, 111
Fechten 151
Fehlernährung 16, 18
Fett 41, 50, 60
–, ungesättigtes 18
–, verstecktes 18, 19,
64
Fett-Energie-Reserven 51
Fettpolster 138
Fettreserven 51
Fettsäuren 62
–, einfach ungesättigte
64
–, essenzielle 62
–, mehrfach ungesättigte
64
–, mittelkettige 62
–, ungesättigte 64
Fettstoffwechsel 55, 65,
137
Fettstoffwechseltraining
65
Fisch 119
Five a Day 105
Flavone 104
Flavonoide 104
Fleisch 15, 161
Fließgleichgewicht 12
Fluor 91, 94
Flüssigkeitsverteilung
98
Flüssigkeitsbilanz 98,
100
Flüssigkeitsverlust 99,
101, 128
Free Radical Diseases
161
Freie Radikale 64, 159
–, Schutzsysteme 162
Frühstück 127
Fußball 149

Gärung 107, 111
Geheimrezepte 10, 179

Sachwortverzeichnis

Gehen, 20–50 km 136
Gelée Royale 181
Gemüse 122
Gemüsesäfte 125
Gesundheitssport 21
Gesundheitssportler 47
Getränke 104, 126
Getreide 11
Getreideprodukte 89
Gewichtheben 156
Gewichtmachen 148, 157, 167
Gewichtsabnahme 165
Gewichtsklassen 148
Gewichtsverlust 99
Ginseng 181
Gladiatoren 20
Gluconeogenese 32, 54
Glucose 53
Glucoseneubildung 73
Glykogen 32, 53, 99, 103
–, Mobilisierbarkeit 140
Glykogenreserve 129
Glykogenspeicher 55, 58, 65, 129
Glykogenspeicher, Anfüllen 130
Glykogenspeicherung 128
Glykogenvorräte 56, 57, 58, 59, 60
Glyzerin 62
Golf 158
Grenzbelastungen 24
Grundlagenausdauer 65, 138
Grundnährstoffe 32, 52
Grundumsatz 43
Gymnastik 151

Hafer 9, 16, 182
Haferflocken 118
Handball 149
Harnsäure 71, 171
Hauptnährstoffe 47
Hay'sche Trennkost 177
Hering 67
Hochleistungskost 20
Hochleistungssport 22, 50
Hochleistungssportler 47
Hockey 149
Hollywood-Diät 45
Homöostase 23
Hotelfrühstück 123
Hülsenfrüchte 118, 120, 122

Hungerast 57, 58, 137
Hungerstoffwechsel 35
Hungerzustand 31, 54
Hydroxylradikale 161

Idealgewicht 165
Insulin 18
Intermediärstoffwechsel 14
Isodynamiegesetz 52

Jod 91, 94
Joule 42
Judo 147

Kalium 93, 96, 103, 126
Kaliummangelsyndrom 96
Kalorie 42
Kampfsportarten 147
Kampfsportarten, Energiebedarf 148
Kampfsportarten, optimale Nährstoffrelation 148
Kanurennsport 143
Kanuslalom 151
Karate 147
Katabolie 31, 69
Kategorien der sportlichen Betätigung 21
Kleie 106
Klimawechsel 183
Kochsalz 18, 20, 91, 96, 103, 126
Kochsalzzufuhr 133
Kochverluste 91
Kohlenhydrat-Energiereserve 59
Kohlenhydrat-Gele 173
Kohlenhydrat-Mineralstoffgetränke 146, 174
Kohlenhydrate 41, 53, 56, 57
Kohlenhydratkonzentrate 173
Kohlenhydratlieferanten 55
Kohlenhydratmangel 34
Kohlenhydratminimum 54
Kohlenhydratreiche Nahrungsmittel 57, 118
Kohlenhydratspeicher 22, 51
Kohlenhydratspender 133

Kollath 178
Komplexe Kohlenhydrate 55
Körperbewusstsein 184
Körpergewicht 51
KP 29, 36, 51
Kraftsportarten 156
Kraftsportarten, Energiebedarf 157
Kraftsportarten, optimale Nährstoffrelation 157
Kraftwerk 35
Kreatinphosphat 29, 51
Kupfer 91, 94
Kurzstreckenlauf 151

Laktat 33, 39
laktovegetabile Ernährung 69
Langstreckenlauf 136
Lebendige Nahrungsmittel 179
Lebensmittel 13
Lebensweise 20
Leberglykogen 53, 56, 57, 58
leere Kalorien 55, 88, 171
Leere Kalorienträger 15, 116
Leichtathletische Sprungdisziplinen 151
Leichtathletischer Mehrkampf 151
Leistungssteigerung 24
Leistungskost 9, 20, 113, 116
Leistungssport 22
Leistungsumsatz 44
Lezithin 62
Lipide 60
Lipoide 62

Magen-Darm-Trakt 108
Magenentleerungszeit 109
Magenverweildauer 107
Magnesium 93, 96, 103, 126
Magnesiummangelsyndrom 96
Mahlzeiten, Verteilung 127
Maiskeimöl 122
Makrele 67
Makronährstoffe 41
Mangan 91, 94

Mangel an lebendiger Nahrung 16
Mangel an Mikronährstoffen 16
Marathonlauf 136
Maßeinheit der Nahrungsenergie 42
maximale Sauerstoffaufnahmefähigkeit 47, 66
Maximalkraft 156
MCT 62
Mikronährstoffe 42
Milchsäure 33, 39
Mineralstoffe 41, 91, 95
Mineralstoffmangelsyndrom 126
Mischkost, gesunde 17
Mitochondrien 27, 28
Mittagessen 127
Mittelstreckenlauf 136
Moderner Fünfkampf 151
Monosaccharide 53
motorische Hauptbeanspruchungsformen 112
Motorsport 158
Muskel, Aufbau 30
Muskelfibrillen 31
Muskelglykogen 57, 127
Muskelglykogen, Mobilisierbarkeit 130
Muskelglykogenspeicher 55, 57
Muskelmasse 156
Muskelzelle 29

Nachwettkampfphase 115, 134
Nährstoffbedarf 78
Nährstoffdichte 168, 171
Nährstoffe, nichtessenzielle 14
Nährstoffkonzentrate 171
Nährstoffrelation 17, 77, 117
Nahrung, Funktionen 14
Nahrungsergänzung 135, 171
Nahrungsfaktoren, essenzielle 13
Nahrungsmittel 13
Nahrungsmittelgruppen 118
Nahrungsmittelhygiene 183
Natrium 93

Sachwortverzeichnis | 191

Naturvölker 15
Nebennierenmark 54
Niacin 85
Normalgewicht 18, 165
Nüsse 120, 121, 122

Obst 122, 126
Obstsäfte 123, 125, 126
Oligopeptide 69
Oligosaccharide 53
Olivenöl 18, 64, 122
Omega-3-Fettsäuren 67, 171
Optimale Nährstoffrelation 117, 139
Oral Rehydration Salt (ORS) Solution 104
Oxidation 40
Oxidationswasser 99
oxidativer Stress 16, 163

Pantothensäure 85
Parmesankäse 63
Pausengetränke 151
Pflanzenkost 11
pflanzliche Nahrung 13, 15
pflanzliches Eiweiß 69
Phenole 104
Placebo-Effekt 10
Polypeptide 69
Polyphenole 104
Polysaccharide 53
Proteinbedarf 74
Proteine 67
Proteinkonzentrate 135, 172
Purine 17, 71, 73, 171, 172
Purinhaltige Nahrungsmittel 71
Pyridoxin 84

Radsport 75, 76, 143, 151
Ragnar Berg 180
Rapsöl 18, 64, 122
Recovery Drink 134
Regeneration 23, 134, 135
Regenerationsfähigkeit 103
Regenerative Maßnahmen 25
Reiten 158
Rennrudern 143

Resorption 14
Riboflavin 83
Ringen 147
Rotwein 161
Rugby 149

Safloröl 122
Sauerstoff 35, 65, 73
Sauerstoffaufnahmefähigkeit 46
Schießen 158
Schnellkraftsportarten 151
Schnellkraftsportarten, Energiebedarf 153
Schnellkraftsportarten, optimale Nährstoffrelation 153
Schweiß 95, 96
Schweißdrüsen 99
Schweißproduktion 100
Schweißverlust 102, 103, 126, 133, 140, 174
Schwerathleten 67
Schwimmen 143, 151
Seelachs 67
Segeln 158
sekundäre Pflanzenstoffe 104
Selbsterfahrung 23
Selen 91
Seniorensportler 165
Skilanglauf 143
Skisport 151
Skispringen 151
Soja-Eiweiß 173
Sojaöl 18, 122
somatische Intelligenz 184
Sonnenblumenöl 18, 122
spezifisch-dynamische Wirkung 44
Spielsportarten 149
Spielsportarten, Energiebedarf 150
Spielsportarten, optimale Nährstoffrelation 150
Sportartengruppen 113
Spurenelemente 41, 91, 95
Steroide 62
Stoffwechsel 13, 27
Stoffwechselprodukte 14
Stoßdisziplinen 156
Superkompensation 24, 58

Taek-won-do 147
Tannine 104
Tennis 149
Thermogenese 44
Thiamin 82
tierisches Eiweiß 69, 73
Tischtennis 151
Tocopherol 86
Training 23
Trainings-Aufbauphase 115
Trainingsprozess 136
Traubenzucker 53, 55
Triathlon 75
Triglyzeride 61, 62
Trinkflasche 146
Trockenfrüchte 126
Trockenobst 120, 123, 124
Turnen 151

Überernährung 16, 18
Übergewicht 18, 165
Unterzuckersymptomatik 57

Verbrennung 32
Verdauung 14, 107, 110
–, gesunde 110
Verdauungsarbeit 110
Verdauungsstörungen 110
Verdauungssäfte 110
Verdauungssystem 13, 107
Verdauungsverlust 45
Vitamin B1 82
Vitamin B2 83
Vitamin B6 84
Vitamin C 86, 96
Vitamin E 62, 64, 86
Vitamin F 62
Vitaminbedarf 82
Vitamine 41, 77
–, fettlösliche 60, 79, 81
Vitaminversorgung, Schwachpunkte 88
Volleipulver 63
Volleyball 151
Vollkorn-Müsli 126
Vollmilchpulver 63
Vollwertigkeit 117
Vorwettkampfphase 115, 129

Waerland 177
Wärmeabgabe 100
Wärmeproduktion 99
Wasser 41, 99
Wasserball 149
Wassergehalt 99
Wasserhaushalt 98
Wasserlösliche Vitamine 79, 81
Wassermangel 101
Wasserstoff 33, 35
Wasserstoffatome 47
Wasservergiftung 103
Weizenkeime 118, 120, 135, 182
Weizenkornbrei 20
Weizenkörner 11
Weltgesundheitsorganisation 66
Wettkampfgewicht 51
Wettkampfnahrung 146, 157
Wettkampfphase 115
Wettkampfspezifische Ausdauer 139
Wettkampftag 131, 140
Wettkampfverpflegung 133
WHO 66
Winterschlaf 37
Wurfdisziplinen 156

Zehnkampf 154
Zeitverschiebung 183
Zellatmung 35
Zelle 26
Zellkern 27
Zellmembran 27
Zellstoffwechsel 26
Zink 91, 94
Zitronensäurezyklus 33
Zivilisationskost 9, 15
–, Schwachpunkte 15
Zucker 18
Zuckerkrankheit 35
Zweifachzucker 53
Zyklus der Überkompensation 24
Zytoplasma 27

Fundiertes Sportwissen für höchste Ansprüche!

Manfred Grosser/Stephan Starischka/Elke Zimmermann
Das neue Konditionstraining
Das Know-how für Sportstudenten, Trainer, Übungsleiter und ambitionierte Sportler · Trainingsprogramme für alle Sportarten – auch speziell für Kinder und Jugendliche · Grundlagen und Wirkungsweise des Trainings, Trainingsmethoden und Leistungssteuerung.
ISBN 978-3-8354-1057-2